外国家庭法及妇女理论研究中心项目
家事法研究学术文库
陈苇 主编

澳大利亚离婚制度研究

郭庆敏 著

中国人民公安大学出版社
2022 · 北京

《家事法研究学术文库》顾问

（以姓氏笔画为序）

丛书主编简介

陈苇 女，1987年于西南政法学院民法专业硕士研究生毕业，获法学硕士学位，留该校任教，主要研究方向为婚姻家庭继承法、妇女儿童老人权益保护。2003年12月至2004年12月，其受国家留学基金资助公派出国留学，作为访问学者到澳大利亚悉尼大学法学院进修外国家庭法。西南政法大学民商法学院教授、博士生导师，家庭法国际学会第十六届执行委员会副主席和学术委员会委员，中国法学会婚姻家庭法学研究会副会长，重庆市妇联法律顾问，重庆市儿童工作资源中心专家，重庆市高级人民法院家事审判方式和工作机制改革试点工作指导小组成员。

代表性成果包括：独著、主编、主持翻译的《中国婚姻家庭法立法研究（第一版、第二版）》《外国婚姻家庭法比较研究》《当代中国内地与港、澳、台婚姻家庭法比较研究》《中国大陆与港、澳、台继承法比较研究》《当代中国民众继承习惯调查实证研究》《外国继承法比较与中国民法典继承编制定研究》《改革开放三十年（1978–2008）中国婚姻家庭继承法研究之回顾与展望》《中国继承法修改热点难点问题研究》《我国防治家庭暴力情况实证调查研究》《21世纪家庭法与家事司法：实践与变革》《中国妇女儿童权益法律保障情况实证调查研究》《中国遗产处理制度系统化构建研究》《当代中国民众财产继承观念与遗产处理习惯实证调查研究》《中国婚姻家庭法理论与实践研究》《中国继承法理论与实践研究》《当代外国婚姻家庭法律制度研究》《加拿大家庭法汇编》《澳大利亚家庭法（2008年修正）》《美国家庭法精要（第五版）》《澳大利亚法律的传统与发展（第三版）》等著作、译作20余部；在《中国法学》《法律科学》《法学》《法商研究》以及International Journal of Law, Policy and the Family; The International Survey of Family Law; US-China Law Review; 21st Century Law Review等中外学术刊物发表中英文学术论文90余篇。此外，其主编出版《家事法研究》学术论文集刊六卷（2005年卷至2010年卷）和“家事法研究学术文库”其他著作20余部；应邀与美国、意大利学者合作撰写美国法学院比较家庭法英文教材1部：Practical Global Family Law ——United States, China and Italy（2009年4月在美国出版）。

目　录

CONTENTS

Appendix

前　言

自1978年西南政法学院复办以来，我国著名的婚姻法专家、中国法学会婚姻法学研究会副总干事杨怀英教授担任我校婚姻法研究方向的学科带头人。1985年3月至7月，我校承担了司法部委托的全国法律专业婚姻法师资进修班的教学任务。当时全国著名的婚姻法专家巫昌祯、杨大文、王德意、李忠芳、任国钧等教授应邀前来我校，与杨怀英教授及胡平等教师共同为来自全国的婚姻法师资进修班学员上课，传授婚姻法学的理论知识和教学经验。如今，该进修班学员大部分都成为各高校婚姻法领域的知名专家学者和骨干教师，他们为国家培养了大批优秀的人才。因此，可以说我校是我国婚姻法学人才培养的摇篮。在科研方面，杨怀英教授先后主编出版《滇西南边疆少数民族婚姻家庭与法的研究》(法律出版社1988年出版)、《中国婚姻法论》（重庆出版社1989年出版，1991年荣获重庆市社科优秀科研成果三等奖)、《凉山彝族奴隶社会法律制度研究》（四川民族出版社1994年出版，1996年荣获四川省社科优秀科研成果二等奖）等专著和教材。1995年杨怀英教授去世后，由中国法学会婚姻法学研究会常务理事邓宏碧教授担任我校婚姻法研究方向的学科带头人。邓宏碧教授、胡平副教授等老教师带领讲授婚姻法课程的教师们，继续努力进行教学和科研工作。尤其值得指出的是，邓宏碧教授主编的《中国少数民族人口政策研究》（国家社会科学“八五”规划重点科研项目，重庆出版社 1998 年出版）于 2001 年荣获重庆市社会科学优秀科研成果一等奖。

薪火相传。本人于 1979 年 9 月考入西南政法学院法律系本科进行学习，1983 年 6 月毕业任教 1 年后，于 1984 年 9 月考入西南政法学院攻读民法专业硕士研究生，师从杨怀英教授，主要研究方向为婚姻家庭继承法。1987 年 7 月本人硕士研究生毕业后留校任教。自 1979 年 9 月我在母校学习法律知识，毕业后主要从事婚姻家庭继承法及妇女儿童老年人权益保护的教学和科研工作，至今已近 40 年。近 40 年里，在母校各级领导和老师们的辛勤培养下，在本人的勤奋工作和刻苦钻研下，我由一名学生逐步成长为助教、讲师、副教授、教授、博士生导师、博士后合作导师；于 1996 年 5 月起担任民法教研室副主任，于 1999 年 5 月起担任民法教研室主任，于 2003 年 5 月至 2019 年 6 月担任婚姻家庭继承法教研室主任。在婚姻法学界老一辈专家的辛勤培养下，本人于 1996 年 7 月起担任中国法学会婚姻法学研究会理事；于 1999 年 7 月起担任中国法学会婚姻法学研究会常务理事；于 2004 年 7 月起担任中国法学会婚姻家庭法学研究会副会长；于 2011 年 11 月起担任家庭法国际学会第十四届执行委员会委员；于 2014 年 8 月起至 2017 年 6 月，担任家庭法国际学会第十五届执行委员会委员兼学术委员会委员；于 2017 年 7 月至 2020 年 9 月担任家庭法国际学会第十六届执行委员会副主席兼学术委员会委员。必须说明的是，自 2011 年 11 月由第十四届家庭法国际学会主席、澳大利亚悉尼大学法学院 Patrick Parkinson 教授①提名，经家庭法国际学会执行委员会研究同意，受聘担任家庭法国际学会第十四届执行委员会委员以来，我每年积极撰写论文，“以文参会”，先后到意大利、韩国、法国、英国、巴西、荷兰等国出席家庭法国际学会召开的执委会、地区性会议和世界大会，在会上积极发言，发出中国声音，阐述中国见解，增进了其他国家学者对中国婚姻家庭领域新问题和最新修改立法的了解，扩大了中国婚姻家庭法学者在家庭法学术研究领域的国际影响力。2014 年 8 月，家庭法国际学会在巴西召开“第十五届家庭法世界大会”，会上我当选为家庭法国际学会第十五届执行委员会委员兼学术委员会委员。2017 年 7 月，家庭法国际学会在荷兰召开“第十六届家庭法世界大会”，会上我当选为家庭法国际学会第十六届执行委员会副主席并继续兼任学术委员会委员。作为中国婚姻家庭法专家，在家庭法国际学会中我是第一位来自中国的副主席，为祖国争了光。从此，我在家庭法国际学会领导层这一家庭法学术研究的最高平台上，可以发出中国声音、讲述中国故事、贡献中国智慧，这有利于进一步促进中外婚姻家庭继承法研究领域的国际学术交流，为各国婚姻家庭继承法律制度的改革提供参考，以造福于全人类的婚姻家庭。

在校内学术研究和人才培养方面，2003 年 12 月至 2004 年 12 月，本人受国家留学基金资助由教育部公派出国留学，作为访问学者到澳大利亚悉尼大学法学院进修外国家庭法 1 年。留学回国后，我于 2005 年 1 月向学校提出建立“西南政法大学外国家庭法及妇女理论研究中心”的书面申请。2005 年 4 月 1 日，西南政法大学校长办公会议批准同意该研究中心成立，任命我担任主任。

① Patrick Parkinson 教授是我受中国国家留学基金资助以访问学者身份于 2003 年 12 月至 2004 年 12 月在澳大利亚悉尼大学法学院进修外国家庭法的导师。

自2005年4月该研究中心成立以来，本人夙夜忧虑、恐负厚望，带领研究中心的教师和研究生组成科研创新团队，勤奋科研，不敢懈怠。至2021年12月止的十余年里，我担任项目负责人主持、带领团队成员师生共同完成并公开出版的中文著作和译著20余部，主要有：《外国婚姻家庭法比较研究》（重庆市哲学社会科学“十五”规划项目成果著作，2006年1月出版）、《加拿大家庭法汇编》（2006年1月出版）、《中国大陆与港、澳、台继承法比较研究》（重庆市教委人文社科项目成果著作，2007年1月出版）、《当代中国民众继承习惯调查实证研究》（国家社科基金项目子课题成果著作，2008年1月出版）、《澳大利亚家庭法（2008年修正）》（重庆市教委人文社科重点项目成果译作，2009年1月出版）、《美国家庭法精要（第五版）》（2010年3月出版）、《改革开放三十年（1978~2008）中国婚姻家庭继承法研究之回顾与展望》（西南政法大学重点项目成果著作，2010年1月出版）、《中国婚姻家庭法立法研究（第二版）》（2010年1月出版）、《外国继承法比较与中国民法典继承编制定研究》（国家社科基金项目结项成果著作，经专家匿名评审后被鉴定为“优秀”等级，入选2010年度《国家哲学社会科学成果文库》。全国哲学社会科学办公室在“出版说明”中指出：入选成果代表当前相关领域学术研究的前沿水平，体现我国哲学社会科学界的学术创造力，按照“统一标识、统一封面、统一版式、统一标准”的总体要求组织出版。该著作于2011年3月出版）、《澳大利亚法律的传统与发展（第三版）》（2011年5月出版）、《当代中国内地与港、澳、台婚姻家庭法比较研究》（中国司法部“法治建设与法学理论研究”课题成果著作，2012年5月出版）、《中国继承法修改热点难点问题研究》（2013年10月出版）、《我国防治家庭暴力情况实证调查研究——

以我国六省市被抽样调查地区防治家庭暴力情况为对象》（中国法学会部级法学研究课题成果著作，2014 年 5 月出版）、《21 世纪家庭法与家事司法：实践与变革》（2016 年 10 月出版）、《中国妇女儿童权益法律保障情况实证调查研究——以中国五省市被抽样调查地区妇女儿童权益法律保障情况为对象（上卷、下卷）》（中国法学会部级法学研究课题成果著作，2017 年 3 月出版）、《中国家事审判改革暨家事法修改理论与实务研究》（2018 年 4 月出版）、《中国民法典编纂视野下家事审判改革暨家事法修改研究》（2019 年 5 月出版）、《中国遗产处理制度系统化构建研究》（中国司法部“法治建设与法学理论研究”课题成果著作，2019 年 5 月出版）、《中国继承法理论与实践研究》（2019 年 5 月出版）、《中国婚姻家庭法理论与实践研究》（2019 年 9 月出版）、《当代中国民众财产继承观念与遗产处理习惯实证调查研究（上卷、下卷）》（中国司法部“法治建设与法学理论研究”子课题成果著作，2019 年 10 月出版）等。此外，本人应邀与美国、意大利学者合作撰写美国法学院比较家庭法英文教材 1 部：Practical Global Family Law——United States，China and Italy（2009 年 4 月在美国出版）。

在国内学术研究和人才培养方面，为促进婚姻家庭继承法领域的学术研究和学术交流，本人于 2005 年创办《家事法研究》学术论文集刊。自《家事法研究》2006 年首卷面世至 2011 年的 6 年期间，先后出版了 2005 年卷至 2010 年卷共计 6 卷，推出了一批具有前沿性的学术论文，培养了一批学术新人，受到国内学术界同仁和实务界人士的肯定和好评，产生了良好的社会影响。为进一步扩大《家事法研究》的学术影响，经本人提出申请，中国法学会婚姻家庭法学研究会常务理事会研究同意，《家事法研究》从 2011 年卷起始转为“中国法学会婚姻家庭法学研究会”的会刊。

可以相信，在该研究会的精心主办下，《家事法研究》将在法学理论研究与司法实务探索相结合的沃土中更加茁壮成长，枝繁叶茂！

长江后浪推前浪。为推出婚姻家庭继承法学研究领域具有前沿性、创新性的学术著作，培养更多的学术新人，自2012年起本人主编出版《家事法研究学术文库》丛书。此文库丛书作为学术研究和学术交流的平台，遴选出版婚姻家庭继承法研究领域具有前沿水平的博士学位论文和学术专著，每年拟出版1~3本。本文库丛书旨在通过婚姻家庭继承法学研究领域最新学术著作的出版，推出一批前沿理论和实务问题研究的新作，促进我国婚姻家庭继承法学研究朝着更深、更广的方向发展，以更多的优秀研究成果为我国民众处理婚姻家庭继承问题提供参考，为国家完善立法、改进司法服务。至2021年年底，本文库丛书已出版学术著作29部，2022年拟出版《当代外国婚姻家庭法律制度研究》《我国收养制度立法完善研究》《遗产债务清偿制度研究》《遗赠制度研究》《澳大利亚离婚制度研究》等学术著作，以飨读者。

最后，我衷心感谢编辑老师们多年来对本文库丛书出版所付出的辛勤劳动！

陈　苇

《家事法研究学术文库》主编

2022年1月28日

自 序

马克思曾说，“几乎任何的离婚都是家庭的离散”。离婚对家庭的不利影响不言而喻。同时，也要看到，离婚是对“死亡婚姻”的解除，对当事人而言又是一件幸事。从 2002 年到 2020 年，我国离婚人数从 117.7 万对增长到 433.9 万对，增长了 316.2 万对。“粗离婚率”从 2002 年的 0.9‰增长到 2020 年的 3.1‰，增长了 2.2 个千分点。因此，如何通过离婚制度既防止轻率离婚，维护家庭稳定，又解除死亡婚姻，保障离婚自由，保护当事人及未成年子女的利益，是一个值得深入研究的课题。

我国《民法典》已于 2021 年 1 月 1 日起施行。该法在婚姻家庭编离婚制度中，细化关于登记离婚的规定、新增离婚冷静期制度、新增诉讼离婚准予离婚的法定事由、明确婚姻关系解除的时间、增补离婚时处理子女抚养问题的规则、新增离婚夫妻共同财产分割之照顾无过错方原则、扩大离婚经济补偿制度的适用范围、修改补充离婚经济帮助制度、增补离婚损害赔偿制度法定事由的兜底条款。这些修改对保障离婚自由、防止轻率离婚具有积极意义。但我国离婚制度仍存在某些不足，有待继续修改和完善。

澳大利亚在历史上曾为英国的殖民地，因此其在法律发展过程中继受了普通法的制度和理念。自 1788 年至今 200 多年的发展历史中，澳大利亚经历了从英国殖民地走向国家独立，从各州分立到联邦统一之发展历程。相应地，澳大利亚本国的离婚法也经历了从无到有，从各州独立的离婚法到联邦统一的离婚法；从照搬英国的离婚法到离婚法的逐渐本土化再到日趋特色化，从禁止离婚到过错离婚再到无过错离婚的发展历程。其离婚法的发展呈现离婚日趋自由、男女逐步平等和妇女与未成年子女权益保护日渐增强的趋势。

1901 年澳大利亚联邦成立后，随着国家政治制度的日趋成熟，经济实力的快速增长，社会福利事业的全面发展，澳大利亚在法律领域逐步发展出本国特色。20 世纪 70 年代中期，澳大利亚对离婚法进行重大改革，颁布了适用于全国的家庭法、引入无过错离婚，设立专门的家庭法院，这在澳大利亚家庭法历史上具有里程碑意义。随后澳大利亚根据改革后出现的新问题和社会现实需要，对家庭法进行多次修改。其现行的离婚制度采取无过错离婚主义，仅以分居满 12 个月作为婚姻已无可挽回地破裂的判断依据，单采诉讼离婚模式，由专门的家庭法院审理离婚案件，采取区别于普通民事诉讼的家事诉讼法律，鼓励灵活多样的家庭纠纷解决机制的适用，离婚之诉与财产处理及子女抚养之诉分离，以公平和公正原则作为法院调整夫妻财产权益的原则，以儿童最大利益原则作为处理子女抚养的首要考虑因素，鼓励父母共同抚养子女，等等。无论是从实体法角度还是从程序法角度来看，其都在一定程度上形成了具有澳大利亚特色的离婚制度。

目前国内涉及澳大利亚离婚制度的著作较少，尚无以其作为专门研究对象的博士学位论文和专著，本书以“澳大利亚离婚制度”为研究对象，对澳大利亚离婚制度进行了较为全面系统的考察和研究。

本书主要内容如下：第一章为“澳大利亚离婚制度的发展变革”。本章主要从历史维度对澳大利亚离婚制度的历史演进进行考察和研究，并分析其发展背景和发展变革中的基本特点。第二章为“澳大利亚离婚法定理由研究”。本章结合相关的法律规定和司法案例，对澳大利亚离婚法定理由及离婚的限制性规定进行考察和研究，梳理其主要改革及学者观点，最后对其进行评析并总结经验与教训。第三章为“澳大利亚离婚程序研究”。本章结合相关的法律规定和司法案例，对澳大利亚离婚程序、家庭纠纷解决机制进行考察和研究，梳理其主要改革及学者观点，最后对其进行评析并总结经验与教训。第四章为“澳大利亚离婚的法律效力研究”。本章结合相关的法律规定和司法案例，从离婚对当事人的法律效力和离婚对未成年子女的法律效力进行考察和研究，梳理其主要改革及学者观点，最后对其进行评析并总结经验与教训。第五章为“澳大利亚离婚制度对我国之启示”。本章主要从澳大利亚离婚制度之功能及我国借鉴澳大利亚离婚制度的理由、离婚法定理由、离婚程序、离婚的法律效力等方面，分析我国离婚制度的优点与不足，对中澳两国的离婚制度进行比较，剖析其相同点与不同点。最后，在吸取前人研究成果，结合我国实际，借鉴澳大利亚有益的立法经验的基础上，提出补充完善我国离婚制度的参考建议。

笔者希望本书能为将来我国《民法典》婚姻家庭编离婚制度之修改完善提供有益的参考，为国内离婚制度的研究提供更多的国外法参考资料。但由于个人研究能力的限制，对澳大利亚离婚制度的某些具体内容的研究可能存在一些局限性，对其相关制度的评析可能不够全面，恳请读者批评指正，以待将来进行进一步深入研究。

郭庆敏

2022 年 1 月

导 论

一、选题背景及意义

马克思曾说，“几乎任何的离婚都是家庭的离散”①。离婚对家庭造成的不利影响不言而喻。同时，也要看到，离婚是对“死亡婚姻”的解除，对当事人而言又是一件幸事。离婚是在夫妻双方生存期间，依照法定的条件和程序解除婚姻关系的法律行为。② 因此，如何通过离婚制度既防止轻率离婚，维护家庭稳定，又解除死亡婚姻，保障离婚自由，保护当事人及未成年子女的利益，是一个值得深入研究的课题。

（一）选题背景

2014 年，党的十八届四中全会审议通过的《中共中央关于全面推进依法治国若干重大问题的决定》提出加强市场法律制度建设，编纂民法典。2020 年 5 月 28 日，中华人民共和国第十三届全国人民代表大会第三次会议通过了《中华人民共和国民法典》（以下简称我国《民法典》），并于 2021 年 1 月 1 日起施行。这是新中国成立以来第一部以“法典”命名的法律，是新时代我国社会主义法治建设的重大成果，被称为中国“社会生活的百科全书”。

① 马克思：《论离婚法草案》，引自 https://www.marxists.org/chinese/marx-engels/01/027.htm，最后访问日期：2020 年 5 月 12 日。

② 马忆南：《婚姻家庭继承法学》（第四版），北京大学出版社 2019 年版，第 101 页。

离婚制度被规定在我国《民法典》第五编第四章（第 1076-1029 条）中。[①] 与《中华人民共和国婚姻法》（2001 年修正）（以下简称 2001 年修正的《婚姻法》）相比，我国《民法典》对“离婚”一章的新规定主要有：[②] 细化关于登记离婚的规定、[③] 新增离婚冷静期制度、[④] 新增诉讼离婚准予离婚的法定事由、[⑤] 明确婚姻关系解除的时间、[⑥] 增补离婚时处理子女抚养问题的规则、[⑦] 新增离婚夫妻共同财产分割之照顾无过错方原则、[⑧] 扩大离婚经济补偿制度的适用范围、[⑨] 修改补充离婚经济帮助制度、[⑩] 增补离婚损害赔偿制度法定事由的兜底条款。[⑪] 我国《民法典》对离婚法的上述修改补充，使我国离婚制度更加合理。但是，我国离婚制度仍然存在某些不足，有待进一步补充和完善。例如，我国离婚法仍以“夫妻感情确已破裂”作为离婚法定理由，忽略了我国某些婚姻并非以感情为基础的现实情况；探望权的主体仍仅限于不直接抚养子女的父母一方，未考虑子女与祖父母、外祖父母等近亲属会面交往的需要等。

---

① 我国《民法典》第五编为“婚姻家庭”编，共五章：第一章“一般规定”、第二章“结婚”、第三章“家庭关系”、第四章“离婚”和第五章“收养”。

② 详细的修改内容及立法理由，可参见陈苇、贺海燕：《论中国民法典婚姻家庭编的立法理念与制度新规》，载《河北法学》2021 年第 1 期，第 29-34 页。

③ 我国《民法典》第 1076 条。

④ 我国《民法典》第 1077 条。

⑤ 我国《民法典》第 1079 条。

⑥ 我国《民法典》第 1080 条。

⑦ 我国《民法典》第 1084 条。

⑧ 我国《民法典》第 1087 条。

⑨ 我国《民法典》第 1088 条。

⑩ 与 2001 年修正的《婚姻法》第 42 条相比，我国《民法典》第 1090 条做了两处修改：第一，要求提供离婚经济帮助的另一方须“有负担能力”，第二，取消“从其住房等个人财产中”给予适当帮助的例举性规定，笼统地规定为“给予适当帮助”。

⑪ 我国《民法典》第 1091 条。该条将“有其他重大过错”作为离婚损害赔偿制度法定事由的兜底条款。

离婚制度是婚姻家庭法的重要组成部分，离婚纠纷也是司法实践的热点难点问题之一。在立法方面，我国《民法典》“婚姻家庭编”共 79 条，离婚一章占 17 条，占比 21.51%。此外，据最高人民法院发布的《2020 年全国法院司法统计公报》统计，2020 年婚姻家庭纠纷判决结案的有 584507 件，其中离婚纠纷判决结案的有 486425 件，占婚姻家庭纠纷判决结案的 83.22%；调解结案的婚姻家庭纠纷案件有 553421 件，其中离婚纠纷调解结案的有 441114 件，占婚姻家庭纠纷调解结案的 79.71%。可见，离婚制度适用于婚姻家庭纠纷案件的频率高于其他婚姻家庭制度适用于婚姻家庭纠纷案件的频率，离婚制度在我国婚姻家庭立法及司法实践中具有举足轻重的作用。

从社会现实来看，目前我国粗离婚率较高。据我国民政部 2002 年至 2020 年《社会服务发展统计公报》显示，从 2002 年到 2020 年，我国离婚人数从 117.7 万对增长到 433.9 万对，增长了 316.2 万对。“粗离婚率”从 2002 年的 0.9‰增长到 2020 年的 3.1‰，增长了 2.2 个千分点。与 2019 年相比，我国 2020 年的粗离婚率虽然下降了 0.3 个千分点，但仍然处于高位。

澳大利亚作为发达的英美法系国家之一，其离婚制度具有特色。早在 20 世纪 70 年代中期，澳大利亚对离婚法进行重大改革，颁布了统一适用于全国的家庭法、引入无过错离婚，设立专门的家庭法院，这在澳大利亚家庭法发展史上具有里程碑意义。随后澳大利亚根据改革后出现的新问题和社会现实需要，对家庭法进行了多次修改。现行的离婚制度采取无过错离婚主义，单采诉讼离婚模式，由专门的家庭法院审理离婚案件，有区别于普通民事诉讼的家事诉讼法律，鼓励灵活多样的家庭纠纷解决机制的适用，以公平和公正原则作为离婚时法院调整夫妻财产权益的原则，以儿童最大利益原则作为处理子女抚养问题的首要考虑因素，鼓励父母共同抚养子女，采取行政模式的子女抚养费制度。这些规定有利于促进离婚及相关问题的公正、合理、高效解决，有利于减少婚姻家庭纠纷，维护社会稳定。其经验具有可借鉴之处。

在我国，2016年4月21日，最高人民法院在其发布的《关于开展家事审判方式和工作机制改革试点工作的意见》（以下简称我国《家事审判改革试点意见》）中提到家事审判改革的基本原则之一是“坚持从本国国情出发与吸收域外经验相结合”。该意见还指出，在工作机制上，要“探索家事纠纷的专业化、社会化和人性化解决方式。推动建立司法力量、行政力量和社会力量相结合的新型家事纠纷综合协调解决机制，完善多元化纠纷解决机制，形成有效社会合力，切实妥善化解家事纠纷”。因此，对澳大利亚离婚制度的研究，尤其是对其具有特色的家庭纠纷解决机制的研究，将有利于为我国家事审判改革制度的立法提供有益借鉴，为司法实践提供参考。

1980年，我国以1950年《婚姻法》为基础，根据当时的新情况新发展修订颁行《婚姻法》，20世纪初期根据调整婚姻家庭新情况新问题的需要，于2001年对离婚制度做了部分修改补充，其后又根据社会需要出台了相关的司法解释，2020年5月28日通过，2021年1月1日起实施的我国《民法典》也对离婚制度进行了修改补充。此后，我国发布了最高人民法院《关于适用〈中华人民共和国民法典〉婚姻家庭编的解释（一）》指导司法实践，但我国离婚制度仍然存在某些不足。因此，对澳大利亚离婚制度进行研究，可以为我国离婚制度的完善提供有益的参考建议。

（二）选题意义

选题意义主要有三：

第一，在理论上，填补澳大利亚离婚制度之学术研究专著的空缺，丰富国外家庭法之英美法系国家离婚制度研究的理论成果。目前国内涉及澳大利亚离婚制度的著作较少，尚无以其作为专门研究对象的博士学位论文和专著，笔者以“澳大利亚离婚制度研究”为题，对澳大利亚离婚制度进行较为全面系统的考察和研究，以期为国内离婚制度的理论研究提供更多的国外法参考资料。

第二，在立法上，为我国《民法典》"婚姻家庭编"离婚制度之完善提供有益的参考。我国《民法典》"婚姻家庭编"对2001年修正的《婚姻法》中部分离婚的条款进行了修改补充，但仍然存在某些不足。本书拟通过对澳大利亚离婚制度的研究，分析其有益经验，针对我国离婚制度之不足，提出相关的参考建议。

第三，在司法实践上，为我国家事审判改革提供有益的借鉴。家事审判改革的基本原则之一是"坚持从本国国情出发与吸收域外经验相结合"。对澳大利亚离婚制度的研究，尤其是在离婚案件的处理中其颇具特色的家庭纠纷解决机制的研究，将有利于为我国家事审判改革制度的立法提供有益的借鉴。此外，澳大利亚属于判例法国家，法院的判决对后面发生的案件的审理具有指导意义，研究其离婚制度将涉及典型离婚案例的考察，这有利于为我国司法实践提供参考。

二、研究现状

（一）国内研究现状

1. 澳大利亚离婚制度的研究成果

第一，我国目前没有专门以"澳大利亚离婚制度"为研究对象的著作。但已出版有部分内容涉及澳大利亚离婚制度的译著和著作。

首先，已出版有部分内容涉及澳大利亚离婚制度的译著。部分内容涉及澳大利亚离婚制度的译著主要有：张贤钰教授主编的《外国婚姻家庭法资料选编》（1991年），该译著对澳大利亚1975年联邦《家庭法》[①]（以下简称联邦《家庭法》）中第六章"婚姻的解除和无效"、第七章"子女的福利和监护"、第八章"扶养和财产"进行了翻译。詹姆斯·克罗夫德的"澳大利亚家庭与儿童法院"（载许章润、徐平编：《法律：理性与历史　澳大利亚的理

① Family Law Act 19795 (Cth).

念、制度和实践》，2000年）对澳大利亚家庭法院的司法管辖历史，澳大利亚的家庭法院、州和领地的家庭司法权、儿童法院的相关内容等进行了研究。陈苇教授主持翻译的《澳大利亚家庭法》（2008年修订）（2009年），对澳大利亚联邦《家庭法》、1988年联邦《子女抚养费（登记与收取）法》、1989年联邦《子女抚养费（评估）法》进行了翻译，内容涵盖了离婚法定理由、离婚夫妻财产的分配、子女抚养等。除此之外，陈苇教授还主持翻译了帕特里克·帕金森教授的《澳大利亚法律的传统与发展》（2011年），冉启玉副教授等翻译了帕特里克·帕金森教授的《永远的父母：家庭法中亲子关系的持续性》（2015年）。这些译著为了解澳大利亚离婚制度提供了重要的参考资料。

其次，部分内容涉及澳大利亚离婚制度的专著。部分内容涉及澳大利亚离婚制度的专著主要有：何勤华主编的《澳大利亚法律发达史》（2004年），该著作第四章第六节“家庭法”对澳大利亚离婚法定理由、分居、夫妻以及事实伴侣之间的财产关系进行了介绍。陈苇教授主编的《外国婚姻家庭法比较研究》（2006年）第七章“外国离婚法”及附论“澳大利亚现代家庭法简介”对澳大利亚分居、离婚法定理由、离婚程序、离婚的法律效力进行了考察和研究。李俊副教授的《离婚救济制度研究》（2008年）对澳大利亚的离婚救济制度有相关的研究，内容主要涉及澳大利亚离婚配偶扶养费的有关规定。陈思琴的《离婚后亲子关系法律制度研究》（2011年）研究了澳大利亚离婚后亲子关系法律制度上采用的相关概念、离婚后子女监护权的行使方式、离婚后法院签发抚养令的考虑因素、抚养令的变更、子女意愿的听取等内容。白红平的《中澳婚姻家庭法律制度比较研究》（2012年）采用比较研究的方法，在第四章中对澳大利亚离婚制度的离婚方式、离婚理由、离婚程序、离婚后果、基本特点及趋势进行了考察和研究。韩晶晶的《澳大利亚儿童保护制度研究》（2012年）对澳大利亚儿童保护制度进行了研究，内容主要涉及澳大利亚的儿童福利制度、少年司法制度、家事案件中的法律援助制度、儿童保护制度和实践等。来文彬的《家事调解制度研究》（2014 年）第四章例举介绍了澳大利亚家事调解立法与实践概况及其特点。蒋月教授的《婚姻家庭法前沿导论（第二版）》（2016 年）对澳大利亚法定离婚理由之改革进行了研究。张华贵副教授的《夫妻财产关系法研究》（2017 年）简要地对澳大利亚的家事纠纷解决机制进行了介绍。这些著作中的相关论述对进一步了解澳大利亚的离婚制度具有重要的参考价值。

第二，国内以“澳大利亚离婚制度”的部分内容作为研究对象的论文相对较多。例如，陈苇、王鹍的《澳大利亚儿童权益保护立法评介及其对我国立法的启示——以家庭法和子女抚养（评估）法为研究对象》（2007 年）对澳大利亚家庭法中涉及儿童权益保护的内容进行了考察研究。陈苇、胡苷用的《离婚诉讼前处理子女抚养纠纷的一种新机制——澳大利亚“家庭关系中心”评介及其启示》（2007 年）对澳大利亚家庭关系的设立背景及其功能做了介绍。陈苇、陈思琴的《澳大利亚夫妻离婚时养老金分割立法及其借鉴》（2008 年）对澳大利亚养老金的立法现状、夫妻离婚时养老金分割的实际操作方法等进行了考察。陈苇、来文彬的《论我国家事纠纷人民调解的新机制——以澳大利亚“家庭关系中心”之家事纠纷调解为视角》（2009 年）对澳大利亚“家庭关系中心”调解工作概况，如“家庭关系中心”的主要功能、家事调解员等服务人员的资格要求以及登记，“家庭关系中心”服务的费用等进行了考察。汤鸣的《澳大利亚家事调解制度：问题与借鉴》（2010 年）对澳大利亚家事调解制度的调解对象、调解主体、调解的实施、理论和实务中存在的问题、特色等进行了研究。林芳雅的《澳大利亚家事法院调解制度初探》（2013 年）对澳大利亚家庭法院调解制度从适用条件、主体、实施过程三个方面进行了介绍，以儿童最大利益原则为基础对澳大利亚的家庭法院调解制度进行了剖析，并结合我国家事调解制度之不足，提出了构建我国家事调解制度的建议。陈苇、赵燕的《澳大利亚“子女接触令”实施的改进建议对我国之启示》（2010年）对澳大利亚“子女接触令”的立法背景、主要内容、执行情况等进行了研究。王玮玲的《论离婚时养老保险期待利益的处理——以〈《婚姻法》解释（三）〉第十三条为中心》（2016年）在“离婚时养老保险利益处理的域外借鉴”部分介绍了澳大利亚离婚时养老金分割的“分割令”和“标记令”。这些研究成果有助于对澳大利亚离婚制度的各项具体内容进行进一步把握。

第三，目前国内还没有专门以“澳大利亚离婚制度”为研究对象的博士学位论文，并且以“澳大利亚离婚制度”为研究对象的硕士学位论文也较少。以“澳大利亚离婚制度”为研究对象的硕士学位论文主要有王鹍的《澳大利亚离婚制度研究——兼谈对完善我国离婚法之启示》[①]、杨志勇的《中澳离婚制度比较研究》[②]。此外，部分硕士学位论文涉及澳大利亚离婚制度的相关内容。例如，杨旭的《澳大利亚夫妻财产制研究》对澳大利亚离婚时财产分割（包括养老金的分割）等相关内容进行了研究。[③] 卫洁的《澳大利亚家庭纠纷解决机制及其对我国的借鉴》对澳大利亚家庭纠纷解决机制进行了介绍。[④] 高丽燕的《我国离婚诉讼调解制度研究》第三章简要介绍了澳大利亚离婚案件的调解制度。[⑤] 这些硕士学位论文从不同的角度对澳大利亚离婚制度进行了介绍，其研究内容还可以更加深入。

---

① 王鹍：《澳大利亚离婚制度研究——兼谈对完善我国离婚法之启示》，西南政法大学2006年硕士学位论文。

② 杨志勇：《中澳离婚制度比较研究》，山西大学2007年硕士学位论文。

③ 杨旭：《澳大利亚夫妻财产制研究》，西南政法大学2006年硕士学位论文。

④ 卫洁：《澳大利亚家庭纠纷解决机制及其对我国的借鉴》，山西大学2007年硕士学位论文。

⑤ 高丽燕：《我国离婚诉讼调解制度研究》，河北大学2015年硕士学位论文。

2. 澳大利亚离婚制度研究之不足

总结国内现有的关于澳大利亚离婚制度的研究成果，笔者认为，前述研究大致存在以下几方面的不足：

第一，从内容上看，主要存在以下不足。其一，研究内容要么不够深入，要么不够全面系统。上述研究有的对离婚制度进行较全面的研究，但研究深度不够；有的研究仅针对澳大利亚离婚制度中的某些内容，因此研究内容不够全面。其二，前述研究偏重理论考察，缺少判例的考察和研究。澳大利亚属于典型的判例法国家，对其判例的研究具有重要意义。其三，缺乏对澳大利亚离婚制度较为详细的历史考察。

第二，从数量上看，目前针对澳大利亚离婚制度的研究成果，从总体上看并不是特别丰富。因此，对澳大利亚离婚制度还有较大的研究空间。

第三，从时间上看，根据前文对澳大利亚离婚制度的研究成果的梳理可以看出，目前对澳大利亚离婚制度的研究，大多集中在2015年以前，而近5年对澳大利亚离婚制度的研究则较少，因此，前述的部分研究成果在今天看来略显陈旧。

（二）国外研究现状

1. 澳大利亚离婚制度的研究成果

从国外研究现状看，澳大利亚学者对澳大利亚离婚制度进行了较多的研究。

第一，著作方面。Henry Finlay 的 *To Have But Not To Hold: A History of Attitudes to Marriage and Divorce in Australia 1858 - 1975*（2005年）对澳大利亚离婚法的产生和发展进行了较为详细的研究。Hilary Golder 的 *Divorce in 19th Century New South Wales*（1985年）对19世纪澳大利亚新南威尔士离婚的状况、离婚法的改革等进行了深入的考察和研究。Patrick Parkinson 的 *Tradition and Change in Australian Law*（第五版，2013年）对澳大利亚法律的传统、殖民地时期澳大利亚的政府与法律、澳大利亚联邦的法院体

系、澳大利亚法律传统面临的挑战等内容进行了研究。上述著作对研究澳大利亚法律（包括离婚法）的发展历史有着重要的参考价值。此外，Anthony Dickey 的 *Family Law*（第六版，2014 年）对离婚的要求、法院对当事人财产利益的调整、子女抚养等内容进行了介绍。Eithne Mills 和 Marlene Ebejer 的 *Family Law*（第六版，2015 年）结合澳大利亚联邦《家庭法》及其他相关法律和部分司法判例，对澳大利亚离婚制度进行了相对全面的介绍。Patrick Parkinson 的 *Family Law and the Indissolubility of Parenthood*（2011 年）第二章阐述了离婚的演进，第三章探讨了父母分居或离婚后亲子关系的重新界定，第六章阐述了离婚或分居后的父母养育，第十章介绍了子女抚养与父母责任，包括子女抚养费的相关内容，第十一章研究了离婚后的配偶抚养费等内容。上述著作对研究澳大利亚离婚制度的具体内容提供了重要参考。

第二，学术论文方面。有关澳大利亚离婚制度具体内容的学术论文较为丰富。例如，D. M. Selby 在 "The Development of Divorce Law in Australia"（1966 年）一文中，对 1959 年联邦《婚姻诉讼法》离婚立法的改革进行了介绍。Richard Ingleby 在 "The Economic Consequences of Divorce in Australia: Recent Developments"（1994 年）一文中，介绍了对家务劳动者贡献的承认、子女抚养费的计算公式等内容。Grania Sheehan, April Chrzanowski, John Dewar 在 "Superannuation and Divorce in Australia: An Evaluation of Post-Reform Practice and Settlement Outcomes"（2008 年）一文中，对离婚时养老金分割情况进行了调查。Patrick Parkinson 在 "Family Property Division and the Principle of Judicial Restraint"（2018 年）一文中，结合相关的司法案例对离婚时法院对夫妻财产权益的调整及司法约束原则进行了研究。Lola Akin Ojelabi1 和 Judith Gutman 在 "Family dispute resolution and access to justice in Australia"（2020 年）一文中，对家庭纠纷解决的相关内容进行了研究。这些论文对掌握澳大利亚离婚制度的部分具体内容具有重要意义。

2. 主要问题的观点梳理

总体而言，这主要体现在离婚法定理由、离婚程序、离婚的法律效力三个方面：

(1) 离婚法定理由。澳大利亚以“婚姻已无可挽回地破裂”作为离婚唯一的法定理由是被普遍认同的。① 但澳大利亚仅以分居满12个月作为“婚姻破裂”的判断依据，完全摒弃过错因素引起了某些争议。安东尼·迪基（Anthony Dickey）在其著作《家庭法》（第六版）中指出，有学者不赞成以一方过错或不合理行为作为婚姻破裂的判断依据，以避免过错因素再次进入离婚法甚至主导离婚法；反对者认为过错在某些情况下与婚姻破裂有关；婚姻已无可挽回地破裂与分居12个月之间没有必然联系。② 笔者认为，澳大利亚采取“婚姻破裂”的表述比我国“感情破裂”的表达更为恰当。但其完全摒弃过错因素作为判断婚姻破裂的依据目前未必适合我国。

(2) 离婚程序。第一，关于家庭法院。澳大利亚设立了专门的家庭法院，有学者认为家庭法院为离婚当事人提供了对抗性较小、支持性更多的环境，且注重和解。③ 但有学者认为家庭法院使用非正式法庭环境使庭审不像是法院审判，更像是会议。④ 第二，关于家庭纠纷解决。有学者认为，保密性对于家庭纠纷解决具有

---

① Butler C. M., “A Sole Ground for Divorce: An Examination of Recent Divorce Reform in England in Anticipation of Reform in Australia,” *Australian Law Journal*, vol. 45, 1971, p. 176.

② Dickey A., *Family Law* (Sixth Edition), Sydney: Thomson Reuters (Professional) Australia Limited, 2014, pp. 186-187.

③ Rhoades H., “The ‘Helping Court’: Exploring the Therapeutic Justice Origins of the Family Court of Australia,” *Family Law Review*, vol. 2, no. 1, 2011, p. 17; Akin Ojelabi L. and Gutman J., “Family Dispute Resolution and Access to Justice in Australia,” *International Journal of Law in Context*, vol. 16, no. 2, 2020, p. 198.

④ Rayner M., “Putting Asunder: the Restructuring of the Australian Family Court,” *Children & Society*, vol. 3, no. 1, 1989, p. 44.

重要意义，其既可以吸引当事人采取家庭纠纷解决的方式解决纠纷，提供家庭纠纷解决服务的专业人士也更愿意提供此类服务。[①]但有学者认为，还需对家庭纠纷解决程序进行修改：存在家庭暴力或虐待情形的，应当披露此类信息，以保护未成年子女或者当事人一方的安全。[②] 第三，关于非对抗性程序。澳大利亚属于英美法系国家，采取对抗制诉讼程序。有学者认为，对抗制诉讼程序不适合家庭纠纷解决，并且存在诉讼费用过高，诉讼迟延等不足。[③] 澳大利亚对家庭法进行改革，鼓励采取非对抗性程序或对抗性较小程序解决家庭纠纷。有学者认为，其改革目的是以更加合作的方式解决家庭纠纷。[④] 第四，关于儿童的诉讼参与权与儿童意见的表达。澳大利亚设立独立儿童律师代理儿童参加诉讼，家庭咨询师向法院提供“家庭报告”，这有利于儿童的意愿传达给法院，以保护儿童的诉讼利益，使法院作出更有利于未成年子女的决定。但应避免对儿童的过度采访等问题。[⑤] 笔者认为，澳大利亚设立专门的家庭法院，鼓励和解，鼓励非诉家庭纠纷解决、设立独立儿童律师的理念和某些具体制度设计值得学习，但其制度的

---

① Young L., Sifris A., Carroll R., and Monahan G., *Family Law in Australia* (Ninth Edition), Chatswood: LexisNexis Butterworths, 2016, p. 89; Astor H. and Chinkin C., *Dispute Resolution in Australia*, Sydney: LexisNexis Butterworths, 2002, p. 178.

② Cooper D., “Inconsistencies in and the Inadequacies of the Family Counselling and FDR Confidentiality and Admissibility Provisions: The Need for Reform,” *Family Law Review*, vol. 4, no. 4, 2014, pp. 213-226; Akin Ojelabi L. and Gutman J., “Family Dispute Resolution and Access to Justice in Australia,” *International Journal of Law in Context*, vol. 16, no. 2, 2020, p. 212; Sifris A. and Parker A., “Family Violence and Family Law: Where to Now?” *Family Law Review*, vol. 4, 2014, p. 20.

③ King M., Freiberg A., Batagol B., et al., *Non-adversarial Justice* (Second Edition), Sydney: The Federation Press, 2014, pp. 136-137.

④ Akin Ojelabi L. and Gutman J., “Family Dispute Resolution and Access to Justice in Australia,” *International Journal of Law in Context*, vol. 16, no. 2, 2020, p. 201.

⑤ Bell F., “Barriers to Empowering Children in Private Family Law Proceedings,” *International Journal of Law, Policy, and the Family*, vol. 30, no. 3, 2016, pp. 230-231.

某些方面还需继续完善。

(3) 离婚的法律效力。一方面，关于离婚对当事人的法律效力。第一，法院对财产权益的调整。澳大利亚联邦《家庭法》赋予法院对离婚当事人的财产权益进行调整的权力，但必须符合公平和公正原则。有学者认为公平和公正原则是法院对财产权益进行调整的司法约束原则,① 也是对自由裁量权的限制。② 第二，关于配偶扶养费。有学者认为，对离婚当事人而言，配偶扶养费具有修复功能，有利于帮助恢复因婚姻投资导致的收入能力的损失。③ 但是，配偶扶养费的适用情况较少。④ 第三，养老金利益的分割。澳大利亚规定夫妻离婚时可以分割养老金利益（包括期待利益），且明确了分割养老金的具体方法。有学者认为，养老金利益（包括期待利益）在离婚时进行分割是合理的。若无须缴纳养老金，夫妻可能获得更高的生活水平。养老金利益通常是为夫妻双方共同利益建立的。⑤ 随着离婚人数的增多、养老金覆盖率的扩大等，养老金利益的分割将越来越重要。⑥ 在我国，夫妻关系存续

① Parkinson P., "Family Property Division and the Principle of Judicial Restraint," *University of New South Wales Law Journal*, vol. 41, no. 2, 2018, p. 380.

② Harland A., Cooper D., Rathus Z., et al., *Family Law Principles*, Sydney: Thomson Reuters (Professional) Australia Limited, 2015, p. 411.

③ See Ellman I. M., "The Theory of Alimony," *California Law Review*, vol. 77, no. 1, January 1989, pp. 50-53.

④ Behrens J. and Smyth B., *Spousal Support in Australia: A Study of Incidence and Attitudes*, Working Paper No. 16, Australian Institute of Family Studies, February 1999, p. 7, p. 11, p. 16; De Vaus D., Gray M., Qu L., et al., "The Economic Consequences of Divorce in Six OECD Countries," *The Australian Journal of Social Issues*, vol. 52, no. 2, 2017, p. 182.

⑤ Young L., Sifris A., Carroll R. and Monahan G., *Family Law in Australia* (Ninth Edition), Chatswood: LexisNexis Butterworths, 2016, p. 909.

⑥ Henn T. and Boujos J., "The Penthouse, the Porsche or the Pension Superannuation and Divorce," *Revenue Law Journal*, vol. 13, January 2003, pp. 31-32; Angus S., "Splitting Superannuation on Divorce or Separation," *Bulletin* (*Law Society of South Australia*), vol. 25, no. 2, March 2003, p. 19.

期间缴纳的养老金的来源是夫妻共同财产，若无约定，其期待利益应当属于夫妻共同财产，但我国对养老金的期待利益及养老金的分割方法没有明确的规定。

另一方面，关于离婚对未成年子女的法律效力。第一，关于子女权利与父母责任。1995 年家庭法改革用“父母责任”“居住”“交往”代替“监护”“探视”等的规定，强调子女的权利和父母的责任，有利于逐渐消除父母权利的观念。[①] 此外，澳大利亚在立法上明确规定了祖父母、外祖父母享有与孙子女、外孙子女交往的权利。第二，关于共同父母责任。澳大利亚 2006 年家庭法改革鼓励父母对子女共同承担抚养责任，鼓励父母以合作的方式抚养子女。尽量避免一方因退出子女生活对子女健康成长的不利影响。在理念上不再是将抚养权判给父母一方，将探望权判给另一方作为对其未获得抚养权的救济。有学者认为共同父母责任试图用最接近婚姻的生活方式和交往时间安排抚养子女。[②] 第三，子女抚养费。澳大利亚的子女抚养费制度经过改革后，由法院模式转为行政模式，由专门的行政部门对子女抚养费进行登记、评估、收取与执行、变更。此外，该行政部门与澳大利亚税务局进行合作，这有利于子女抚养费的收取与执行。有学者认为，与其他国家相比，澳大利亚利用税收制度对子女抚养费进行评估、收取和执行的方法是一种比较创新的做法，这种方法也为其他政策改革铺平

① Funder K., “Australian Family Law Reform Act 1995 and Public Attitudes to Parental Responsibility,” *International Journal of Law, Policy, and the Family*, vol. 12, no. 1, April 1998, p. 49; Armstrong S. M., “‘We Told You So...’ Women's Legal Groups and the Family Law Reform Act 1995,” *Australian Journal of Family Law*, vol. 15, no. 2, 2001, p. 131.

② See Gardner R. A., “Social, Legal, and Therapeutic Changes That Should Lessen the Traumatic Effects of Divorce on Children,” *Journal of the American Academy of Psychoanalysis*, vol. 6, no. 2, April 1978, p. 239.

了道路。[①] 但是，子女抚养费制度仍然存在父母一方通过隐瞒或谎报收入，少支付或不支付抚养费的情况，[②] 有待进一步进行完善。笔者认为，澳大利亚明确祖父母、外祖父母与孙子女、外孙子女交往的权利、鼓励离婚父母共同抚养子女等理念和制度设计值得我国借鉴。我国一般采取将子女的直接抚养权判给父母一方，另一方享有探望权的模式，并且探望权的主体仅为父母一方。

三、研究路径和研究方法

（一）研究路径

本书以澳大利亚离婚制度为研究对象，研究路径如下：

首先，对澳大利亚离婚制度的发展变革进行考察。以澳大利亚离婚制度的历史演进为研究起点，在此基础上分析澳大利亚离婚制度的发展背景，然后对澳大利亚离婚制度发展变革中的基本特点进行分析和总结。其次，对澳大利亚离婚制度的具体内容进行研究。分别从澳大利亚离婚法定理由、离婚程序和离婚的法律效力三个方面依次展开。最后，分析澳大利亚离婚制度的功能及借鉴理由，并从离婚法定理由、离婚程序及离婚的法律效力三个方面考察我国离婚制度，分析其优点与不足，比较与澳大利亚离婚制度的异同。在吸取前人研究成果，结合我国实际，借鉴澳大利亚有益经验的基础上，提出补充完善我国《民法典》婚姻家庭编离婚制度的参考建议。

（二）研究方法

1. 文献研究的方法

为了较为全面、系统地对澳大利亚离婚制度进行研究，笔者

---

① Edwards M., "The Child Support Scheme: What Innovative Collaboration Can Achieve," in Luetjens J., Mintrom M. and Hart P. eds., *Successful Public Policy: Lessons from Australia and New Zealand*, Canberra: ANU Press, 2019, pp. 143–145.

② Mckenzie H. and Cook K., "The Influence of Child Support and Welfare on Single Parent Families," *Just Policy*, no. 45, October 2007, p. 15.

利用2020年3月至2021年3月在澳大利亚昆士兰大学访问学习的机会，收集有关澳大利亚离婚制度的中外文献资料，尤其是英文文献资料，如有关澳大利亚离婚制度的历史发展与近几年的研究成果，确保研究内容的准确性、及时性和丰富性。

2. 历史研究的方法

本书运用历史研究的方法，对澳大利亚离婚制度的历史演进进行了考察和研究，在此基础上分析澳大利亚离婚制度的发展背景。此外，对澳大利亚离婚制度进行历史溯源的探索，这有助于把握澳大利亚离婚制度发展变革中的基本特点。

3. 实证研究的方法

本书利用实证研究的方法，收集了较为丰富的司法案例，尤其是有关澳大利亚离婚法定理由、离婚程序和离婚的法律效力方面的典型司法案例，并对这些案例进行考察，这有助于理解澳大利亚离婚制度的司法实践状况，为我国司法实践尤其是家事审判改革提供有益的参考。

4. 比较研究的方法

比较研究的方法是指对不同法系、不同国家的法律或者法律制度进行比较，发现其异同及各自的优点和缺点的方法。[①] 本书在考察评析澳大利亚离婚制度的基础上，对澳大利亚离婚制度与我国现行离婚制度进行比较研究，汲取澳大利亚离婚制度中的有益经验，并参考我国学者的研究成果，从我国实际出发提出参考建议，以期为我国《民法典》“婚姻家庭编”之离婚制度的完善和家事审判改革的推进提供参考。

四、创新与不足

（一）主要创新点

第一，首次专门以“澳大利亚离婚制度”为研究对象进行全

① 梁慧星：《法学学位论文写作方法》，法律出版社2012年版，第84页。

面系统的研究。本书对澳大利亚离婚制度进行了较为全面系统的研究，在此之前，国内还没有专门以“澳大利亚离婚制度”为研究对象的博士学位论文和专著。

第二，对澳大利亚离婚制度的司法状况进行考察。目前国内对澳大利亚离婚制度的研究偏重立法制度上的理论研究，很少涉及澳大利亚离婚制度的司法案例考察。本书对有关澳大利亚离婚法定理由、离婚程序和离婚的法律效力的司法案例进行考察，有利于更好地把握澳大利亚离婚制度的具体内容。

第三，注重对澳大利亚离婚制度的历史发展以及近五年文献的考察和研究。作者收集了有关澳大利亚离婚制度的历史发展以及近几年的著作、论文、案例等资料，将其吸收到自己的学位论文中。目前国内对澳大利亚离婚制度的研究，较少涉及对该制度的历史考察。此外，国内已有的研究成果主要集中在2015年以前，2015年以后的研究却很少见。

（二）不足之处

第一，由于个人研究能力的限制，对澳大利亚离婚制度的某些具体内容的研究可能存在一些局限性，有待将来进行进一步的研究。

第二，由于笔者在澳大利亚访学仅一年，时间有限，对澳大利亚离婚制度相关资料的收集可能不够充分，对其相关制度的评析也可能不够全面。

第一章　澳大利亚离婚制度的发展变革

澳大利亚曾为英国的殖民地。[①] 因此，澳大利亚殖民地最初的法律以英国法为基础，尤其是在影响家庭的法律制度方面。例如，澳大利亚离婚法的发展最初是从遵循英国离婚法开始的。自英国颁布了1857年《婚姻诉讼法》后，澳大利亚各殖民地以该法为模本，于1858-1873年先后制定了离婚法。从英国引入离婚法后，由于英国和澳大利亚殖民地之间社会条件的不同，各殖民地对离婚法进行了改革，以适应本殖民地的需要。1959年联邦《婚姻诉讼法》颁布，澳大利亚由此实现了离婚法的统一，但仍实行过错离婚主义。直到联邦《家庭法》的颁布，澳大利亚才实现了从过错离婚向无过错离婚的历史性转变。本章研究澳大利亚离婚制度的发展变革，笔者主要从以下几个方面进行研究：澳大利亚离婚制度的历史演进、澳大利亚离婚制度的发展背景、澳大利亚离婚制度发展变革的基本特点。

① 菲利普率领的“第一舰队”于1788年抵达澳大利亚新南威尔士。1823年，新南威尔士成为澳大利亚第一个殖民地，这标志着澳大利亚历史开始从罪犯流放地转向殖民地。郑寅达、费佩君：《澳大利亚史》，华东师范大学出版社1991年版，第21-22页，第48页。

第一节 澳大利亚离婚制度的历史演进

本节主要研究澳大利亚离婚制度的历史演进，笔者分别从澳大利亚禁止离婚主义时期、过错离婚主义时期和无过错离婚主义时期进行研究和阐述。

一、澳大利亚禁止离婚主义时期：1788-1858 年

自 1788 年“第一舰队”抵达新南威尔士，新南威尔士就被作为羁押英国罪犯的流放地。当时人们关心的是此地是否适合关押多余的罪犯。[①] 在英国人眼里，此地与英国的监狱具有相同的作用。这里的英国人并不认为自己是殖民者，而认为自己是前来任职的官员、服役的军人或者服刑的罪犯。英国政府对此地关心的是如何维持官员、士兵以及罪犯的生活，而不是经济的发展、区域的扩大和财富的回流。由此可见，新南威尔士流放犯殖民地的建立在本质上是英国本土的海外延伸和监狱容量的扩充，因此，它不同于英国在印度、北美等地以商业利益为目的的海外殖民扩张。[②] 正因如此，英国的各种制度被系统地移植到新南威尔士，人们无意间再造了一个“英国社会”。因此，澳大利亚社会的发展从一开始就变为英国社会体系的澳大利亚化。自 1788 年“第一舰

---

① Borrie W. D., *The European Peopling of Australia: A Demographic History 1788-1988*, Canberra: Demography Program, Research School of Social Sciences, The Australian National University, 1994, p. 54.

② 其他罪犯定居地相继在塔斯马尼亚（1803 年）、昆士兰（1823 年）、西澳大利亚（1826 年）、维多利亚（1835 年）和南澳大利亚（1836 年）建立。南澳大利亚在建立时即获得了殖民地的地位，塔斯马尼亚于 1825 年、维多利亚于 1851 年、昆士兰于 1859 年、西澳大利亚于 1890 年相继成为殖民地。澳大利亚联邦成立后，殖民地变成州。参见何勤华主编：《澳大利亚法律发达史》，法律出版社 2004 年版，第 91-92 页。

队”到达澳大利亚至19世纪中期，其主要表现为照搬英国的制度。①

澳大利亚殖民地早期的情况与英国大不相同。男性的数量远远超过女性，沟通非常困难，而且早期到来的欧洲人的读写能力并不好。② 许多到澳大利亚的罪犯失去了与其在英国的配偶的联系。③ 1821年新南威尔士总人口38778人，其中流放犯为10873人，刑释者为4376人，④ 自由移民为2000人。⑤ 有些罪犯可能并非合法结婚，因为他们在英国仍有妻子。但是，当时在殖民地有一种普遍的观念：被运送到澳大利亚的罪犯脱离了以前的婚姻协议。⑥

1788年，“第一舰队”载有759名罪犯到达澳大利亚。⑦ 在1788年至1799年间，有5728名男性罪犯和1361名女性罪犯到达新南威尔士，男女比例超过4：1。在1788年至1842年间，男性罪犯的数量远远大于女性罪犯（见表1）。

---

① 参见王宇博：《澳大利亚：在移植中再造》，四川人民出版社2000年版，第20页。

② Atkinson A. , *The Europeans in Australia: A History*, Volume 2, Melbourne: Oxford University Press, 2004, p. 13.

③ Finlay Henry, *To Have But Not To Hold: A History of Attitudes to Marriage and Divorce in Australia 1858–1975*, Sydney: The Federation Press, 2005, p. 26.

④ 郑寅达、费佩君：《澳大利亚史》，华东师范大学出版社1991年版，第36页。

⑤ 郑寅达、费佩君：《澳大利亚史》，华东师范大学出版社1991年版，第41页。

⑥ McDonald P. F. , *Marriage in Australia: Age at First Marriage and Proportions Marrying*, 1860–1971, Canberra: Australian National University, 1974, p. 33.

⑦ Merkel-Holguin L. , Fluke J. D. and Krugman R. D. , eds. , *National Systems of Child Protection: Understanding the International Variability and Context for Developing Policy and Practice*, Cham: Springer International Publishing AG, 2018, p. 8.

表1 新南威尔士男女罪犯数量及比例（1788-1842年）①

时间	男性	女性	比例
1788-1799年	5728	1361	4.21∶1
1800-1809年	2967	1063	2.79∶1
1810-1819年	11650	1934	6.02∶1
1820-1829年	19608	2348	8.35∶1
1830-1842年	27935	5410	5.16∶1
合计	67888	12116	5.6∶1

一般情况下，女性罪犯可能有以下三种生活方式。第一，作为妻子和家庭主妇与男性一起生活，在这种情况下，政府通常不会再注意她们。第二，如同男性罪犯，由私人雇佣。第三，被分配到“女性工厂”，虽然并非都是强迫劳动的地方。②

---

① Source: Derived from L. L. Robson, The Convict Settlers of Australia, Appendix 2, Tables 2(a) and 2(b), pp. 170-171. Cited in McDonaldP. F., "Age at First Marriage and Proportions Marrying in Australia, 1860-1971", a thesis presented for the degree of Doctor of Philosophy at the Australian National University, August 1974, p. 62.

② Atkinson A., *The Europeans in Australia: A History*, Volume 2, Melbourne: Oxford University Press, 2004, p. 74.

1788-1858年间，英国虽然允许通过议会离婚，[①] 但19世纪中期以前，英国垄断婚姻事务的教会法院在离婚方面仍然奉行不可解除原则。[②] 此外，在澳大利亚，人们不曾接受过宗教法庭，正因

---

① 议会离婚非常昂贵，是为富人（贵族、有地绅士）设计和使用的。此外，妇女适用议会离婚受到限制，原因是丈夫只需证明妻子有通奸行为即可，而妻子不仅须证明丈夫存在通奸行为，而且还须证明丈夫存在虐待、故意遗弃，重婚或乱伦等加重情节。（Finlay H.，"Lawmaking in the Shadow of the Empire：Divorce in Colonial Australia，" *Journal of Family History*，vol. 24，no. 1，January 1999，p. 77.）议会离婚的程序包括四个步骤。第一，必须确定通奸者。第二，请求离婚的一方必须在教会法院取得有限离婚。第三，必须在普通法院以"通奸罪"起诉通奸者，以进行损害赔偿。损害赔偿的合理性在于，这是通奸者对丈夫造成的伤害的补偿。对丈夫的伤害确实被认为是非常严重的。丈夫不仅被剥夺了妻子对他的服务，而且声誉也受到了损害。第四，向上议院申请解除婚姻。这同样是一个非常昂贵的程序，尽管在法庭上已经确立了妻子通奸的证据，但必须再次对此进行证明。一旦通过了上述这四个步骤，便可以解除婚姻关系。（Finlay H.，*To Have But Not To Hold：A History of Attitudes to Marriage and Divorce in Australia 1858-1975*，Sydney：The Federation Press，2005，pp. 9-10.）

② 李喜蕊：《英国家庭法历史研究》，知识产权出版社2009年版，第135页。在基督教创立以前的早期思想中，"婚姻被视为一种私人契约或者非专业契约，因此可以自由解除"。（Howard G. E.，*A History of Matrimonial Institutions*，vol. 2，Chicago：The University of Chicago Press，1904，p. 12.）到了中世纪（11-15世纪），由于确立了教会法和王室普通法并行的司法体系。这个时期的家庭法以教会法为核心，倡导父权至上、夫权至上、一夫一妻、永不离异。（李喜蕊：《英国家庭法历史研究》，知识产权出版社2009年版，第51页。）在中世纪，西方基督教世界中的每个人都生活在教会法和世俗法律体系的多重管辖之中。"基督教一直是塑造西方文明的主要力量之一，它侵染着我们的制度，为法律设立道德基础，形成我们的观念。尽管基督徒被分成不同的派别，在教义上也发生了较大的变化，但是所有人都对耶稣的教导以及新约各部分和早期教会神父对这些教导的解释充满敬畏。即使特定的社会或文化现实可能导致种种变化，但上述耶稣的教导或解释中表达的关于妇女的态度必定会影响西方人的态度。"［Bullough V. L.，Shelton B. and Slavin S.，*The Subordinated Sex：A History of Attitudes toward Women*（Revised Edition），London：University of Georgia Press，1988，p. 83.］基督教教义塑造了西方法律传统国家的家庭生活。根据传统的基督教性道德观，夫妻在新婚之夜完成性结合是结合的一种更为基本的表达，是直到死亡才能将他们分开的生命的结合。（Parkinson P.，"Forty Years of Family Law：A Retrospective，" *Victoria University of Wellington Law Review*，vol. 46，no. 3，2015，p. 613.）基督教婚姻观的核心是婚姻的神圣性和不可离异性。（夏吟兰：《离婚自由与限制论》，中国政法大学出版社2007年版，第13页。）

如此，其不存在有限离婚的途径。[①] 他们只是继受了教会法中的禁止离婚制度。[②] 正如澳大利亚学者希拉里·戈尔德（Golder H.）指出的，宗教法庭在新南威尔士是不合适的，并且从未在新南威尔士建立。[③] 因此，笔者认为，这一时期澳大利亚采取的是禁止离婚主义。

二、澳大利亚过错离婚主义时期：1858-1975 年

直到英国颁布 1823 年《新南威尔士法案》（帝）[④]，新南威尔士才成立第一届立法机关。由于 1823 年之前该殖民地没有立法机关，因此也未通过任何正式的立法。[⑤] 英国 1857 年《婚姻诉讼法》颁布后，辅政司[⑥]向澳大利亚殖民地建议，澳大利亚各殖民地应遵循英国类似的立法。澳大利亚以前没有关于离婚的法律规定，在

---

① ［澳］詹姆斯·克罗夫德：《澳大利亚家庭与儿童法院》，徐平译，载许章润、徐平：《法律：理性与历史——澳大利亚的理念、制度和实践》，中国法制出版社 2000 年版，第 304 页。

② 何勤华主编：《澳大利亚法律发达史》，法律出版社 2004 年版，第 215 页。

③ Golder H., *Divorce in 19th Century New South Wales*, Sydney: New South Wales University Press, 1985, p. 36.

④ New South Wales Act 1823 (Imp). 1865 年英国议会颁布《殖民地法律有效性法》(Colonial Laws Validity Act 1865)之后，使用"Imp"表示该法是英国议会颁布的适用于英国殖民地的法律。See Hinchy R., *The Australian Legal System: History Institutions and Method*, Sydney: Thomson Reuters (Professional) Australia Limited, 2015, p. 26.

⑤ Hinchy R., *The Australian Legal System: History Institutions and Method*, Sydney: Thomson Reuters (Professional) Australia Limited, 2015, p. 75.

⑥ 辅政司（Colonial Secretary），是共和联邦国家和大英帝国殖民地内政府的重要官职，后来称为布政司（Chief Secretary），位次于总督，如新加坡布政司等。最早的辅政司是总督的主要辅佐，职能类似专制君主制国家的宰相。在实施责任政府后，多数辅政司转为政府部长或厅长之一，但同时仍旧负责总督与政府之间的协调，在一些地方继续掌管政府大印（即相当于掌玺大臣的职能）。20 世纪中叶以后，随着"殖民地"概念逐渐淡出共和联邦宪政结构，许多地方的"辅政司"改名为"布政司"。例如澳大利亚新南威尔士的辅政司于 1959 年改为"布政司"。引自 https://zh.m.wikipedia.org/zh-my/%E5%B8%83%E6%94%BF%E5%8F%B8，最后访问日期：2020 年 8 月 10 日。

1858 年至 1873 年，各殖民地根据英国法陆续制定了相应的离婚法。[①] 澳大利亚六个殖民地的离婚法彼此之间具有较强的相似性，但各个殖民地的离婚法仍然是独立的，直到 1959 年联邦《婚姻诉讼法》的通过才结束了离婚法分立的状态。[②]

（一）澳大利亚各殖民地离婚法的制定

1857 年英国《婚姻诉讼法》[③] 颁布后，将婚姻案件的管辖权由教会法院移交给新设立的离婚法院，婚姻才最终获得世俗性质。该法首次承认可以通过离婚法院判决离婚，但是，在离婚条件上，丈夫可以以妻子与他人通奸为由申请离婚，而妻子则必须证明丈夫与近亲属通奸，犯重婚罪、强奸罪，或者虐待、遗弃妻子 2 年等事实方可申请离婚。[④] 在 1857 年英国《婚姻诉讼法》颁布后，澳大利亚各殖民地相继以该法为蓝本，制定了离婚法（见表 2）。

---

① 1857 年英国《婚姻诉讼法》对澳大利亚殖民地早期离婚法的制定产生了重大影响。在 1858 年至 1873 年间，澳大利亚六个殖民地以 1857 年英国《婚姻诉讼法》为蓝本，分别制定了离婚法。澳大利亚各个殖民地的离婚法，无论是从内容还是从形式上看，都与英国 1857 年离婚法如出一辙。

② Finlay H., "Lawmaking in the Shadow of the Empire- Divorce in Colonial Australia," *Journal of Family History*, vol. 24, no. 1, January 1999, p. 74.

③ 1857 年英国《婚姻诉讼法》从教会手中夺得了婚姻事务的管辖权，使离婚比以前更加便宜，并公开拒绝婚姻不可解除的神学原则。（Stone L., *Road to Divorce: England 1530-1987*, Oxford: Oxford University Press, 1990, p. 389.）它使人们可以通过法院合法离婚，并设立了专门的离婚法院。但是，离婚理由与以前相同，仍然采用双重标准，即丈夫有权就其妻子的通奸行为申请离婚，但是妻子只能以丈夫有通奸行为并存在加重情节为由申请离婚。虽然该法使法院离婚比议会离婚便宜得多，但对穷人来说仍然是一笔不小的开支。（Finlay H., *To Have But Not To Hold: A History of Attitudes to Marriage and Divorce in Australia 1858-1975*, Sydney: The Federation Press, 2005, p. 15.）该法施行后，离婚案件的管辖权由宗教法院转移至世俗法院。（参见石雷：《现代英国家事案件审判体制的变迁及其启示》，载《时代法学》2012 年第 5 期，第 102 页。）

④ 何勤华主编：《外国法制史》（第六版），法律出版社 2016 年版，第 172 页。

表 2 英国和澳大利亚殖民地首次制定离婚法的年份①

年份	地区	法律名称	人口（大概）
1857 年	英国	1857 年《婚姻诉讼法》	19000000 人
1858 年	南澳大利亚	1858 年《婚姻诉讼法》②	120000 人
1860 年	塔斯马尼亚	1860 年《婚姻诉讼法》③	88000 人
1861 年	维多利亚	1861 年《离婚与婚姻诉讼法》④	538000 人
1863 年	西澳大利亚⑤	1863 年《(离婚与婚姻诉讼)司法管理条例》⑥	18000 人
1864 年	昆士兰	1864 年《婚姻诉讼管辖法》⑦	61500 人
1873 年	新南威尔士	1873 年《婚姻诉讼法》⑧	510000 人

南澳大利亚第一个制定了离婚法，即 1858 年南澳大利亚《婚姻诉讼法》。该法于 1858 年 10 月 26 日经上议院审议通过。第二个制定离婚法的殖民地是塔斯马尼亚。塔斯马尼亚于 1858 年开始讨论制定离婚法，经过两次尝试后于 1860 年通过了南澳大利亚《婚姻诉讼法》。第三个制定离婚法的是维多利亚。维多利亚关于离婚

① Source: Finlay H., *To Have But Not To Hold: A History of Attitudes to Marriage and Divorce in Australia 1858-1975*, Sydney: The Federation Press, 2005, p. 36. Finlay H., "Lawmaking in the Shadow of the Empire- Divorce in Colonial Australia," *Journal of Family History*, vol. 24, no. 1, January 1999, p. 106.

② Matrimonial Causes Act 1858 (SA).

③ Matrimonial Causes Act 1860 (TAS).

④ Divorce and Matrimonial Causes Act 1861 (VIC).

⑤ 西澳大利亚的情况更加复杂，因为此时该地人口稀少，罪犯的比例较高（接近 50%），且直到 1890 年才实现自治。

⑥ Administration of Justice (Divorce and Matrimonial Causes) Ordinance 1863 (WA).

⑦ Matrimonial Causes Jurisdiction Act of 1864 (QLD).

⑧ Matrimonial Causes Act 1873 (NSW).

法的讨论与南澳大利亚和塔斯马尼亚几乎同时进行。然而，由于维多利亚关于离婚法的提议大大超出了英国离婚法的范围，使其离婚法的通过并不顺利。离婚法议案在以下两个方面背离了英国离婚法：一是废除双重标准，即要求丈夫和妻子均仅以通奸为由申请离婚；二是增加离婚法定理由，将遗弃满4年作为离婚法定理由。由于这些规定与英国离婚法相背离，根据斯坦利勋爵（Lord Stanley）的指示，必须将其提交给英国国王批准，但是议案最终未获得国王的批准。最后，维多利亚殖民地重新提交了一份复制1857年英国《婚姻诉讼法》的法案，并于1861年获得通过。西澳大利亚于1863年通过了《（离婚与婚姻诉讼）司法管理条例》。昆士兰于1864年通过了《婚姻诉讼管辖法》。最后制定离婚法的是新南威尔士。与维多利亚一样，新南威尔士也要求扩大离婚理由。于1861年进行了第一次尝试，1862年、1866年、1867年、1870年和1871年进行了进一步尝试。最终于1873年通过了新南威尔士《婚姻诉讼法》。①

为何新南威尔士的离婚法通过得较晚？因为在19世纪60年代，考珀（Cowper）和马丁（Martin）的态度尤其重要，但是他们反对离婚立法。② 1870年，具有影响力的考珀退休，离婚问题成为热议的焦点。另外，新南威尔士离婚立法被提上日程，还得益于其他殖民地离婚法的发展。1864年昆士兰通过了离婚法后，新南威尔士成为澳大利亚唯一没有离婚法的殖民地，且殖民地之间离婚的潜在问题也逐渐显现。在经过多次修改后，新南威尔士《婚姻诉讼法》（Matrimonial Causes Bill）最终于1873年2月11日获

① Finlay H., *To Have But Not To Hold: A History of Attitudes to Marriage and Divorce in Australia 1858-1975*, Sydney: The Federation Press, 2005, pp. 50-51.

② Golder H., *Divorce in 19th Century New South Wales*, Sydney: New South Wales University Press, 1985, p. 48.

得通过。①

1881年新南威尔士《婚姻诉讼法修正案》（the Matrimonial Causes Act Amendment Act of 1881）允许妻子仅以丈夫通奸为由提起离婚诉讼，即丈夫和妻子都享有平等的离婚权利。该法颁布后，妇女申请离婚的数量上升。1873－1877年，妻子申请离婚的占29.2%；1878－1882年占32.7%；1883－1887年占39.6%；1888－1892年占45%。这表明19世纪七八十年代，妇女申请离婚的比例一直在增加，1881年新南威尔士《婚姻诉讼法修正案》颁布后申请离婚的比例更高。②

澳大利亚在引入英国离婚法后，由于与英国社会条件不同，需要对离婚法进行改革。这种不同是由多种因素导致的，比如澳大利亚是一个新开发的国家，尤其是在“淘金热”时期，大量的人口涌入澳大利亚，这些人有一种探索的冲动，希望创造更好的条件或更多的财富。这导致“淘金热”时期许多妇女被丈夫遗弃，被遗弃的妻子被视为殖民地的负担，为了应对此问题，各殖民地须对离婚法进行进一步的改革。

（二）澳大利亚各殖民地离婚法的改革

澳大利亚各殖民地制定离婚法后，开始对离婚法进行改革。人口成为主要的改革动力。维多利亚和新南威尔士的人口最多，这些人口较多的殖民地似乎承受着更大的改革压力。③

1. 维多利亚殖民地的离婚法改革

1861年《离婚与婚姻诉讼法》通过后，维多利亚于1864年颁

① Golder H., *Divorce in 19th Century New South Wales*, Sydney: New South Wales University Press, 1985, pp. 59-62.

② Golder H., *Divorce in 19th Century New South Wales*, Sydney: New South Wales University Press, 1985, p. 182.

③ Finlay H., *To Have But Not To Hold: A History of Attitudes to Marriage and Divorce in Australia 1858-1975*, Sydney: The Federation Press, 2005, p. 103.

布了《结婚与婚姻诉讼法》①，但该法并没有改变申请离婚的理由。直到19世纪80年代，维多利亚和新南威尔士才开始进行重大改革。

维多利亚的改革由威廉·希尔斯（William Shiels）主持，随后制定了1890年《婚姻法》。② 该法于1890年8月1日起实施，是一部有关婚姻、儿童抚养、被遗弃的妻子和子女、离婚和婚姻诉讼的法律。

(1) 维多利亚殖民地1890年《婚姻法》的结构与内容。该法共十一章，各章内容分别如下：

第一章“婚礼的举行”（第4-21条）；

第二章“与举行婚礼有关的犯罪”（第22-30条）；

第三章“儿童抚养”（第31-41条）；

第四章“贫困或者被遗弃的妻子的扶养与子女的抚养”（第42-54条）；

第五章“被遗弃妻子的保护令”（第55-59条）；

第六章“对妻子加重的人身侵犯罪”（第60条）；

第七章“司法分居判决”（第61-73条）；

第八章“解除婚姻判决”（第74-91条）；

第九章“针对通奸者的救济”（第92-95条）；

第十章“有关儿童利益的规定”（第96-100条）；

第十一章“婚姻诉讼的程序”（第101-130条）。

(2) 维多利亚殖民地1890年《婚姻法》规定的主要离婚理由。该法第74条规定的离婚理由主要有：①无正当理由故意遗弃年满三年；②习惯性醉酒年满三年，并且使其妻子无法维持生计或者习惯性地虐待妻子；申请人的妻子习惯性醉酒年满三年，并且习惯性地疏忽做家务或者使自己无法做家务……⑤被告丈夫在

---

① Marriage and Matrimonial Cause Act 1864 (VIC).

② Marriage Act 1890 (VIC).

夫妻住所内通奸或者有加重情节或者多次通奸。这些离婚理由适用于在维多利亚定居至少两年的任何人。该法第75条规定，丈夫可以以妻子犯有通奸罪为由提起离婚诉讼。该法第76条规定，妻子可以以丈夫乱伦通奸①、重婚和通奸、强奸、鸡奸、兽奸、通奸和两年以上无正当理由的遗弃为由提起离婚诉讼。

由此可见，维多利亚殖民地1890年《婚姻法》仍然采取离婚理由的双重标准。该法颁布后，离婚法的改革仍在持续，随后又颁布了1902年《婚姻法》、1915年《婚姻法》、1923年《婚姻法》、1928年《婚姻法》以及1858年《婚姻法》。②

2. 新南威尔士殖民地的离婚法改革

1873年《婚姻诉讼法》生效后不久，新南威尔士就开始了取消双重标准为妇女提供平等离婚权的斗争。在接下来20年的离婚法改革中，阿尔弗雷德·斯蒂芬爵士发挥了主导作用。他担任过新南威尔士最高法院首席法官，并于1873年退休，1875年被任命为新南威尔士州立法委员会成员。经过多年的努力，离婚议案终于在1881年9月28日获得了英国国王的批准。自此，新南威尔士离婚的双重标准被废除。③ 但是，1881年的立法并没有废除之前婚姻诉讼法中的离婚理由，因此，“不公平”的离婚理由仍然存在。④1881年新南威尔士废除离婚理由的双重标准后，在1882年至1892年近十年中，女性仅以通奸为由起诉离婚的案件只有56件，占24.14%，而以通奸加虐待、遗弃为由起诉离婚的有136件，占58.62%（见表3）。

---

① 乱伦通奸（incestuous adultery）：构成该罪的原因是已婚的被告同自己的禁婚亲发生性关系。薛波主编：《元照英美法词典》，北京大学出版社2014年版，第674页。

② Marriage Act 1902(VIC), Marriage Act 1915(VIC), Marriage Act 1923(VIC), Marriage Act 1928(VIC), Marriage Act 1958(VIC).

③ Finlay H., *To Have But Not To Hold: A History of Attitudes to Marriage and Divorce in Australia 1858-1975*, Sydney: The Federation Press, 2005, p. 147.

④ Golder H., *Divorce in 19th Century New South Wales*, Sydney: New South Wales University Press, 1985, p. 182.

表 3　女性申请离婚的理由（1882 年至 1892 年 8 月）[①]

（单位：件）

年份	通奸+虐待+遗弃	通奸+虐待	通奸+遗弃	通奸	其他	未处理	总计
1882 年	4	1	1		1		7
1883 年	6	3	2	1	1		13
1884 年	1		4	4		2	11
1885 年	1	3	5	6	1	2	18
1886 年	2	8	4	2		4	20
1887 年	3	5	1	3	1	3	16
1888 年	3	4	3	5	1	2	18
1889 年	2	11	1	12	3	3	32
1890 年	2	9	7	8	7	1	34
1891 年	5	14	5	9	1	2	36
1892 年	6	8	2	6	1	4	27
总计	35	66	35	56	17	23	232

随后新南威尔士规定了无故遗弃年满两年；习惯性醉酒年满三年，且使其妻子无法维持生计或者习惯性地虐待妻子，或者妻子习惯性醉酒年满三年且习惯性地忽略其家庭责任或者使自己无法承担家庭责任等离婚理由。[②] 在这些离婚理由中，除了没有通奸和加重情节外，其他理由几乎与 1890 年维多利亚《婚姻法》一

① Source：Supreme Court：Divorce and Matrimonial Causes Jurisdiction，Divorce Files. Cited in Golder H.，*Divorce in 19th Century New South Wales*，Sydney：New South Wales University Press，1985，p. 181.

② Divorce Amendment and Extension Act of 1892（NSW）.

样，也就是说取消了离婚的双重标准。[①]

在 1959 年联邦《婚姻诉讼法》[②] 颁布之前，新南威尔士通过了 1958 年《婚姻诉讼（修正）法》[③]。该法的主要目的是修改有关扶养费和抚养费的法律。该法对婚姻中一方向另一方支付配偶扶养费以及子女抚养费进行了规定。[④]

3. 其他殖民地的离婚法改革

其他殖民地的离婚法改革是指南澳大利亚、昆士兰、西澳大利亚以及塔斯马尼亚殖民地的离婚法改革。

（1）南澳大利亚的离婚法改革。1918 年之前，南澳大利亚尝试扩大离婚理由但没有取得成功。直到 1918 年，离婚法改革才迈出了重要的一步：取消通奸的双重标准，妻子可以以丈夫实施强奸、鸡奸或兽奸为由申请离婚。1928 年再次扩大了离婚理由，包括遗弃、醉酒、监禁、谋杀未遂以及精神病。1941 年将推定死亡也增加为离婚理由，但要求失踪年满 7 年才能推定死亡。[⑤] 随后，南澳大利亚通过了 1843 年《扶养法》[⑥]，作出为被遗弃的妻子及儿童提供扶养费或抚养费的相关规定。该法规定，如果丈夫在没有合理理由的情况下遗弃妻子，可以将他带到两名太平绅士面前，如果查明没有给付扶养费，对于第一次犯罪的，可处以最高五英镑的罚款或监禁两个月。对于第二次犯罪的，罚款十英镑或监禁三个月，此外，还可以命令其支付扶养费，用以扶养家人，并根

---

① Finlay H., *To Have But Not To Hold: A History of Attitudes to Marriage and Divorce in Australia 1858-1975*, Sydney: The Federation Press, 2005, pp. 188-189.

② Matrimonial Cause Act 1959 (Cth).

③ Matrimonial Cause (Amendment) Act 1958 (NSW).

④ Finlay H., *To Have But Not To Hold: A History of Attitudes to Marriage and Divorce in Australia 1858-1975*, Sydney: The Federation Press, 2005, p. 200.

⑤ Finlay H., *To Have But Not To Hold: A History of Attitudes to Marriage and Divorce in Australia 1858-1975*, Sydney: The Federation Press, 2005, pp. 212-214, 223-226.

⑥ Maintenance Act 1843 (SA).

据家人的需要使用其财产。[1] 虽然法律上规定未能扶养家庭的男子可能会受到惩罚，但实际上法律的规定与其实施并不一致。[2]即使能找到丈夫且法院命令丈夫支付扶养费，但并不能保证扶养费会得到支付。[3]

（2）昆士兰的离婚法改革。1922 年 10 月，昆士兰通过了有关婚姻诉讼法的议案。该议案不仅废除了离婚的双重标准，还扩大了离婚理由，即当事人可以以遗弃、精神病等作为离婚理由。1943 年推定死亡也被增加为离婚理由。1952 年，昆士兰提出了一项有关离婚法的修正议案。该议案要求：第一，将不可治愈的精神病作为离婚理由；第二，离婚诉讼的被告在昆士兰或其他地方被判重婚罪，除非法院另有相反规定，否则应假定该人通奸。七年后，联邦议会通过了 1959 年联邦《婚姻诉讼法》。[4]

（3）西澳大利亚的离婚法改革。西澳大利亚分别于 1897 年、1898 年、1899 年尝试废除离婚的双重标准、扩大离婚理由，如将遗弃、精神病、监禁等作为离婚理由，但是相关的议案均没有被通过。直到 1912 年，1911 年《离婚修正案法》[5] 通过后，西澳大利亚才成功扩大了离婚理由，并取消了离婚的双重标准。

1911 年《离婚修正案法》规定的离婚理由包括：[6] ①通奸：丈夫可以仅以妻子通奸为由申请离婚，妻子可以仅以丈夫通奸、

---

① McCarthy T. and Sendziuk P., "Deserted Women and the Law in Colonial South Australia," *Journal of Australian Colonial History*, vol. 20, 2018, p. 66.

② Brooklyn B., "Something Old, Something New: Divorce and Divorce Law in South Australia, 1859-1918." PhD thesis, University of Adelaide, 1988, p. 261.

③ McCarthy T. and Sendziuk P., "Deserted Women and the Law in Colonial South Australia," *Journal of Australian Colonial History*, vol. 20, 2018, p. 68.

④ Finlay H., *To Have But Not To Hold: A History of Attitudes to Marriage and Divorce in Australia 1858-1975*, Sydney: The Federation Press, 2005, pp. 226-240.

⑤ Divorce Amendment Act 1911 (WA).

⑥ Finlay H., *To Have But Not To Hold: A History of Attitudes to Marriage and Divorce in Australia* 1858-1975, Sydney: The Federation Press, 2005, pp. 240-154.

鸡奸或者兽奸为由申请离婚。②遗弃：遗弃年满五年。③习惯性醉酒：丈夫习惯性醉酒年满四年，且使妻子无法维持生计或者习惯性地虐待妻子。妻子习惯性地醉酒年满四年，并且习惯性地疏忽其家庭责任或者使自己无法承担家庭责任。④监禁：犯死罪或者经常犯罪减刑后监禁年满三年。⑤精神病：精神异常并且近六年内在精神病院的时间长达五年，且不太可能康复。⑥谋杀未遂。

（4）塔斯马尼亚的离婚法改革。1919年塔斯马尼亚《婚姻诉讼修正案法》① 取消了离婚的双重标准，同时将离婚理由扩大到遗弃、习惯性醉酒、监禁、暴力人身攻击、精神病。有关离婚理由的主要规定有：①通奸是男女双方离婚的理由。②妻子申请离婚的，要求遗弃年满两年；丈夫申请离婚的，要求遗弃年满四年(后来改为三年)。③丈夫习惯性地醉酒年满三年，并且使妻子无法维持生计或者习惯性地虐待妻子；妻子习惯性地醉酒年满三年，并且习惯性地忽略其家庭责任或者使自己无法承担家庭责任。④因犯罪被判刑年满三年，并且仍在被监禁或者经常犯罪。⑤对申请人进行暴力人身攻击。⑥近十年内出现精神异常不少于七年且不可能康复。

塔斯马尼亚1959年《婚姻诉讼法》② 又作出了有关扶养令的规定。③该法通过后不久，1959年联邦《婚姻诉讼法》诞生，并于1961年2月1日正式实施，结束了离婚法各州分立的局面。

（三）离婚法的统一：1959年联邦《婚姻诉讼法》

1900年通过的《澳大利亚联邦宪法》赋予联邦有关结婚、离婚和婚姻诉讼、父母权利、未成年子女的抚养与监护的权利。④ 但是，直到1959年联邦《婚姻诉讼法》以及1961年联邦《结婚法》

---

① Matrimonial Causes Amendment Act 1919 (TAS).

② Matrimonial Causes Act 1959 (TAS).

③ Finlay H., *To Have But Not To Hold*: *A History of Attitudes to Marriage and Divorce in Australia* 1858-1975, Sydney: The Federation Press, 2005, pp. 274-284.

④ Commonwealth of Australia Constitution Act (Cth), s 51(xxi)(xxii).

的颁布，联邦才正式有效地行使了这方面的权力。有关离婚的内容被规定在1959年联邦《婚姻诉讼法》中，该法于1959年12月16日通过，采取了过错离婚主义。

1. 1959年联邦《婚姻诉讼法》规定的离婚法定理由

1959年联邦《婚姻诉讼法》共十四章，127条。关于离婚的内容被规定在第六章和第八章。[①] 该法第28条规定的离婚法定理由主要包括：

（1）通奸；

（2）无正当理由故意遗弃不少于两年；[②]

（3）故意拒绝同房；

（4）一方习惯性地虐待另一方不少于一年；

（5）犯有强奸罪、鸡奸罪、兽奸罪；

（6）习惯性地醉酒不少于两年或者由于服用或者过量使用镇静剂、麻醉药、刺激性药物或者药物制剂而习惯性地使自己处于昏醉状态不少于两年，或者在该不少于两年的时间内，一部分时间经常性醉酒，另一部分时间使自己处于昏醉状态；

（7）婚后丈夫五年内多次犯罪，总共被监禁三年以上，并且习惯性地使申请离婚的一方无法维持生计；

（8）一方被判处死刑、终身监禁或者五年以上监禁，已被监禁三年以上，并且在另一方申请离婚时仍未出狱；

（9）在结婚后一方申请离婚前一年内，经起诉另一方已被判犯有谋杀申请人未遂之罪行，或者犯有故意对申请人造成严重身

---

① 该法第六章“婚姻救济”共六节：第一节“婚姻关系的解除”（第28-46条）、第二节“婚姻的无效”（第47-51条），第三节“司法分居”（第52-59条）、第四节“配偶权利的恢复”（第60-64条）、第五节“婚姻欺诈”（第65-66条）、第六节“总则”（第67-75条）。

② 1959年前，遗弃是澳大利亚最为常见的离婚原因。Featherstone L.，“‘The One Single Primary Cause’：Divorce, the Family, and Heterosexual Pleasure in Postwar Australia,” *Journal of Australian Studies*, vol. 37, no. 3, September 2013, p. 351.

体伤害或意图对申请人造成严重身体伤害的罪行;

(10)在一方申请离婚前的两年内,另一方经常且故意不按照法院命令或者双方达成的分居协议向申请人支付扶养费;

(11)一方至少在一年内未遵守根据该法签发的恢复配偶权的命令;

(12)在申请离婚之日,一方心智不健全且不可能恢复,并且在结婚后申请离婚前六年内,该方在一个依法可能因精神不健全而被禁闭的机构中,或在一个以上的此类机构中,被禁闭不少于五年;

(13)婚姻双方已经分居,且在申请离婚前分开生活连续不少于五年,并且没有恢复同居的可能;

(14)夫妻一方失踪达到一定时间且有合理理由推定其已经死亡,[①] 解除婚姻关系后,双方均可再婚。[②]

2. 1959 年联邦《婚姻诉讼法》的意义

(1)离婚法定理由平等地适用于夫妻双方。该法吸收了各州离婚法定理由的立法经验,将之前各州实行的离婚法定理由结合在一起,[③] 其中许多离婚法定理由无论是在本质上还是在形式上均较为传统。此外,所有的离婚法定理由均平等地适用于夫妻双方。

(2)将离婚法定理由从过错事由扩大到无过错事由。1959 年联邦《婚姻诉讼法》将分居满五年作为离婚的理由之一,这是离

---

① See Matrimonial Causes Act 1959(Cth), s. 28.

② See Matrimonial Causes Act 1959(Cth), s. 46. 有学者认为,个人再婚是出于安全考虑,这对不同的人有不同的含义。第一,经济安全是首要因素,尤其是对于女性来说。再婚可以确保女方及其子女更大的经济利益。第二,情感安全。男女双方都希望通过再婚来获得稳定的爱情、情感支持以及日常生活中的相互帮助。第三,再婚还保证了性安全,即可以拥有一个稳定伴侣(这对生活在艾滋病时代的离婚男女而言可能越来越重要)。Riessman, C. K., *Divorce Talk*: *Women and Men Make Sense of Personal Relationships*, New Brunswick and London: Rutgers University Press, 1990, pp. 213-214.

③ Watson R. S., "History of the Family Law Act and the Family Court of Australia," *Family Law Review*, vol. 2, no. 1, 2011, p. 6.

婚法的一个重大进步。1959 年联邦《婚姻诉讼法》的一个重大突破是，摈弃了“无婚姻过错即无离婚”（“No matrimonial offence-no divorce”）的传统观念。在该法规定的十四个离婚理由中，有三个离婚理由不包含婚姻过错内容：精神病，分居五年以及推定死亡。因此，该法突破了传统观念，即离婚必须存在严重婚姻过错，[1] 将离婚理由扩大到了过错之外。

自该法生效以来，因分居而离婚的法定事由居于前三位，并且因分居而申请离婚的数量基本呈上升趋势（见表4）。

表 4　1961-1965 年常用离婚理由[2]　　（单位：件）

	1961 年	1962 年	1963 年	1964 年	1965 年 7 月 30 日前
遗弃	3638	3645	3531	3468	1735
虐待	1855	1548	1676	1833	893
分居	350	1272	1495	1687	747
所有申请数量合计	6712	7245	7476	7917	3806

（3）实现了离婚法的统一。1959 年联邦《婚姻诉讼法》为整个澳大利亚的离婚、婚姻无效和其他婚姻诉讼提供了统一的管辖权基础、统一的离婚理由和统一的法律救济。[3] 该法结束了各州离婚法分离的现状。此外，该法规定将分居五年作为离婚的理由，为澳大利亚无过错离婚奠定了基础。

---

① Burbury S., “Some Extra-judicial Reflections upon Two Years’ Judicial Experience of the Commonwealth Matrimonial Causes Act 1959,” *The Australian Law Journal*, vol. 36, May 1962, p. 284.

② Selby D. M., “The Development of Divorce Law in Australia,” *Modern Law Review*, vol. 29, no. 5, September 1966, p. 476.

③ Morris J. H. C., “The Australian Matrimonial Causes Act, 1959,” *International and Comparative Law Quarterly*, vol. 11, no. 3, 1962, p. 42.

三、澳大利亚无过错离婚主义时期：1975 年至今

（一）1975 年联邦《家庭法》的制定背景

澳大利亚的离婚率在战后和 20 世纪六七十年代达到了高峰。① 1973 年 12 月 12 日，首部《家庭法议案》被提交参议院。1973 年 12 月 13 日，律政部长昂内尔·墨菲（Lionel Murphy）提出二读 1973 年《家庭法议案》。② 他指出，“这项议案的目的是废除 1959-1966 年的婚姻诉讼法，以一部不仅涉及离婚，而且涉及家庭法其他领域的全面的新法将其取而代之……显然，自 1959 年联邦《婚姻诉讼法》通过以来，公众对离婚的态度在较短的时间内发生了巨大变化。即使在保守派思想家中，也没有听到任何赞成保留现有离婚理由的声音。少数人可能会被视为传统主义者，他们认为，唯一的改变应该是将离婚理由中的分居的期限缩短至两到三年，同时保留通奸、虐待、遗弃等离婚理由。但是到目前为止，表达意见的大多数人，无论是非专业人士还是律师，都毫无疑问地赞成完全废除过错观念。”③但是该议案并没有被参议院进行进一步的讨论。1974 年 4 月 3 日，昂内尔·墨菲向参议院提交了 1974 年《家庭法议案》，但该议案同样没有得到推进。随后经过参议院（1973-1975 年）和众议员（1974 1975 年）反复讨论和修改后，1975 年联邦《家庭法》于 1975 年通过，并于 1976 年 1 月 5 日生效，它是澳大利亚现行家庭法的基础。

（二）1975 年联邦《家庭法》的意义

1959 年联邦《婚姻诉讼法》采取过错离婚主义，规定了 14 个

---

① ［澳］格雷姆·唐纳德·斯诺克斯：《家庭在整体经济中的作用：1788-1990 年澳大利亚长期动态的研究》，尹雪芬等译，中国经济出版社 2001 年版，第 90 页。

② Watson R. S., “History of the Family Law Act and the Family Court of Australia,” *Family Law Review*, vol. 2, no. 1, 2011, p. 9.

③ Commonwealth, Senate, Debates, 13 December 1973, pp. 2827-2828. Cited in Finlay H., *To Have But Not To Hold: A History of Attitudes to Marriage and Divorce in Australia 1858-1975*, Sydney: The Federation Press, 2005, p. 362.

离婚理由，包括通奸、遗弃、强奸、鸡奸、兽奸、习惯性地醉酒、监禁、谋杀未遂、分居等。可见，这些离婚理由大多以当事人存在过错为前提。1973 年英国新制定的《婚姻诉讼法》采取“无过错离婚主义”。1975 年联邦《家庭法》遵循此立法，将婚姻已无可挽回地破裂作为离婚的唯一法定理由，但须以夫妻双方分居满 12 个月作为婚姻已无可挽回地破裂的判断依据。

1975 年颁布的联邦《家庭法》使澳大利亚的离婚法发生了彻底改变。联邦《家庭法》废除了过错离婚主义，采取无过错离婚主义。在无过错离婚中，夫妻双方无须为离婚而证明另一方存在过错。配偶一方只需证明他们的婚姻已经无可挽回地破裂。离婚意愿可以是单方的，即离婚无须征得另一方同意。①

澳大利亚能够接受无过错离婚的原因之一是婚姻的重要性下降。婚姻不再是同居必不可少的前提。早期婚姻（尤其是在英国）的一个重要基础是，婚姻有着巩固甚至扩大财产利益的作用。但是在 19 世纪和 20 世纪经历一系列的变革后，在家庭内部，财产已不再占据最重要的位置。以婚姻为基础的家庭不再是社会的必要基础。②

联邦《家庭法》最著名的两项重大改革改变了澳大利亚解决婚姻破裂的方式：第一，引入无过错离婚；第二，建立专门的法院处理家庭纠纷，即澳大利亚家庭法院（Family Court of

① See Parkinson P.,“Tricked into Marriage,” *Melbourne University Law Review*, vol. 42, no. 1, 2018, p. 119.

② Finlay H., *To Have But Not To Hold*: *A History of Attitudes to Marriage and Divorce in Australia* 1858-1975, Sydney: The Federation Press, 2005, p. 417.

Australia)。[①] 该法在澳大利亚家庭法发展史上具有里程碑意义。[②]

第二节 澳大利亚离婚制度的发展背景

澳大利亚离婚制度的发展背景主要包括三个方面：一是政治基础，即澳大利亚联邦的成立及国家政策对离婚法发展的推动；二是经济基础，即“淘金热”对澳大利亚离婚法的影响；三是社会基础，即妇女地位的提高。笔者将从这三个方面分别进行研究和阐述。

一、政治基础：澳大利亚联邦的成立和国家政策的支持

(一) 澳大利亚联邦的成立

1901 年 1 月 1 日，澳大利亚联邦庆典在悉尼的百年纪念公园举行。澳大利亚从此改变了殖民地的地位，成为一个独立的民族国家。按照 1900 年《澳大利亚联邦宪法》[③] 第 51 条的规定，议会有权制定与结婚、离婚和婚姻诉讼、父母权利以及未成年子女监护有关的法律。[④] 这说明联邦可以制定统一适用于全国的离婚法。在此之前有关离婚的法律只能由各个殖民地自行制定。此外，

---

① Rhoades H.,“Children, Families and the Law: A View of the Past with an Eye to the Future,”HayesA. and Higgins D., eds., *Families, Policy and the Law: Selected Essays on Contemporary Issues for Australia*. Melbourne: Australian Institute of Family Studies, 2014, pp. 169-170.

② 该法废止了可撤销婚姻。1959 年 12 月 16 日，澳大利亚通过了 1959 年联邦《婚姻诉讼法》，并于 1961 年 2 月生效。该法采取了无效婚姻与可撤销婚姻并行的双轨模式。无效婚姻的无效事由有重婚、近亲结婚、受欺诈或胁迫而结婚、误认对方身份而结婚、未到法定婚龄而结婚等情形（第 18 条）；可撤销婚姻的可撤销事由包括一方或双方无性行为能力、心智不健全或有精神缺陷，或者女方与他人发生性关系导致怀孕等（第 21 条）。随后颁布的联邦《家庭法》废除了 1959 年联邦《婚姻诉讼法》，也废除了可撤销婚姻。

③ The Commonwealth of AustraliaConstitution Act.

④ The Commonwealth of AustraliaConstitution Act, s 51(xxi), s 51(xxii).

1900 年《澳大利亚联邦宪法》第 109 条规定，当州法和联邦法发生冲突时，优先适用联邦法。

在澳大利亚成为一个独立的国家之初，州政府的职权大于联邦政府，尤其是在一些事关国计民生的领域，联邦政府缺少干预权，常处于从属地位。[①] 因此，联邦在成立之初的半个多世纪里，并没有发挥其制定统一的离婚法的作用，各州的离婚法仍然由各州自行制定。各州在联邦成立后仍然进行离婚法的改革，制定了相关的法律，如新南威尔士州 1958 年《婚姻诉讼（修正）法》、西澳大利亚州 1911 年《离婚修正案法》、塔斯马尼亚州 1919 年《婚姻诉讼修正案法》等。直到 1959 年联邦《婚姻诉讼法》的实施，才结束了各州离婚法分立的现状。该法为整个澳大利亚的离婚、婚姻无效和其他婚姻诉讼提供了统一的管辖权基础、统一的离婚理由和统一的法律救济。[②]

（二）国家政策的支持

澳大利亚作为一个福利国家，制定了许多有利于提高社会和家庭福利的政策。在家庭方面，政府不仅制定了许多政策，也投入了大量资金。20 世纪 80 年代，澳大利亚政府进行了“子女抚养费计划”改革，并制定了 1988 年联邦《子女抚养费（登记与收取）法》与 1989 年澳大利亚联邦《子女抚养费（评估）法》。澳大利亚“子女抚养费计划”的实施代表了一项彻底的社会政策改革，旨在减少澳大利亚离婚家庭贫困儿童的数量，并减少政府向单亲父母支付社会保险金的开支。[③]

2008 年，澳大利亚社会服务部[④]发布的文件指出，过去十年的

① 王宇博：《澳大利亚：在移植中再造》，四川人民出版社 2000 年版，第 151 页。

② Morris J. H. C., “The Australian Matrimonial Causes Act, 1959,” *International and Comparative Law Quarterly*, vol. 11, no. 3, 1962, p. 42.

③ See Rhoades H., “Australia’s Child Support Scheme - Is It Working,” *Child and Family Law Quarterly*, vol. 7, no. 1, 1995, pp. 26-29.

④ 当时称为“家庭、住房、社会服务与原住民事务部”。

离婚政策主要关注两个方面：一是修改联邦《家庭法》，旨在减轻离婚的情感和经济负担。二是防止婚姻破裂。1998 年，众议院报告《彼此拥有相互支持：巩固婚姻和伴侣关系的策略》指出，法院体系和家庭法在运作形式上显然无法为婚姻和家庭提供足够的支持。自此，政府的许多政策都集中在防止分居和离婚上，这主要通过增加对伴侣关系、婚前教育和婚姻咨询服务的资助来实现。① 这些方案包括《男性与家庭关系方案（1999-2000 年）》和《加强家庭与社区策略（2000-2009 年）》。②《男性与家庭关系方案》旨在帮助男性处理与人际关系有关的困惑，以使他们能够解决与伴侣、子女之间的一系列问题，并增进或重建积极的家庭关系。该方案于 1997 年 11 月宣布，并且在四年内提供了 600 万澳元的资助。资金被分配给 18 个社区组织，以开发创新服务或项目，支持男性处理其关系。1998 年，政府宣布在三年半内再提供 1050 万澳元，用于增加 28 个试点组织，使组织总数达到 46 个。此后，该试点计划又延长至 2003 年 6 月 30 日，资助金额增加到 2200 万澳元。③

澳大利亚政府在 2005 年至 2009 年间拨款 3.972 亿澳元，用于改革家庭法制度。防止婚姻破裂的服务主要集中在婚姻教育和关系咨询上。有研究表明，这些类型的服务可有效减少婚姻冲突和

---

① Hewitt B., "Marriage Breakdown in Australia: Social Correlates, Gender and Initiator Status," FaHCSIA Social Policy Research Paper No. 35 (June 1, 2008), available at https://melbourneinstitute.unimelb.edu.au/assets/documents/hilda-bibliography/working-discussion-research-papers/2008/Hewitt_Marriage_Breakdown.pdf., accessed 4 April 2020.

② Men and Family Relationships Initiative (1999-2000), Stronger Families and Communities Strategy (2000-2009).

③ O'Brien C. and Rich K., "Evaluation of the Men and Family Relationships Initiative," Commonwealth Department of Family and Community Services Final Report and Supplementary Report (November 2002), available at https://www.dss.gov.au/sites/default/files/documents/emfrp-final-report.pdf, accessed 3 April 2020.

婚姻破裂。[①] 分居和离婚的因素是复杂的，远远超出了这些政策措施所关注的范围。那些婚姻破裂风险最高的夫妇也是最不可能使用婚姻教育或婚姻咨询服务的夫妇。[②]

此外，澳大利亚十分重视防治家庭暴力问题。家庭暴力容易给受害者造成更大的压力、较高的精神疾病、更多的睡眠障碍等不良后果。[③]澳大利亚政府委员会于2010年通过了《减少暴力侵害妇女及其子女的国家计划（2010-2022）》。2019年3月5日，澳大利亚政府宣布了一项3.28亿澳元的一揽子计划，用于减少针对妇女及儿童的暴力行为。该方案包括资助制定澳大利亚首个国家预防战略，以制止家庭暴力和性侵犯，并改变某些人可能导致暴力的态度和信仰。[④]

总而言之，澳大利亚联邦的成立为离婚法的统一奠定了政治基础，这也赋予了联邦政府制定与离婚有关政策的权力。政府对离婚的相关政策推动了澳大利亚离婚制度的改革与发展。

二、经济基础："淘金热"的影响

（一）"淘金热"的概况

1848年美国加州"淘金热"对澳大利亚产生了强烈的冲击。

---

① Halford W. K., O'Donnell C., Lizzio A., et al., "Do Couples at High Risk of Relationship Problems Attend Premarriage Education?" *Journal of Family Psychology*, vol. 20, no. 1, 2006, pp. 160-163.

② O'Brien C. and Rich K., "Evaluation of the Men andFamily Relationships Initiative," Commonwealth Department of Family and Community Services Final Report and Supplementary Report (November 2002), available at https://www.dss.gov.au/sites/default/files/documents/emfrp-final-report.pdf, accessed 6 April 2020.

③ Mills E. and Ebejer M., *Family Law* (Sixth Edition), Chatswood: LexisNexis Butterworth, 2015, p. 598.

④ Australia Government Department of Social Services, "Announcement of Commonwealth Contribution to the Fourth Action Plan," available at https://www.dss.gov.au/women-programs-services-reducing-violence/announcement-of-commonwealth-contribution-to-the-fourth-action-plan, accessed 6 April 2020.

爱德华·哈格里夫斯（Edward Hargraves）深受加利福尼亚“淘金热”的启发，他把美国加州的地形外貌与 18 年前新南威尔士巴瑟斯特所见地貌对比，认为新南威尔士存在金矿。其返回悉尼后，于 1951 年 2 月 21 日在新南威尔士淘洗出黄金，同年 5 月 15 日，《悉尼先驱晨报》将此事公之于世，引起了强烈的轰动，并迅速演变为继加州“淘金热”后又一场世界规模的“淘金热”。①

1851 年底，维多利亚的金矿有近 2 万名淘金者。到 1858 年底，淘金者增至近 15 万人。19 世纪 50 年代，维多利亚的产金量超过了世界黄金总产量的三分之一。② 在维多利亚淘金潮之后，其他地方也发现了金矿。19 世纪 60 年代，4 万人前往新西兰，更多的人则在新南威尔士发现的金矿区。接着发现金矿资源的是昆士兰。随后，淘金者前往澳洲大陆西北部寻找金矿。③ 必须说明，虽然 1961 年后昆士兰和西澳大利亚等地区也出现过“淘金热”，但是无论是在力度上，还是在规模上，都不及 1851－1861 年的“淘金热”。④

在 1851 年“淘金热”开始后的半个世纪中，“淘金热”从新南威尔士传播到维多利亚、新西兰、昆士兰、塔斯马尼亚和西澳大利亚。19 世纪中期到 20 世纪初的 50 年中，几乎每年都有人奔赴澳大利亚某个新发现的金矿区。⑤ “淘金热”对澳大利亚的社会和经济产生了重要的影响。

---

① 王宇博：《澳大利亚：在移植中再造》，四川人民出版社 2000 年版，第 41－42 页。

② 参见［澳］斯图亚特·麦金泰尔：《澳大利亚史》，潘兴明译，东方出版中心 2015 年版，第 79 页。

③ ［澳］斯图亚特·麦金泰尔：《澳大利亚史》，潘兴明译，东方出版中心 2015 年版，第 82 页。

④ 王宇博：《澳大利亚：在移植中再造》，四川人民出版社 2000 年版，第 41－42 页。

⑤ Hill D., *The Gold Rush: The Fever That Forever Changed Australia*, Sydney: Random House Australia Pty Ltd, 2011, p. xiii.

(二)“淘金热”对离婚制度的影响

1.“淘金热”使人口迅速增多，人口是离婚法改革的重要动力

“淘金热”对澳大利亚社会最为直接的影响是社会财富的大量增加和人口的激增①。人口的增多对澳大利亚各殖民地离婚制度的改革起到了推波助澜的作用。在新南威尔士淘金开始的几周内，维多利亚和墨尔本发现了一个更大的金矿。1850 年维多利亚人口还不到 8 万。至 1860 年，维多利亚的人口已超过 50 万（见表 5）。在接下来的 50 年里，墨尔本超过悉尼，成为澳大利亚最大的城市。②“淘金热”吸引了四面八方的人前往澳大利亚，全澳人口从 1851 年的 437665 人迅速增至 1861 年的 1168149 人。③

表 5　维多利亚殖民地人口变化（1850-1860 年）④

年份	维多利亚殖民地总人口（万）	金矿区人口（万）
1850 年	7.6	—
1851 年	9.7	1.9
1852 年	16.8	3.4
1853 年	22.2	5.3
1854 年	28.4	6.6
1855 年	34.7	11.0
1856 年	39.0	11.5

① ［澳］斯图亚特·麦金泰尔：《澳大利亚史》，潘兴明译，东方出版中心 2015 年版，第 79 页。

② Hill D., *The Gold Rush: The Fever That Forever Changed Australia*, Sydney: Random House Australia Pty Ltd, 2011, p. 64.

③ 王宇博：《澳大利亚：在移植中再造》，四川人民出版社 2000 年版，第 41-42 页。

④ Source: Sumner J. C. L., “Property Rights and Institutional Change during Australia's Dold Rush,” *Explorations in Economic History*, vol. 29, no. 2, 1992, p. 209.

续表

年份	维多利亚殖民地总人口（万）	金矿区人口（万）
1857 年	45.7	13.3
1858 年	49.6	14.7
1859 年	52.1	13.9
1860 年	53.8	14.4

人口是澳大利亚各殖民地离婚法改革的动力。人口较多的维多利亚、新南威尔士对离婚法的改革，在时间上相对较早，新南威尔士于 1881 年废除了离婚理由的“双重标准”，人口较少的西澳大利亚则在 30 年后才废除离婚理由的双重标准（1912 年），而南澳大利亚（1918 年）、塔斯马尼亚（1919 年）、昆士兰（1923 年）则在近 40 年后才废除该双重标准。

2.“淘金热”间接导致妻子被遗弃，推动了离婚法的改革

“淘金热”在带来财富和人口的同时，也带来了一个严重的问题：遗弃妻子或家人。有学者这样描述人们对淘金的热情：黄金是吸引全世界冒险家的磁铁，这些人带着男性的激昂，单枪匹马地驰骋金矿区。水手跳下船只，牧羊人离开羊群、雇工辞别老板、丈夫扔下妻子，用手中的镐铲去寻找财富。①“淘金热”导致夫妻的分离，也促进了永久遗弃。②尽管“淘金热”并未造成严重的社会混乱和道德崩溃，但却加剧了遗弃妻子的问题。③

在“淘金热”时期，丈夫遗弃妻子相对容易。19 世纪 50 年代

① ［澳］斯图亚特·麦金泰尔：《澳大利亚史》，潘兴明译，东方出版中心 2015 年版，第 79-80 页。

② Golder H., *Divorce in 19th Century New South Wales*, Sydney: New South Wales University Press, 1985, p. 33.

③ BSNSW, Annual Report, 1854 (Sydney, 1855), p. 29; BSNSW, Annual Report, 1860 (Sydney, 1861) p. 8. Cited in Golder H., *Divorce in 19th Century New South Wales*, Sydney: New South Wales University Press, 1985, p. 34.

前往维多利亚、60年代前往新西兰淘金的人消失在人海之中，导致追查潜逃丈夫存在困难。此外，在联邦成立之前，澳大利亚各殖民地无法在自己的边界外执行遗弃令，而且殖民地之间也没有执行协议。因此，丈夫可以通过离开本殖民地来逃避责任。尤其是南澳大利亚，由于该殖民地靠近东部的淘金地，丈夫可以潜逃至淘金区并有效地阻止南澳大利亚当局越过边界去追捕他们。因此，当时南澳大利亚的妇女特别容易被遗弃。被遗弃妻子的困境是一个严重的社会问题。被遗弃的妇女由于没有丈夫的保护，被视为是值得同情的。然而殖民地几乎没有为减少妇女的就业障碍作出任何努力，也没有为提高妇女的工资或改善其工作条件，使她们能够照顾自己和孩子作出努力。相反，被遗弃的妇女被视为殖民地的负担。①

被遗弃的妻子和子女给资源不足以解决这类问题的社会造成了沉重的经济负担。因此，迫切需要改革离婚法，使被遗弃的妻子能够在没有丈夫的情况下独立生存。在一个女性稀缺的殖民地，被弃居的妻子可以自由地与供养她和她的子女的人再婚。② 随后，维多利亚（1889年）、新南威尔士（1892年）、西澳大利亚（1911年）、塔斯马尼亚（1919年）、昆士兰（1922年）、南澳大利亚（1928年）逐渐将遗弃纳入离婚理由。从时间上看，在“淘金热”较为庞大且人数较多的维多利亚和新南威尔士，将遗弃纳入离婚理由的时间较早。

综上所述，“淘金热”作为澳大利亚历史上的一个重要事件，直接导致了澳大利亚人口的激增，造成较多妻子和子女被遗弃，但同时也推动了澳大利亚离婚制度的改革。此外，“淘金热”作为一股强大的动力，使澳大利亚的经济进入了工业化的发展轨道，

① McCarthy T. and Sendziuk P., “Deserted Women and the Law in Colonial South Australia,” *Journal of Australian Colonial History*, vol. 20, 2018, pp. 64-68.

② Finlay H., *To Have But Not To Hold: A History of Attitudes to Marriage and Divorce in Australia* 1858-1975, Sydney: The Federation Press, 2005, p. 60.

也为19世纪后半期澳大利亚经济的长期繁荣创造了条件。

三、社会基础：妇女地位的提高

基督教义有着根深蒂固的男尊女卑观念。① 在英国早期，男性处于优势地位，促使在普通法上男性成为一家之主并可以控制自己的妻子。② 由于历史原因，澳大利亚作为英国的殖民地，在继受英国法律制度的同时，也继受了男女不平等思想。

（一）选举权的获得

1788年澳大利亚成为英国的罪犯流放地，当时澳大利亚的妇女处于不平等和受歧视的地位，其财产权受到限制，没有受教育权，也没有选举权。③ 为扭转这种局面，澳大利亚妇女进行了长期的斗争。19世纪末20世纪初，澳大利亚兴起了第一次女权运动。④ 女权主义批评家认为，世纪之交的主要斗争，不是资本家与工人的斗争，而是男人与女人之间的基本冲突。女权运动深受妇女基督教禁酒联盟（Woman's Christian Temperance Union）的影响，该联盟于19世纪80年代传到澳大利亚。澳大利亚女权运动通过净化家庭和公共生活，改变男性漫无节制的生活方式并提高妇女的地位。其提倡采取一系列措施，如禁酒、制定禁赌法、限制卖淫、防止家庭暴力、保护妇女免遭男子的侵犯。其关注妇女的选举权，并发起了妇女选举权运动。⑤ 在该运动的推动下，南澳大利亚妇女

---

① 李喜蕊：《英国家庭法历史研究》，知识产权出版社2009年版，第100页。

② James C., "A History of Cruelty in Australian Divorce," ANZLH E-Journal, Australian and New Zealand Law and History Society Conference, Waikato. Refereed paper no. 7, 11 January 2006, available at https://ssrn.com/abstract=2548315, accessed 4 May 2020.

③ 张秋生、罗梦瑶：《从澳大利亚法律看其妇女社会和家庭地位的提高》，载《西华大学学报》（哲学社会科学版）2009年第5期，第56页。

④ Magarey S., "History, Cultural Studies, and Another Look at First-Wave Feminism in Australia," *Australian Historical Studies*, vol. 27, April 1996, p. 96.

⑤ ［澳］斯图亚特·麦金泰尔：《澳大利亚史》，潘兴明译，东方出版中心2015年版，第123-124页。

于1894年获得了选举权和州议会议员的被选举权。[①] 1894年南澳大利亚规定年满21周岁的妇女享有被选举权，这使得澳大利亚成为世界上最早实施妇女选举权的国家之一。[②] 1894-1908年，澳大利亚妇女在全国各地先后获得了选举权（见表6）。1920年艾迪丝·科恩（Edith Cowan）成为澳大利亚历史上第一位女议员，后来她被印在澳大利亚五十元钞票的背面（见图1）。此后，澳大利亚女性越发活跃于政界和商界，并且涌现出一大批知名的女权主义者，其中最有名的就是《女太监》的作者杰梅茵·格里尔（Germaine Greer）。

表6　妇女获得选举权的时间[③]

议会	获得选举权的时间
联邦	1902年
南澳大利亚	1894年
西澳大利亚	1899年
新南威尔士	1902年
塔斯马尼亚	1903年
昆士兰	1905年
维多利亚	1908年

① See Stock J. T., "How Joyce Steele and Jessie Cooper Became South Australia's First Women MPs," *Journal of the Historical Society of South Australia*, no. 44, 2016, p. 103.

② 张秋生、罗梦瑶：《从澳大利亚法律看其妇女社会和家庭地位的提高》，载《西华大学学报》（哲学社会科学版）2009年第5期，第57页。

③ Sawer M. and Simms M., *A Woman's Place: Women and Politics in Australia*, Sydney: Allen & Unwin, 1993, p. 6.

图 1　艾迪丝·科恩（Edith Cowan）

（二）工作、教育等其他权利的争取

第一次世界大战中，大量男子奔赴战场，导致国内劳动力缺乏，难以维持战争需要，因此，一些妇女承担起了原本由男人承担的工作。第二次世界大战时为了扩大劳动力，各殖民地不得不招募女工。战争加速了澳大利亚妇女的解放。[①] 第一次世界大战后，澳大利亚的女权主义者争取扩大公民权。她们要求更多地参与公共生活和享有平等的工资待遇。[②] 第二次世界大战后，情况发生了很大的变化，已婚妇女大量进入劳动市场，代替应征入伍的丈夫。20 世纪下半叶，使已婚妇女从家庭走向市场的动力是巨大的内生力量，而非英王爱德华时代女权主义的压力。[③] 但是，战后人们对在外工作的妇女，特别是年幼的母亲，充满敌意和冷漠。她们时不时地会遭受谴责。例如，1957 年新南威尔士州婚姻指导委

① 张秋生、罗梦瑶：《从澳大利亚法律看其妇女社会和家庭地位的提高》，载《西华大学学报》（哲学社会科学版）2009 年第 5 期，第 59 页。

② ［澳］斯图亚特·麦金泰尔：《澳大利亚史》，潘兴明译，东方出版中心 2015 年版，第 168 页。

③ ［澳］格雷姆·唐纳德·斯诺克斯：《家庭在整体经济中的作用：1788-1990 年澳大利亚长期动态的研究》，尹雪芬等译，中国经济出版社 2001 年版，第 109-110 页。

员会主任声称妇女的就业是导致婚姻破裂的主要原因。[①]

澳大利亚女权主义者主张妇女享有教育、工作和公共参与权，建立她们的自愿协会，将公民生活与母性价值观结合起来。世纪之交的性别战争并没有结束男性在政治、宗教和工商业方面的统治地位，但他们的特权已经发生了改变。[②]

自20世纪中叶以来，国际人权法得到了较大的发展。[③] 20世纪60年代末，第二次女权运动开始席卷西方世界。[④] 美国于1966年成立了全国妇女组织（National Organization for Women），向平等就业机会委员会施加压力。加拿大于1972年4月成立了全国妇女地位行动委员会（National Action Committee on the Status of Women），以敦促执行皇家妇女地位委员会（Royal Commission on the Status of Women）的建议。澳大利亚于1972年成立了妇女选举游说团（Women's Electoral Lobby），该游说团成为全球涌现的另一个致力于妇女问题的新组织。[⑤] 1974年该妇女选举游说团已成为澳大利亚最大、最有影响力的女性游说团。[⑥] 1969年发生在悉尼的妇女解放运动标志着澳大利亚第二次女权运动浪潮的到来。[⑦]女权运动被一些有影响的中产阶级女性所倡导，在20世纪70年代中期赢

---

① Pascoe Leahy C. and Bueskens P. eds., *Australian Mothering: Historical and Sociological Perspectives*, Cham: Palgrave Macmillan, 2019, p. 345.

② ［澳］斯图亚特·麦金泰尔：《澳大利亚史》，潘兴明译，东方出版中心2015年版，第126页。

③ Byrnes A., Charlesworth H., Mkinnon G., *Bills of Rights in Australia: History, Politics and Law*, Sydney: University of New South Wales Press Ltd, 2009, p. 13.

④ Sawer M., *Making Women Count: A History of the Women's Electoral Lobby*, Sydney: UNSW Press, 2008, p. 1.

⑤ Sawer M., *Making Women Count: A History of the Women's Electoral Lobby*, Sydney: UNSW Press, 2008, p. 2.

⑥ Outshoorn J., *The Politics of Prostitution: Women's Movements, Democratic States and the Globalisation of Sex Commerce*, Cambridge: Cambridge University Press, 2004, p. 24.

⑦ TaylorA.:《澳大利亚的女权运动：重要的转变和事件》，徐航译，载《妇女研究论丛》2007年第4期，第63页。

得了广泛的支持。政府迫于压力投资建立了一系列妇女服务机构、女性政治咨询团体，并在澳大利亚高校里设立了女性学课程。① 从80年代开始，女权主义意识形态已开始对公共政策产生更大的影响。②

可见，澳大利亚的女权运动为妇女的权利而斗，它促使女性的地位不断提高。在20世纪最后几十年里，西方国家婚姻关系破裂的情况增加，原因之一是女性相对于男性而言，其社会经济地位在总体上得到了提升。③

第三节　澳大利亚离婚制度发展变革的基本特点

澳大利亚离婚制度发展变革中的基本特点主要包括四个方面：一是以英国离婚法为基础；二是离婚法的本土化比较成功；三是离婚日趋自由化；四是妇女和未成年子女权益保护日渐增强。笔者将从这四个方面分别进行研究和阐述。

一、以英国离婚法为基础

英国的普通法原则上是殖民地法律的基础。④ 自1788年英国人在悉尼湾定居后的75年中，英国的法律主导着澳大利亚政府的运作。即使到了20世纪下半叶，英国法仍然影响着澳大利亚的政

① Taylor A.：《澳大利亚的女权运动：重要的转变和事件》，徐航译，载《妇女研究论丛》2007年第4期，第63页。

② Ganguly I., "Feminism in Australia and Women from non English Speaking Backgrounds," *Social Alternatives*, vol. 14, no. 1, Jan 1995, p. 59.

③ Hewitt B., Baxter J. and Western M., "Marriage Breakdown in Australia: The Social Correlates of Separation and Divorce," *Journal of Sociology*, vol. 41, no. 2, June 2005, p. 168.

④ Atkinson A., *The Europeans in Australia: Volume 3: Nation*, Sydney: University of New South Wales Press Ltd, 2014, p. 40.

务。[1] 在澳大利亚离婚制度的发展变革中，最大的特点就是以英国离婚法为基础，建立自己的离婚制度体系。

澳大利亚在制定离婚法之初照搬英国的离婚法。南澳大利亚(1858年)、塔斯马尼亚（1860年)、维多利亚（1861年)、西澳大利亚（1863年)、昆士兰（1864年）和新南威尔士（1873年）于1858-1873年分别制定了离婚法。这些离婚法均以1857年英国《婚姻诉讼法》为基础，并且是英国1857年离婚法的“复制品”。在离婚的理由方面，澳大利亚离婚法沿用英国离婚理由，采取双重标准，规定丈夫仅以妻子通奸为由申请离婚，而妻子除须证明丈夫通奸外，还要证明丈夫存在虐待、遗弃等加重情形。

澳大利亚各个殖民地制定离婚法后，其离婚法改革仍然以英国离婚法为基础，即使在建立了澳大利亚联邦后的很长一段时间内，澳大利亚的立法机构和法院也并没有完全独立于英国。1986年的《澳大利亚法》最终取消了英国对澳大利亚的立法权。[2] 不可否认，英国法由英国殖民者传入澳大利亚，并为逐渐发展为别有一格、独立于英国的澳大利亚法奠定了基础。[3]

二、离婚法的本土化比较成功

18世纪末，澳大利亚成为英国的殖民地。当时在澳大利亚共有六个殖民地，即新南威尔士、维多利亚、西澳大利亚、昆士兰、南澳大利亚和塔斯马尼亚。各个殖民地都设有议会，并按照英国法的模式建立了本地区的法律制度。1901年澳大利亚联邦成立后，该六个殖民地成为联邦下的六个州。在联邦政府拥有国家最高权

① See Castles A. C. , *An Australian Legal History*, Sydney:The Law Company Limited, 1982, p. 1.

② ［澳］夏腊·碧朵芙:《澳大利亚的立法制度》，许章润译，载《行政法学院研究》1995年第1期，第74页。

③ ［澳］彭烙湃·马修、娜丝玛丽·杭特、西拉里·查尔斯沃斯:《法律与历史:黑白之间》，许章润译，载《比较法研究》1998年第4期，第347页。

力的同时，各州仍然保留了各自原有的议会和法律制度。虽然澳大利亚沿袭英国的法律制度，但是在长期的法律实践中，又形成了自己的特色。[①]

在澳大利亚离婚法的发展过程中，一个突出的特点是澳大利亚脱离母国立法的独立性日益增强。[②] 在澳大利亚各殖民地制定离婚法后不久，由于两国的差异，需要对离婚法进行改革。尤其是对以下两个方面进行改革：第一，申请离婚的双重标准。在澳大利亚各个殖民地，离婚的双重标准在维护家庭继承的需要方面远不及英国。第二，离婚理由。被遗弃的妻子和子女给资源不足以解决这类问题的社会造成了沉重的经济负担，尤其是在“淘金热”时期。因此，各殖民地迫切需要制定一项离婚法，扩大离婚的理由，使被遗弃的妻子能够在被丈夫遗弃的情况下得以生存。在一个妇女稀缺的殖民地中，被弃居的妻子也可以自由地与供养她和她的子女的人再婚。因此，基于澳大利亚的实际情况，各个殖民地对离婚法进行改革，废除离婚的双重标准，扩大离婚理由。

澳大利亚各殖民地的离婚法经过不断的改革，除维多利亚外，都废除了离婚的双重标准（见表7），妻子无须再证明丈夫有其他加重情节。在英国，直到1923年英国《婚姻诉讼法》的颁布，才废除了离婚的双重标准。而在澳大利亚，大部分殖民地在1923年以前就已经废除了离婚的双重标准。在维多利亚，1858年福克纳议案（Fawkner's Bill）提议丈夫或者妻子可以仅以通奸为由离婚，但是该议案没有通过，之后就没有再尝试废除离婚的双重标准。[③]

---

① 张传平：《澳大利亚的法律制度》，载《国外法学》1984年第4期，第49页。

② See Finlay H.,“Lawmaking in the Shadow of the Empire- Divorce in Colonial Australia,”*Journal of Family History*, vol. 24, no. 1, January 1999, p. 75.

③ Finlay H., *To Have But Not To Hold: A History of Attitudes to Marriage and Divorce in Australia* 1858-1975, Sydney: The Federation Press, 2005, pp. 54, 70.

表 7　澳大利亚各殖民地废除离婚双重标准的时间①

管辖区	时间
新南威尔士	1881 年
维多利亚	—
西澳大利亚	1912 年
南澳大利亚	1918 年
塔斯马尼亚	1919 年
昆士兰	1923 年

1901 年澳大利亚联邦成立后，逐渐改变了基本适用英国法的状况。第二次世界大战加速了澳大利亚民族国家的独立发展，使澳大利亚本土化进程进入了深入发展阶段。在大战前一个半世纪的历史中，澳大利亚人视自己为英国人，借鉴英国社会的各种制度、体制和模式，再根据其自身现实和需要进行扬弃。但第二次世界大战打破了这种定势，随着国家和民族独立性的提高，本土化没有中止，而是将立足点转移至独立自主。② 在离婚制度方面，尽管澳大利亚殖民地时期的离婚制度主要来源于英国 1957 年的离婚法，但是在第二次世界大战结束后，其创造了自己的特色，如家庭纠纷解决机制、子女抚养费制度等。这使澳大利亚成为其他许多国家借鉴的典范。③

纵观澳大利亚离婚法发展的历程，尤其是第二次世界大战以后的发展，澳大利亚法律制度经历了一个寻求自我、逐步减少英

① Source: Finlay H., *To Have But Not To Hold: A History of Attitudes to Marriage and Divorce in Australia* 1858-1975, Sydney: The Federation Press, 2005, p. 54.

② 王宇博：《澳大利亚：在移植中再造》，四川人民出版社 2000 年版，第 204 页。

③ ［澳］格雷姆·唐纳德·斯诺克斯：《家庭在整体经济中的作用：1788-1990 年澳大利亚长期动态的研究》，尹雪芬等译，中国经济出版社 2001 年版，第 91 页。

国影响的过程。与20世纪前半叶严格遵循英国判例不同，在20世纪最后25年中，澳大利亚法院逐渐摆脱英国法院的判例，其对普通法的解释与英国普通法之间的分歧也逐渐增大。这在一定程度上推动了澳大利亚立法和司法的独立。① 正如澳大利亚学者所言，澳大利亚的法律传统，如同其他西方国家一样，无论是过去还是现在都需要改良和革新，以求与法律制度能服务的人口的多样化以及对此系统的需要范围相适应。② 回顾澳大利亚离婚法的发展历程，澳大利亚离婚制度经过多次修订后日臻完善，并在保障婚姻当事人及民事伴侣的权利、儿童利益等方面发挥着重要作用。可以说，澳大利亚对移植的法律制度的本土化改良比较成功。

三、离婚日趋自由化

回顾澳大利亚离婚法的发展历程，不难看出，离婚法经历了从禁止离婚主义到过错离婚主义再到无过错离婚主义三个发展阶段，这也是从禁止离婚到限制离婚再到自由离婚的一个日趋自由化的过程。

澳大利亚各殖民地制定离婚法以前采取禁止离婚主义。19世纪中后期，澳大利亚各殖民地根据1857年英国《婚姻诉讼法》，逐步制定了离婚法，实行过错离婚主义。法律允许夫妻在存在法定过错的情况下离婚，尽管离婚采取双重标准，且妻子处于不平等的地位，但较过去而言，婚姻已经打破了不可解除的桎梏，这种突破将离婚引向自由的发展道路。

在1901年联邦成立之前，澳大利亚各殖民地的离婚逐渐朝着自由化的方向发展。在不同的殖民地，这种发展以不同的速度进行着。通常，在较大的殖民地发展速度较快，在较小的殖民地发

---

① 何家弘主编：《外国司法判例制度》，中国法制出版社2014年版，第112页。

② ［澳］帕瑞克·帕金森：《澳大利亚法律的传统与发展》，陈苇等译，中国政法大学出版社2011年版，第250页。

展速度较慢。但是，这种发展趋势是不可否认的，并且必然导致离婚法更大程度的自由化，这与世界范围的趋势相一致。[①] 在联邦成立后，离婚的自由化发展趋势更加明显，西澳大利亚、南澳大利亚、塔斯马尼亚和昆士兰在 1912 年至 1923 年间先后废除了离婚的双重标准（新南威尔士在联邦成立前就废除了双重标准），男女双方均可以仅以通奸为由提起离婚诉讼，妻子无须证明丈夫有遗弃等加重情节。这对妻子而言，在通往自由离婚的道路上又向前迈了一步。

联邦《家庭法》施行后，澳大利亚摒弃了过错离婚主义，采取无过错离婚主义，以婚姻已无可挽回地破裂作为离婚的唯一法定理由，最终实现了离婚自由。这也是联邦《家庭法》的亮点之一。该法在实行自由离婚的同时，以夫妻分居满 12 个月作为婚姻已无可挽回地破裂的外观判断依据。这种以分居满法定期限的限制性规定，有学者认为其主要原因是基于保护当事人即子女利益的需要，国家采取公权力进行干预的结果。[②] 因此，澳大利亚实行的实际上是相对自由离婚主义。世界上很多国家，如英国、法国等均采取相对自由离婚主义。

四、妇女和未成年子女权益保护日渐增强

澳大利亚离婚法对妇女、未成年子女权益的保护并非一开始就比较重视，而是一个从忽视到逐渐重视的过程。

（一）妇女权益的保护

1. 妇女的选举权

1788 年澳大利亚成为英国的罪犯流放地，此时澳大利亚的妇女受到歧视，其财产权受到限制，没有受教育权，也没有选举权。

---

① See Finlay H., *To Have But Not To Hold: A History of Attitudes to Marriage and Divorce in Australia* 1858–1975, Sydney: The Federation Press, 2005, p. 289.

② 陈苇：《中国婚姻家庭法立法研究》，群众出版社 2010 年版，第 28 页。

在女权运动的推动下，南澳大利亚妇女于 1894 年获得了选举权和州议会议员的被选举权。在 1894-1908 年间，澳大利亚妇女在全国各地先后获得了选举权。

2. 妇女的经济、社会及文化权

澳大利亚于 1975 年批准了联合国《经济、社会及文化权利国际公约》[①]，1983 年批准了联合国《消除对妇女一切形式歧视公约》[②]，其要求缔约国应采取措施消除对妇女的歧视，保障妇女在受教育、就业、经济和社会生活等方面的权利。澳大利亚颁布了保护妇女的社会、经济方面的权利的法律，包括 1975 年联邦《反种族歧视法》、1984 年联邦《反性别歧视法》和 2009 年联邦《平等工作法》[③]，以保护妇女的权益。[④]

3. 妇女在婚姻家庭方面的权利

早期澳大利亚的各个殖民地，已婚妇女在婚姻解除时几乎没有分享财产的权利。在 19 世纪，澳大利亚殖民地逐渐制定扶养法，以应对大量被遗弃的妻子和儿童的扶养需要。20 世纪中后期澳大利亚制定了 1959 年联邦《婚姻诉讼法》，该法第 86 条规定，法官有权以公平公正的方式在离婚配偶之间调整财产权益，1975 年通过的联邦《家庭法》第 79 条重申了这一原则。[⑤] 2001 年联邦《家庭法立法修正案（养老金）法》使婚姻期间一方积累的养老金首次被视为婚姻财产，并可以在离婚夫妇之间进行分配。妇女在婚姻家庭方面的权利逐渐被扩大并获得了法律的保护。

---

① 该公约于 1966 年通过，1976 年生效。

② The Convention on the Elimination of all Forms of Discrimination Against Women，该公约于 1979 年通过，1981 年生效。

③ Racial Discrimination Act 1975（Cth），Sex Discrimination Act 1984（Cth），Fair Work Act 2009（Cth）.

④ Goldblatt B.，"Claiming Women's Social and Economic Rights in Australia，" *Australian Journal of Human Rights*，vol. 23，no. 2，2017，p. 267.

⑤ Wade J. H.，"Matrimonial Property Reform in Australia：An Overview，" *Family Law Quarterly*，vol. 22，no. 1，Spring 1988，p. 48.

（二）未成年子女权益的保护

1. 殖民地早期

1788年第一批从英国前往澳大利亚的儿童包括22名在前往澳大利亚途中出生的婴儿和一些儿童罪犯。所有到达澳大利亚的人，尤其是儿童，生活都相当艰难。与英国相比，当时澳大利亚的气候恶劣、耕作困难，新到的殖民者不了解土著居民文化，常常引发冲突。在新的殖民地，没有儿童服务和儿童权利的概念，人们首要的任务是生存。儿童罪犯被认为是英国政府的责任，但是由于儿童的数量很少，他们的困境没有引起政府的关注。随着澳大利亚殖民地的发展，没有父母或监护人的儿童被送入孤儿院或与贫困的成年人一起被送入收容所，有的甚至因流浪被判入狱。使儿童摆脱这种困境的方法之一是，治安法官指控儿童被遗弃，然后将其送往改革学校等机构，直到他们年满18周岁为止。实际上，其目的不是保护儿童免受伤害，而是为了保护殖民地免受贫困儿童的威胁。这些儿童被视为需要被控制的，而非需要被照顾的。①

2. 19世纪80年代至20世纪80年代

19世纪80年代，澳大利亚受英国儿童救助运动的影响，保护儿童免受父母或监护人的遗弃引起了广泛的关注。90年代，澳大利亚殖民地成立了防止虐待儿童协会（Societies for the Prevention of Cruelty to Children），② 其重要任务是报告和调查被遗弃或被虐待儿童的情况。20世纪60年代发表的一些关于虐待儿童的论文引起了媒体和公众的关注，也给州政府施加了压力，使政府意识到这一

① Merkel-Holguin L., Fluke, J. D. and Krugman R. D., eds., *National Systems of Child Protection: Understanding the International Variability and Context for Developing Policy and Practice*, Cham: Springer International Publishing AG, 2018, pp. 8-9.

② 澳大利亚维多利亚防止虐待儿童协会成立于1896年，1971年更名为儿童保护协会。引自 https://www.findandconnect.gov.au/ref/vic/biogs/E000618b.htm，最后访问日期：2020年12月24日。

问题并对防止虐待儿童和遗弃儿童承担更大的责任。[①] 1972 年联邦大选前几周，麦克马洪政府（McMahon government）出台了《儿童保育法》[②]，目的是使联邦对儿童服务承担制定政策和提供经济支持的责任。[③]

20 世纪 80 年代末，为保护未成年子女受抚养的权利和减轻儿童贫困化负担，澳大利亚实行了子女抚养费计划（Child Support Scheme），并颁布了 1988 年联邦《子女抚养费（登记与收取）法》以及 1989 年澳大利亚联邦《子女抚养费（评估）法》，使未成年子女受抚养的权利得到保障。

3. 20 世纪 90 年代后

1990 年澳大利亚加入联合国《儿童权利公约》。随后，澳大利亚制定了 1995 年联邦《家庭法改革法》，用“父母责任”代替“监护”的概念，强调父母对子女抚养的责任。2006 年联邦《家庭法修正案（共同父母责任）法》鼓励当事人在分居和离婚后以合作的方式对子女承担抚养责任，并将当事人分居和离婚后纠纷解决的方式从法院诉讼转向私人的、调解的方式。“共同父母责任”的规定有利于引导父母在分居和离婚后继续共同履行义务，合作抚养子女。2006 年联邦《家庭法修正案（共同父母责任）法》是联邦在家庭事务中国家公权力干预下的重要法律，对未成年子女权益的保护具有重要作用。2008 年，联邦政府成立了“减少对妇女及其子女的暴力行为全国委员会”，该委员会制订了若干

---

① Merkel-Holguin L., Fluke J. D. and Krugman R. D., eds., *National Systems of Child Protection: Understanding the International Variability and Context for Developing Policy and Practice*, Cham: Springer International Publishing AG, 2018, p. 9.

② Child Care Act 1972 (Cth).

③ Pascoe Leahy C. and Bueskens P. eds., *Australian Mothering: Historical and Sociological Perspectives*, Cham: Palgrave Macmillan, 2019, pp. 345-346.

报告和国家十二年行动计划。[1] 2011 年联邦《家庭法立法修正案(反家庭暴力与其他措施)法》规定了有关家庭暴力和虐待的审判程序。

可见，从 1788 年“第一舰队”到达澳大利亚以来，澳大利亚未成年子女的利益经历了从被忽略到逐步受保护的过程，无论在法律方面，还是政府的政策方面，澳大利亚都比较重视未成年子女权益的保护。

---

① See Alexander R. , "Family Violence in Parenting Cases in Australia under the Family Law Act 1975 (Cth): The Journey So Far- Where Are We Now and Are We There Yet," *International Journal of Law, Policy and the Family*, vol. 29, no. 3, December 2015, p. 321.

第二章　澳大利亚离婚法定理由研究

离婚法定理由是法院判断是否允许当事人离婚的重要标准。只有在符合离婚法定理由的情况下，才有可能获得法院的离婚令。自澳大利亚联邦成立以来，其离婚制度经过了100多年的改革和发展，逐渐成为具有澳大利亚特色的制度。离婚法定理由从过错转为无过错，从多个转为单一。本章研究澳大利亚离婚法定理由，笔者主要从以下四个方面进行研究：澳大利亚离婚法定理由之考察、澳大利亚离婚的限制性规定、澳大利亚离婚法定理由之主要改革及学者观点、澳大利亚离婚法定理由之评析。

第一节　澳大利亚离婚法定理由之考察

澳大利亚离婚制度已从过错离婚主义转为无过错离婚主义，其离婚法定理由被规定在联邦《家庭法》中。本节将对澳大利亚现行离婚法中的离婚法定理由进行考察和研究。

一、离婚法定理由之规定：婚姻已无可挽回地破裂

联邦《家庭法》规定的离婚法定理由只有一个，即婚姻已无

可挽回地破裂。[①] 这说明离婚应仅限于无法挽救的婚姻。判断婚姻已无可挽回地破裂的依据是：在提出离婚申请之前双方分居不少于12个月。[②] 离婚法定理由看起来并不复杂，相较于1959年联邦《婚姻诉讼法》规定的14个离婚法定理由，现行家庭法中的规定较为简单。但是，以分居不少于12个月作为婚姻已无可挽回地破裂的判断依据，在司法实践中也引起了一些纠纷。[③]

二、判断婚姻已无可挽回地破裂之依据：分居不少于12个月

（一）分居的理解

根据联邦《家庭法》第48条的规定，判断婚姻已无可挽回地破裂的依据是分居不少于12个月。何以理解“分居”是判断婚姻是否已无可挽回地破裂的关键。根据法律以及司法实践经验，分居可以做如下理解：

第一，分居决定可以单方作出。即使同居由一方当事人的行为而终止，仍可导致分居。[④] 即分居可以单方作出，无须双方合意。

第二，双方居住在同一住所也可能构成分居。联邦《家庭法》第49条规定，即使婚姻双方居住在同一个住所，或者任何一方为另一方提供一些家庭服务，也可以认定他们已经分居。[⑤] 通常情况下，一方搬离婚姻住所表明双方分居。但是，在某些情况下（如同一住所内的分居），判断分居相对复杂。居住在同一住所的，判断是否已经分居可能要考虑其他因素，如财产上的相互依赖、性关系以及双方对婚姻关系的承认等。

第三，即便夫妻居住在不同的地方，也可认定他们没有分居，

---

① Family Law Act 1975 (Cth), s 48(1).

② Family Law Act 1975 (Cth), s 48(2).

③ 有关分居的纠纷在下文会进行详细介绍。

④ Family Law Act 1975 (Cth), s 49(1).

⑤ Family Law Act 1975 (Cth), s 49(2).

其婚姻仍在持续。夫妻之间物理上分开（在不同的住所居住）并不必然认定他们已经分居，夫妻可以基于不同的原因而分开居住，如一方住院、服刑、国外留学等。

第四，当夫妻一方或双方形成终止婚姻的意愿并根据该意愿采取行动时，才属于法律承认的分居。[①]“分居是指一种脱离的状态而非离开特定的位置。”[②] 分居不仅仅是物理上的分开，它涉及婚姻关系的解除。

第五，夫妻双方分居后恢复同居，其后又分居的，如果恢复同居的时间不超过3个月，且仅恢复同居一次，那么，恢复同居前的分居期限和恢复同居后又分居的期限，可以累加计算在12个月的分居期限内。[③] 联邦《家庭法》第48条规定，要求离婚的当事人有恢复同居的合理可能性的，法院不得同意离婚。因此，法院在审理离婚案件时，有义务考察当事人是否有恢复同居的可能性。该法第50条的规定与联邦《家庭法》第43条规定的法院应考虑协助婚姻双方考虑和解的方法相呼应。[④]

在克斯内尔（Keyssner）案[⑤]中，丈夫和妻子于1974年10月分居。1975年9月21日恢复同居，1975年10月4日再次分居。1975年10月21日又恢复同居，1975年10月31日再次分居。1976年2月4日又恢复同居，1976年2月12日最终分居。德马克法官（Demack J）认为，根据联邦《家庭法》第48条的规定，双方分居的最早日期应该是1976年2月12日。笔者认为，在该案件中，丈夫和妻子恢复同居的时间累计虽然少于3个月，但是恢复同居不止一次，因此不能将恢复同居之前的分居期限和再次分居后的分居期限累计计算。

---

① *In the Marriage of Todd* (No. 2) [1976] FLC 90-008.

② *In the Marriage of Falk* [1977] FLC 90-247.

③ Family Law Act 1975 (Cth), s 50.

④ Family Law Act 1975 (Cth), s 43(d).

⑤ *In Marriage of Keyssner* [1976] FLC 90-075.

此外，联邦《家庭法》第50条对当事人提起离婚申请后离婚判决作出前恢复同居的问题并未提及。那么提出离婚诉讼申请后恢复同居一段时间后又分居，恢复同居对提起的离婚诉讼有何影响呢？在汤普森（Thompson）案[①]中，夫妻双方于1971年10月结婚，并于1972年11月分居。1976年3月，丈夫向法院提出离婚申请。1976年7月审理该离婚申请时，夫妻双方进行了咨询，咨询之后双方同居，但是同居期限少于3个月，再次分居后，夫妻双方均表示没有再次恢复同居的可能性，婚姻已无可挽回地破裂。沃森法官（Watson S. J.）认为，确定12个月分居的生效日期应该是提起离婚诉讼的日期，而非审理离婚案件的日期。联邦《家庭法》第50条规定的分居也是指提起离婚诉讼之前的分居。提出离婚申请后再恢复同居仅与确定是否有恢复同居的合理可能有关。结合该案具体情况，夫妻双方的婚姻已无可挽回地破裂，法院同意解除婚姻关系。

必须说明，从联邦《家庭法》实施之日起，除该法第9条第(1)款有关分居令的待决诉讼外，澳大利亚已不承认司法判决分居，只有事实分居。

（二）同一住宅下的分居

联邦《家庭法》规定即使夫妻双方住在同一住宅或者一方为另一方做一些家庭服务，也可以认定分居。因此，即使婚姻当事人继续居住在同一住宅，也可以获得离婚判决。[②] 但是，同一住宅下的分居会带来许多证据收集上的困难。因此，何以区分一个矛盾重重的婚姻和一个有名无实的婚姻是司法实践的难点。

在佩维（Pavey）案[③]中，夫妻双方于1945年4月28日结婚，并育有7个子女，且均已成年。双方共同生活了约30年，但是多

---

① *In Marriage of Thompson*[1977] 27 FLR 288.

② Pearce J., "Family Law Act 1975 (Cth)," *Legal Service Bulletin*, vol. 1, no. 9, July 1975, p. 233.

③ *In the Marriage of Pavey* [1976] FLC 90-051.

年来他们的婚姻并不幸福。直到 1973 年 12 月，妻子发现丈夫和另一女子交往，导致双方关系非常紧张。丈夫搬出了夫妻共同的卧室，晚上睡在客厅。但是，1974 年 4 月，丈夫强行进入卧室并在违背妻子意愿的情况下与其发生性关系。在此之后，丈夫占用了该卧室，妻子晚上则睡在客厅。直到 1975 年，他们最小的两个孩子搬出他们的住所后，妻子搬到了孩子的卧室。1974 年 4 月后，丈夫减少了家庭生活费用支出，妻子向法院提出申请并获得了每周 30 澳元的扶养费。在该案中，1973-1976 年，夫妻双方仅发生一次性关系，且是在违背妻子的意愿下发生的。在这期间妻子还为丈夫洗衣服，偶尔为了方便也会为丈夫做饭。但是，双方并没有一起在公开场合进行社交，也很少交流。该案的焦点是夫妻双方是否符合联邦《家庭法》规定的分居。

家庭法院扩大庭（Full Court of the Family Court）[①] 指出：（1）分居只能在有意终止婚姻关系的情况下发生；（2）由于每对夫妻的婚姻关系的内容不同，构成夫妻分居的内容也有差异。因此，有关婚姻关系应当包括什么内容的公式或者定义并不适用。（3）在夫妻双方分居后仍住在同一住宅的情况下，存在一种“婚姻根本不可能破裂”的假设，“因为有共同的住宅表明继续同居”。在这种情况下，主张分居的当事方必须通过解释为什么他们继续居住在同一住宅，并说明他们的婚姻关系发生何种变化，导致分居，从而使法院确信这一事实。（4）必须对比声称分居前后婚姻关系的状态。在本案中，法院认为，有足够的证据证明确实存在分

---

① 家庭法院扩大庭由三名法官共同审理上诉案件。家庭法院法官判决的案件的上诉，由家庭法院扩大庭进行审理。在某些情况下，扩大庭会审理联邦巡回法院法官作出的判决的上诉案件。Family Court of Australia，“Appeal Procedures-Full Court”，引自 http://www.familycourt.gov.au/wps/wcm/connect/fcoaweb/reports-and-publications/publications/appeals/appeal-procedures-full-court. 最后访问日期：2020 年 9 月 2 日。

居。[1] 因此，即使是在同一住所内居住，也有可能构成分居。在分居满 12 个月后，当事人可以申请离婚。

（三）终止婚姻或不恢复同居的意图之表达

如果分居不是夫妻双方共同决定的，在某些情况下，尤其是居住在同一住宅的夫妻分居的，一方有必要将终止婚姻关系或者不恢复同居的意图传达给另一方。终止婚姻的意图必须以某种方式明显地表达出来，[2] 但是，没有要求必须用语言的方式传达该意图。

在普莱斯与安德伍德（Price and Underwood）案[3]中，丈夫安德伍德（被上诉人）与妻子普莱斯（上诉人）于 1986 年 2 月在墨尔本结婚。双方在 1991 年分居，不久后又重归于好。但是，夫妻双方仍分开居住。2007 年 4 月，丈夫告诉妻子他打算结束他们的婚姻关系。2007 年 12 月 12 日，丈夫向墨尔本联邦治安法院申请离婚，并主张分居的日期是 2005 年 10 月，这个时间正是丈夫出院到 A Street 住所的时间。治安法官根据 2005 年 10 月起丈夫居住在 A Street 认定分居的时间是 2005 年 10 月，最后作出离婚判决。妻子提出上诉。澳大利亚家庭法院扩大庭撤销了治安法院签发的离婚令。家庭法院认为，联邦治安法院没有仔细考虑双方当事人在 2005 年 10 月之前已经分开居住的事实，在 2005 年 10 月至 2007 年 4 月的这段时间内，丈夫并没有用语言或者行动表明他有离婚的意图。

该案中，妻子以婚姻并未无可挽回地破裂为由，对联邦治安法院签发的离婚令提起上诉。这对夫妻与其他夫妻不同，即在婚姻关系存续期间，他们是分开居住的。该案至少有两点启发：第

---

① Harland A., Cooper D., Rathus Z., et al., *Family Law Principles*, Sydney: Thomson Reuters (Professional) Australia Limited, 2015, p. 32.

② Parkinson P., *Australian Family Law in Context: Commentary and Materials* (Seventh Edition), Sydney: Thomson Reuters (Professional) Australia Limited, 2019, p. 327.

③ *Price and Underwood* [2008] FamCAFC 46.

一，为了确定是否已经分居，必须考察婚姻关系的具体情况。夫妻可以分开居住，但需继续保持婚姻关系。第二，一方想要结束婚姻关系的，要满足夫妻双方分居不少于12个月的要求，该方有必要向另一方表达其离婚的意图，在另一方知道对方意图结束婚姻关系的情况下分居满12个月。本案中，夫妻双方原本居住在不同的住所，丈夫在2007年4月才告诉妻子打算离婚，2007年12月向法院申请离婚，显然没有满足分居12个月的要求。

总之，分居不仅意味着物理上的分居，还意味着有结束同居意图的分居，只有在配偶一方或双方意图分离或不恢复婚姻关系并按照该意图采取行动的情况下，分居才会发生。①

第二节　澳大利亚离婚的限制性规定

联邦《家庭法》对离婚设置了限制性规定。在某些情况下，即使夫妻双方分居已满12个月，也不允许离婚，除非满足法律规定的限制性规定。笔者将澳大利亚离婚的限制性规定归纳为以下两个方面：短期婚姻离婚之限制及有未成年子女的当事人离婚之限制。本节分别对这两种情况进行研究和阐述。

一、短期婚姻离婚之限制

1. 短期婚姻离婚的立法及司法实践

"短期婚姻"是指婚姻持续时间不满两年的婚姻。短期婚姻的当事人离婚的，法律设置了一定的限制。联邦《家庭法》规定，离婚申请不得在结婚后两年内提出，除非出具双方在特定人员的帮助下已考虑过和解的证明。这些特定人员包括家庭咨询师、家庭顾问为当事人指定的人员（在法院是澳大利亚家庭法院、澳大利亚联邦巡回法院或者州家庭法院的情况下）或者法院具有相应

① *In the Marriage of Todd* (No. 2) [1976] FLC 90-008.

资质的人员为当事人指定的个人或者组织（在法院不是澳大利亚家庭法院、澳大利亚联邦巡回法院或者州家庭法院的情况下）。[①] 但是，法院认为存在特殊情况可以提起离婚申请的，即使当事人没有进行上述和解程序，法院也可以允许当事人提起离婚申请。[②]

也就是说，不满两年的婚姻，即使夫妻双方分居已满12个月，原则上不准离婚，不过夫妻双方参加和解程序并出具证明的可以不受此限制的约束，但有特殊情况的除外。在努尔（Nuell）案[③]中，夫妻双方于1974年8月17日结婚，妻子于1976年1月8日向法院提出离婚申请。在提出离婚申请之时，她和丈夫分居已满12个月。法院告知她必须进行婚姻咨询，因为她的婚姻持续时间没有超过2年。因此，她约见了婚姻咨询师。但是，她对和解没有任何兴趣，只是因为这是申请离婚的必经程序。她告诉咨询师她不想和解。婚姻咨询师给努尔先生写信，要求他参加讨论和解和婚姻咨询的会议，努尔先生没有回复，也没有参加和解会议，因为他同样对和解不感兴趣。福格蒂法官（Fogarty J）认为，如果夫妻一方约见咨询师考虑和解的可能性，并且咨询师致函另一方，邀请其参加和解。在这种情况下双方当事人满足在咨询师的帮助下考虑和解的条件。因此，法院对该离婚申请进行了审理。

2. 司法实践中对“特殊情况”的理解

结婚不满两年的婚姻，法院认为存在“特殊情况”的，当事人提起离婚诉讼可以不经和解程序，但法律没有对“特殊情况”作出进一步的规定。在司法实践中，只能由法官进行自由裁量。在伯奇（Birch）案[④]中，夫妻双方于1974年8月24日结婚，1975年4月23日分居。1976年5月丈夫提起离婚诉讼。1976年8月26日法院作出判决。此案中，丈夫没有进行和解咨询，妻子进行了

---

① Family Law Act 1975 (Cth), s 44(1B).

② Family Law Act 1975 (Cth), s 44(1C).

③ *In the Marriage of Nuell and Nuell* [1976] FLC 90-031.

④ *In the Marriage of Birch* [1976] 26 FLR 378.

咨询但并非为了和解。那么，只能考察本案是否具有“特殊情况”。巴布利特法官（Barblett J）认为，如果从结婚之日至作出判决之日已经过了两年，则属于“特殊情况”，应根据该“特殊情况”审理离婚申请。笔者认为，这种认定是合理的，原因在于，在法院作出判决之日，双方的婚姻关系已经满两年，再要求当事人重新提出离婚申请没有必要。此外，在上述的努尔案中，福格蒂法官认为，“特殊情况”包括婚姻彻底破裂并且双方都想离婚，尤其是在夫妻双方没有子女的情况下。在马利斯科（Malyszko）案[①]中，埃利斯法官（Ellis J）不认可伯奇案和努尔案中法官关于“特殊情况”的认定。因此，他基于本案中夫妻双方仅同居一周的“特殊情况”判定可以离婚，但并没有解释为什么这属于“特殊情况”。

综上所述，笔者认为，短期婚姻离婚之限制是对离婚自由的适当限制，旨在避免当事人冲动离婚。但是，某些当事人进行和解仅仅是为了满足申请离婚的条件，并未认真考虑和解。从这个方面来讲，要求短期婚姻的当事人考虑和解的立法目的在某些情况下并未实现。但不可否认，总体而言，该限制性规定对冲动离婚的当事人是具有积极意义的。

二、有未成年子女的当事人离婚之限制

根据联邦《家庭法》第55A条的规定，离婚令生效之前，法院必须作出声明，确认如下事实：当事人没有未满18周岁的子女（children of the marriage）；[②] 或者当事人有未满18周岁的子女，但是双方已对未成年子女作出适当安排，或者即使没有为未成年子女作出适当安排，但存在离婚令应当生效的特殊情形。

---

① *In Marriage of Malyszko* [1979] FLC 90-650.

② 必须注意，这里的子女的范围比较广泛，是指夫妻双方将该子女（包括夫妻任何一方的婚前子女、夫妻任何一方收养的子女或者并非夫妻任何一方的子女）视为其家庭中的子女的个人。Family Law Act 1975（Cth），s 55A（3）.

由此可见，当事人有未满18周岁的子女的，在离婚令生效前，应当对未成年子女的照顾、福利和发展作出适当的安排，否则离婚令不发生效力，但存在离婚令应当生效的情形除外。[①] 在离婚诉讼中，法院怀疑未成年子女的照顾、福利和发展作出的安排是否恰当的，在获得家庭顾问关于该子女安排的报告之前可以推迟审理该诉讼。[②]

夫妻没有对子女作出适当安排将导致法院签发的离婚令不发生效力。在埃文斯（Evans）案[③]中，妻子为家庭主妇，兼职做驾驶教练。丈夫是私人职业律师。他们育有四个未成年子女，12周岁的威廉（William），10周岁的比安卡（Bianca），7周岁的迈克尔（Michael），5周岁的卡瑞娜（Karina）。妻子兼职工作收入为每周50-80澳元。丈夫每周向每个子女支付12.5澳元的子女抚养费。丈夫并没有透露其收入和其他财产状况。官方数据显示，1989年12月31日CPI指数更新的子女费用表明，他们的子女的基本费用大致分别为：威廉每周107澳元，比安卡每周66澳元，迈克尔每周52澳元，卡瑞娜每周44澳元，即总共每周269澳元。这些基本费用不包括交通费、住宿费、学费、校服费以及医疗费等。丈夫的证据表明，他每周需支付约88澳元的子女抚养费、零用钱、假期费用、学费、购买衣服、鞋类物品以及学校组织出游和运动的其他费用。法院认为丈夫每周至少应支付270澳元的子女抚养费。之前夫妻作出的关于子女抚养的安排并不适当，因此法院签发的离婚令没有生效。

在蒙德（Maunder）案[④]中，夫妻双方于1990年8月27日在澳大利亚结婚，婚后育有两个未成年子女。丈夫在文莱的航空公司工作。1996年12月双方分居，且没有恢复同居的合理可能性。

---

① Family Law Act 1975 (Cth), s55A(1).

② Family Law Act 1975 (Cth), s 55A(2).

③ *In Marriage of Evans* [1990] FLC 92-150.

④ *Maunder & Maunder* [1999] FamCA 1430.

夫妻分居前居住在文莱，分居后妻子和两个子女回到澳大利亚。妻子获得了夫妻双方15000澳元的存款，丈夫每月支付750澳元的子女抚养费。1999年3月丈夫提起离婚申请。1999年4月妻子提出财产分割、配偶扶养费以及子女抚养费申请，并提交了不同意离婚的文件。妻子担心在她的申请还在进行时，法院同意丈夫的离婚申请后，子女得不到适当安排。弗雷德里科法官（Frederico J）于1999年5月17日声明，尽管法院认为关于子女照顾、福利和发展的适当安排的要求并不满足，但存在离婚令应当生效的情形。妻子就此提出上诉。澳大利亚家庭法院扩大庭认为，“第55A条的规定是强制性的：在没有考虑为子女的福利作出适当安排的情况下，不允许离婚”。法院指出，第55A条赋予法院保护离婚配偶的子女之利益的积极义务。法院认为此案中夫妻没有为子女作出适当安排，不得准予离婚。

笔者认为，联邦《家庭法》第55A条的立法目的是尽可能确保父母离婚时，未成年子女的利益能够得到保护。正如在蒙德案中，法院认为联邦《家庭法》第55A条的规定旨在保护因父母婚姻破裂的无辜受害儿童，并力求平衡父母作为彼此独立的个体继续生活的权利与确保能够为子女创造最佳环境的需要。① 但是，有学者认为，联邦《家庭法》第55A条规定的限制在现实中很少被适用，法官很少用此限制性规定推迟离婚诉讼或拒绝离婚，不过在某些特定案件中还是会适用。②

① *Maunder & Maunder* [1999] FamCA 1430 at 38.

② Parkinson P., *Australian Family Law in Context: Commentary and Materials* (Seventh Edition), Sydney: Thomson Reuters (Professional) Australia Limited, 2019, pp. 312-313.

第三节　澳大利亚离婚法定理由之主要改革及学者观点

本节考察和研究澳大利亚在制定了离婚法以后，离婚法定理由的以下主要改革：一是 1881－1923 年改革：废除离婚法定理由之双重标准；二是 1959 年改革：统一离婚法定理由；三是 1975 年改革：废除过错离婚法定理由，实行无过错离婚。在此基础上，笔者对澳大利亚离婚法定理由之学者观点进行梳理并提出个人的看法。

一、澳大利亚离婚法定理由之主要改革

1. 1881－1923 年改革：废除离婚法定理由之双重标准

1858－1873 年，澳大利亚各殖民地以英国 1957 年《婚姻诉讼法》为模本制定了离婚法，并采取离婚法定理由之双重标准，即丈夫有权仅就妻子的通奸行为申请离婚，而妻子申请离婚除了须证明丈夫有通奸行为以外，还须证明丈夫存在虐待、遗弃等加重情节。在引入英国离婚法后，由于澳大利亚和英国社会条件的差异，需对离婚法进行改革。1881－1923 年，澳大利亚各殖民地的离婚法经过改革后，除维多利亚殖民地外，其他殖民地均废除了离婚的双重标准。

由此，妻子也可以仅以丈夫通奸为由申请离婚，无须再证明丈夫存在虐待、遗弃等加重情节。这反映了妻子的离婚权在逐渐扩大，男女之间的不平等在逐步缩小。

2. 1959 年改革：统一离婚法定理由

1959 年联邦《婚姻诉讼法》是澳大利亚离婚法改革的重要成果。该法结束了澳大利亚离婚制度各州分离的状态，统一了离婚的法定理由。1959 年联邦《婚姻诉讼法》规定了十四个离婚法定

理由，包括通奸、遗弃（两年以上）、拒绝同房、习惯性地虐待（一年以上）、性犯罪（强奸、鸡奸或兽奸）、习惯性地醉酒或吸毒（两年以上）、多次犯罪（监禁三年以上）、死刑或终身监禁、企图杀害或严重伤害配偶、拒绝支付扶养费、不遵守恢复配偶权的法令、精神病、分居五年以及死亡推定。①

可见，1959 年的离婚法改革不仅实现了离婚法定理由的统一，还规定了分居五年、推定死亡等作为离婚法定理由，将离婚法定理由从过错事由扩大到无过错事由，摈弃了“无婚姻过错即无离婚”的传统观念。

3. 1975 年改革：废除过错离婚法定理由，实行无过错离婚

联邦《家庭法》作为 1975 年家庭法改革的重大成果，在澳大利亚家庭法历史上具有重大意义。在离婚法定理由方面，联邦《家庭法》仅以婚姻已无可挽回地破裂作为离婚的唯一法定理由，且以夫妻双方分居已满 12 个月作为婚姻已无可挽回地破裂的判断依据。一方面，该法废除了过错的离婚法定理由；另一方面，该法简化了离婚法定理由，即离婚法定理由从联邦《婚姻诉讼法》规定的十四个简化为一个。澳大利亚离婚法从此迈入了无过错离婚的发展道路。

综上所述，笔者认为，澳大利亚在制定离婚法后，离婚法定理由经历了从男女不平等适用到男女平等适用，从各州分立到联邦统一，从过错离婚到无过错离婚的发展历程。这彰显了男女离婚权的逐步平等和离婚的日趋自由化。但是，为了维护家庭稳定，离婚自由会受到一定的限制，以达到两者之间的平衡。例如，结婚不满两年的婚姻，当事人一般不准离婚，除非在特定人员的帮助下考虑过和解并提供证明；有未成年子女的当事人离婚，须为

① Featherstone L., "'The One Single Primary Cause': Divorce, the Family, and Heterosexual Pleasure in Postwar Australia," *Journal of Australian Studies*, vol. 37, no. 3, 2013, p. 352; also see Matrimonial Causes Act 1959 (Cth), s 28.

未成年子女作出适当的安排。

二、澳大利亚离婚法定理由之学者观点

澳大利亚仅以分居 12 个月作为婚姻已无可挽回地破裂的判断依据，完全摒弃了过错因素。对此，有学者持支持态度，另有学者持反对意见。

一方面，支持者如玛格丽特·哈里森（Margaret Harrison）认为，澳大利亚联邦《家庭法》以婚姻已无可挽回地破裂作为离婚唯一的法定理由且以分居 12 个月作为判断依据，已成为该《家庭法》中最不经常被批评的规定之一。[①] 此外，许多人并不赞成离婚理由为配偶一方的过错或者不当行为。原因是：离婚应仅关注婚姻已无可挽回地破裂的事实而非理由。如果当事人以某种理由替代分居 12 个月，从而更快地获得离婚，这种替代性理由将倾向于成为原则性理由，结果将导致过错和不当行为的观念再次进入离婚法，甚至可能最终主导离婚法。[②] 此外，理查德·英格勒比（Richard Ingleby）指出，过错离婚对婚姻破裂的原因的调查过于追溯，并且不利于鼓励双方重新调整离婚后的生活。[③] 即过错离婚鼓励当事人回顾过去而非计划未来。

另一方面，有反对者认为，过错在适当情况下与婚姻破裂有关。以分居 12 个月作为婚姻已无可挽回地破裂的客观依据，忽视了造成婚姻关系破裂的原因，因此忽略了婚姻破裂是由谁造成的或者主要是由谁造成的。此外，婚姻已无可挽回地破裂与分居 12 个月之间没有必然联系。从理论上讲，没有理由说明为什么婚姻

---

① Harrison M., "Grounds for divorce in Australia and England," *Family Matters*, no. 42, 1995, p. 34.

② Dickey A., *Family Law* (Sixth Edition), Sydney: Thomson Reuters (Professional) Australia Limited, 2014, p. 187.

③ Ingleby R., "Matrimonial Breakdown and the Legal Process: The Limitations of No-Fault Divorce," *Law & Policy*, vol. 11, no. 1, 1989, p. 2.

已无可挽回地破裂不应以其他不同的标准作为判断依据，尤其是一方对另一方的暴力行为或者其他不合理的行为。[①]

综上所述，笔者认为，学者普遍支持澳大利亚采取无过错离婚。但是，正如有学者指出的，以婚姻已无可挽回地破裂作为离婚唯一的法定理由是被接受的，真正的问题在于如何证明这一点。[②] 澳大利亚对过错事由是否可以作为婚姻已无可挽回地破裂的判断依据存在较大的分歧。支持者认为，如果允许过错或者不当行为成为离婚理由，那么，基于通过这些理由可以更快速地获得离婚，而无须等待分居满 12 个月，更多的人可能倾向于基于过错或不当行为离婚，从而可能导致过错离婚历史的重现。反对者却认为，过错或不当行为可能导致离婚以及婚姻已无可挽回地破裂与分居时间长短没有必然联系。因此，澳大利亚以婚姻已无可挽回地破裂作为离婚法定理由是合理且值得借鉴的，但是，其仅以分居 12 个月作为判断依据并不一定适合其他国家，我国对此不能盲目借鉴。

第四节 澳大利亚离婚法定理由之评析

离婚法应当力求实现“支持而非破坏婚姻的稳定”。[③] 离婚法实现支持婚姻稳定的方式之一是给予当事人和解的可能性，挽救尚未彻底破裂的婚姻。离婚应仅限于无法挽救的婚姻。澳大利亚离婚法对离婚法定理由的相关规定，既是为了保障离婚自由，又

---

① Dickey A., *Family Law* (Sixth Edition), Sydney: Thomson Reuters (Professional) Australia Limited, 2014, pp. 186-187.

② Butler C. M, “A Sole Ground for Divorce: An Examination of Recent Divorce Reform in England in Anticipation of Reform in Australia,” *Australian Law Journal*, vol. 45, 1971, p. 176.

③ Butler C. M., “A Sole Ground for Divorce: An Examination of Recent Divorce Reform in England in Anticipation of Reform in Australia,” *The Australian Law Journal*, vol. 45, Jan 1971, p. 173.

是为了防止轻率离婚。以下笔者从婚姻已无可挽回地破裂、分居12个月以及离婚的限制性规定三个方面分别进行评析，并在前述研究的基础上，总结澳大利亚离婚法定理由之经验与教训。

一、澳大利亚离婚法定理由之评析

（一）婚姻已无可挽回地破裂之评析

1. 澳大利亚将婚姻已无可挽回地破裂作为离婚的唯一法定理由，有利于保障离婚自由

自由是法对于人的价值之一，也是人关于法的重要理想，是现代法的时代精神，是法的灵魂。[①] 离婚自由是自由在离婚法中的体现。澳大利亚摈弃通奸、遗弃等过错离婚理由，减少了自由离婚的阻碍。此外，人生来就是为了幸福和自由的。[②] 对无可挽回地破裂的婚姻之解除，有利于使生活在痛苦中的夫妻得到解救，重新开始新的生活。

2. 澳大利亚离婚采取破裂原则，符合离婚法的发展趋势

自第二次世界大战以来，不少国家和地区离婚的立法原则逐步从过错原则、无过错原则向破裂原则发展。[③] 有的单采破裂原

① 卓泽渊：《法的价值论》（第三版），法律出版社2017年版，第234页。

② ［法］罗伯斯比尔：《革命法制和审判》，赵涵舆译，商务印书馆2017年版，第150页。

③ 离婚立法原则是规定法院判决离婚的具体法定理由时应当遵循的准则。在现代社会各国的立法中，有过错原则、无过错原则和破裂原则。过错原则是指因夫妻一方有一定的过错行为，造成夫妻不和，对方无法与之共同生活提出离婚，即可获准离婚的立法准则。无过错原则是指夫妻一方由于某些客观事实，足以妨害婚姻关系，使对方难以与之共同生活时，即可诉请离婚并获准离婚的立法准则。破裂原则是指法律上无须具有任何离婚理由，也不受过错的限制，只要婚姻关系达到无可挽回地破裂时，夫妻双方或一方都可以请求离婚的立法准则。破裂原则有两种，一是婚姻关系破裂，二是夫妻感情破裂。陈苇主编：《婚姻家庭继承法学》，群众出版社2017年版，第212-213页。

则，如英国、新西兰、加拿大、美国的部分州，[①] 有的兼采过错原则、无过错原则和破裂原则，如日本、[②] 法国[③]等。离婚立法原则的发展过程也是离婚逐步自由化的过程。

澳大利亚、英国、新西兰、加拿大等国家，单采破裂原则。英国1973年《婚姻诉讼法》第1条规定，婚姻已无可挽回地破裂（has broken down irretrievably）为离婚法定理由，并以通奸致使原告无法与被告继续共同生活、遗弃2年以上、分居2年以上且被告同意离婚或者分居5年以上作为判断依据。[④] 新西兰1980年《家事诉讼法》第39条规定，解除婚姻的唯一理由是婚姻已无可挽回地破裂（has broken down irreconcilably），并以分居2年以上作为判断依据。[⑤] 加拿大《离婚法》以婚姻破裂（has been a breakdown）作为离婚理由，并以分居一年以上、通奸、虐待作为判断依据。[⑥] 美国《统一结婚与离婚法》以婚姻无可挽回地破裂（irretrievably broken）作为离婚法定理由，以分居180日以上或者有严重的婚姻

---

① 1969年，美国加利福尼亚成为美国（以及西方世界）第一个采纳无过错离婚的州。1970年美国通过《统一结婚与离婚法》，该法确认离婚的唯一理由是婚姻关系无可挽回地破裂。薛宁兰：《无过错离婚在美国的法律化进程》，载《外国法译评》1998年第4期，第80页。

② 《日本民法典》第770条规定，夫妻的一方以下列情形为限，可以提起离婚之诉：第一，配偶有不贞行为时；第二，被配偶恶意遗弃时；第三，配偶生死不明达三年以上时；第四，配偶患严重精神病，无恢复希望时；第五，有其他难以继续婚姻的重大事由时。此外，即使具有上述事由，法院考虑一切情况认为继续婚姻更为妥当时，可以驳回离婚请求。《日本民法典》，刘士国、牟宪魁、杨瑞贺译，中国法制出版社2018年版，第189页。

③ 《法国民法典》第229条规定，下列情况下，得宣告离婚：两愿离婚；接受中断婚姻关系之原则；夫妻关系变坏无可挽回；因过错。夫妻关系变坏无可挽回，以提出离婚传唤状时夫妻分居生活已满2年作为判断依据。罗结珍译：《法国民法典》，北京大学出版社2010年版，第72-74页。

④ Matrimonial Causes Act 1973 (UK), s 1.

⑤ Family Proceedings Act 1980 (NZ), s 39.

⑥ Divorce Act (Canada), s 8.

纠纷使一方或双方对婚姻的态度产生不利影响作为判断依据。[①] 甚至在印度，1954 年《特别婚姻法》（Special Marriage Act 1954）也承认将婚姻已无可挽回地破裂作为离婚法定理由。[②]

3. 澳大利亚确定婚姻已无可挽回地破裂的依据客观具体且相对简单，但其完全摒弃过错因素的做法也存在争议

法院确定婚姻已无可挽回地破裂的依据必须是真实具体的，而不是抽象或纯粹与心理状态有关的。因此，需要为法院提供一些指导，说明如何证明婚姻已无可挽回地破裂。由此，允许以婚姻已无可挽回地破裂为离婚法定理由的国家，通常以夫妻分居特定时间为依据。澳大利亚仅以连续 12 个月的分居作为认定婚姻已无可挽回地破裂的依据。相比英国、加拿大等国家，在澳大利亚，当事人无须举证证明存在通奸、遗弃等过错，因此，判断婚姻已无可挽回地破裂的依据更加简单。但正如前述学者指出的，完全摒弃过错事由，忽略了婚姻破裂与过错行为之间的关系。

综上所述，澳大利亚以婚姻已无可挽回地破裂作为离婚法定理由，这是澳大利亚离婚法发展的重大进步，既彰显了离婚法的自由价值，又顺应了离婚法的发展趋势。但其完全摒弃过错因素作为判断婚姻已无可挽回地破裂的依据，在澳大利亚存在争议，也并不一定适合其他国家。

（二）分居 12 个月之评析

1. 澳大利亚以分居作为婚姻已无可挽回地破裂的判断依据具有合理性

（1）符合婚姻的内在要求。印度在讨论是否将婚姻已无可挽回地破裂作为离婚理由时，印度法律委员会在报告中提到，“婚姻的实质是分享共同生活，分享生活所带来的所有幸福以及生活中

---

① Uniform Marriage and Divorce Act(Amended in 1973) (US), s 302.

② Jaya V. S., “Irretrievable Breakdown of Marriage As An Additional Ground for Divorce,” *Journal of the Indian Law Institute*, vol. 48, no. 3, July 2006, p. 442.

必须面对的所有苦难……共同生活是这种共享的标志。分居表明否定这种共享，也预示婚姻的本质被破坏，即‘破裂’；若分居持续了相当长的时间，说明婚姻的本质被毁灭，即‘无可挽回地破裂’。”① 双方分居几年的事实说明婚姻已经破裂。② 因此，分居一定期限后，无论是从内在本质上还是从外在形式上看，都表明婚姻已经无可挽回地破裂了，在这种情况下继续维持婚姻关系没有意义。除澳大利亚外，英国、新西兰、加拿大、美国等都将分居作为判断依据。

（2）有利于防止轻率离婚。分居一定期限后双方没有恢复同居，而是选择离婚，这说明此时的离婚不是双方的冲动之举，而是经过深思熟虑后的谨慎选择，这有利于防止轻率离婚。

2. 分居期限的长短

澳大利亚在联邦《家庭法》颁布之前就对以分居 12 个月还是 24 个月作为婚姻已无可挽回地破裂的判断依据进行过讨论。主张分居 24 个月的人认为，分居 24 个月比分居 12 个月更容易促进当事人和解，挽救当事人婚姻的概率更大。主张分居 12 个月的人则认为，分居 24 个月比分居 12 个月更有可能促使夫妻和解是没有根据的，因为分居一旦实际发生，能够和解的希望很小。婚姻一旦已经无可挽回地破裂，法律不应该再给当事人附加 12 个月的痛苦。分居期限的长短不是导致婚姻破裂的原因，而是婚姻破裂的证据，也是婚姻破裂的结果。以分居 12 个月作为判断依据比较简单，并且有利于避免将过错再引入法律；分居 12 个月对很多人来说是无法接受的。③ 最终，联邦《家庭法》以分居已满 12 个月作为婚姻

---

① 71st Report of the Law Commission of India, 1978.

② Kusum, "Irretrievable Breakdown of Marriage: A Ground for Divorce," *Journal of the Indian Law Institute*, vol. 20, no. 2, 1978, p. 299.

③ Finlay H., *To Have But Not To Hold: A History of Attitudes to Marriage and Divorce in Australia* 1858-1975, Sydney: The Federation Press, 2005, p. 399, pp. 403-404, p. 405, p. 407.

已无可挽回地破裂的判断依据。

笔者认为，仅以分居达一定期限作为判断婚姻已无可挽回地破裂的国家，分居的期限长短不一（见表8），但分居期限一般在三年以下。分居五年过长，而分居180日过短，多数国家以分居两年或者一年为判断依据。但应选择分居两年还是一年作为申请离婚的情形或者判断婚姻是否已无可挽回地破裂的依据，还应具体考量该国的民众接受程度、历史传统等。不管以分居多长时间为判断依据，若有恢复同居的可能性，仍然不允许离婚，正如澳大利亚，即使分居满12个月，如果法院认为有恢复同居的可能性的，仍然不得离婚。

表8　部分国家可提起离婚申请的分居期限

国家	分居期限
英国	5年；2年①
美国	180日②
澳大利亚	12个月
新西兰	2年
加拿大	1年
法国	2年
德国	3年③

① 原告提起离婚申请前，双方已分居满2年，且被告同意离婚；原告提起离婚申请前，双方已分居满5年。Matrimonial Cause Act 1973 (UK), s 1(2).

② 《统一结婚和离婚法》规定为分居180日。

③ 《德国民法典》第1565条第1款规定："婚姻已破裂的，可以离婚。配偶双方的同居关系已不复存在，且不能期待双方恢复它的，即为婚姻破裂。"第1566条规定："（1）配偶双方1年以来分居，且配偶双方申请离婚或被申请人同意离婚的，即不可驳倒地推定婚姻已破裂。（2）配偶双方3年以来分居的，即不可驳倒地推定婚姻已破裂。"陈卫佐译注：《德国民法典》（第四版），法律出版社2015年版，第477页。

续表

国家	分居期限
瑞士	2年①
中国	2年②

（三）离婚的限制性规定之评析

1. 短期婚姻离婚限制之评析

联邦《家庭法》规定，不满两年的婚姻，不仅需分居满12个月，还需在家庭咨询师等特定人员的帮助下考虑和解，否则不准离婚，除非有特殊情况。该规定是对离婚自由的必要限制，有利于避免当事人因一时冲动而离婚，维护婚姻的稳定。澳大利亚离婚的限制性规定，是对夫妻双方离婚自由的必要限制，有利于避免轻率离婚带来的不利后果。

但是，澳大利亚对短期婚姻的限制性规定可能存在以下不足。第一，法律对于何为“特殊情况”没有做进一步的规定或解释，不同的法官也有不同的理解。例如，在马利斯科案中，埃利斯法官不认可伯奇案和努尔案中关于“特殊情况”的认定。因此，在司法实践中确实容易造成同案不同判。第二，有部分短期婚姻的当事人并未真正考虑和解，他们进行和解仅仅是为了满足提出离婚申请的条件。

2. 有未成年子女的当事人离婚限制之评析

长期以来，儿童一直被视为离婚的无辜受害者。英国在确立婚姻已无可挽回地破裂作为离婚法定理由之前，保护这些无辜受

---

① 《瑞士民法典》第114条规定：“截至起诉之时或者任何一方以诉讼离婚取代协议离婚之时，如夫妻双方分居已经满两年，则夫妻任何一方均可以提起离婚诉讼。”《瑞士民法典》，于海涌、赵希璇译，法律出版社2016年版，第56页。

② 我国《民法典》第1079条第3款规定：“有下列情形之一，调解无效的，应当准予离婚……（四）因感情不和分居满二年……”

害者的需要已成为讨论离婚理由的一部分。[①] 尽管在某些情况下，离婚可以减轻父母之间不断发生的冲突所带来的压力，离婚的成年人选择再婚，他们找到了更好的幸福，但对未成年子女而言，生活在重组家庭中，并不意味着生活得更幸福，但他们别无选择。

澳大利亚关于离婚时为未成年子女的照顾、福利和发展作出适当安排的限制，充分考虑到了未成年子女的最大利益。澳大利亚法院首要的关注点通常是，确定每次离婚如何才能最大限度地促进子女的福利，而不是夫妻各方的贡献是否是平等的，也非婚姻破裂的过错问题。这种做法无疑是值得称赞的，尤其是在儿童利益受到威胁的情况下。[②] 这种为保护子女利益而对离婚设置苛刻条款的规定，在《德国民法典》中也有体现。[③]

笔者认为，未成年子女不应成为父母离婚的障碍，但是法院在判决父母是否离婚时，必须考虑未成年子女的利益，确保离婚时未成年子女能够得到适当安排，并平衡儿童最大利益与保护父母追求其幸福生活的权利之间的关系。

二、小结：澳大利亚离婚法定理由之经验与教训

第一，一部好的离婚法首先应当巩固婚姻，对于婚姻没有无可挽回地破裂的，不允许离婚，以维护家庭稳定。从澳大利亚离婚法定理由之主要改革可以看出，离婚是一个日趋自由化的过程，离婚的法定理由也逐渐简化。澳大利亚采取无过错离婚，且仅以

---

① See Cretney S. M., *Family Law in the Twentieth Century: A History*, New York: Oxford University Press, 2003, pp. 383-384.

② Trainor B. T., "The State, Marriage and Divorce," *Journal of Applied Philosophy*, vol. 9, no. 2, October 1992, p. 147.

③ 《德国民法典》第 1568 条规定："如果且只要婚姻的维持为婚生未成年子女的利益，由于特殊原因而例外地有必要，或者，如果且只要离婚基于特别情事而对于拒绝离婚的被申请人会意味着如此严峻的苛刻，以致婚姻的维持即使在考虑申请人利益的情况下也显得例外地有必要的，虽然婚姻已破裂，但不应离婚。"陈卫佐译注：《德国民法典》（第四版），法律出版社 2015 年版，第 478 页。

分居12个月作为婚姻已无可挽回地破裂的判断依据，这赋予了当事人较大的离婚自由。但是，澳大利亚离婚法仍然以巩固婚姻、维护家庭稳定为首要目的。这主要体现在以下几个方面：（1）澳大利亚要求离婚当事人有恢复同居的合理可能性的，法院不得同意离婚。（2）家庭法院在行使管辖权时应当遵循以下原则：考虑维护和保护两人结合的婚姻制度，排除第三人介入婚姻生活的需要；考虑对作为基本社会群体单元的家庭给予最广泛的保护和帮助的需要；保护未成年子女的权利并提高其福利的需要；考虑保护免受家庭暴力的需要；考虑帮助婚姻当事人和解、改善他们之间以及与子女之间的关系的方法。[①]（3）澳大利亚对离婚自由的限制性规定，如对短期婚姻离婚之限制，给当事人提供了和解机会。这些具体的要求体现了澳大利亚对巩固婚姻和维护家庭稳定的重视。

第二，对于婚姻已无可挽回地破裂的，应当解除该婚姻关系，并将重心放在未成年子女利益的保护和夫妻财产的公平处理上。即婚姻关系确已破裂的，离婚法的目的应当是在当事人之间实现最大程度的公平，并努力减小离婚对子女造成的不利影响。澳大利亚对离婚后子女抚养安排以及夫妻财产的处理有较为详细的规定，如子女抚养费制度、配偶扶养费制度、养老金分割制度等。这些制度对于保护离婚后未成年子女和当事人的利益具有重要意义。

第三，澳大利亚仅以分居12个月作为婚姻已无可挽回地破裂的判断依据，完全摒弃过错因素的做法并不适合我国。理由有四：

其一，是否摒弃过错事由存在争议。澳大利亚学者对于过错事由是否应当作为婚姻已无可挽回地破裂的判断依据仍然存在争议。

其二，过错事由与婚姻破裂具有内在联系。夫妻一方或者双

① Family Law Act 1975 (Cth), s 43.

方的过错行为与婚姻破裂之间具有内在联系，一方或双方的过错行为可能导致婚姻关系的破裂。

其三，其他国家仍然存在过错事由。从其他国家的立法情况看，即使是一些采取以婚姻已无可挽回地破裂作为离婚法定理由的国家，仍然以过错事由作为判断依据。例如，《日本民法典》第770条规定，配偶有不贞行为、被配偶恶意遗弃，另一方可以提起离婚之诉。[①]英国1973年《婚姻诉讼法》第1条规定，以婚姻已无可挽回地破裂作为离婚理由，但以通奸致使原告无法与被告继续共同生活、遗弃2年以上等作为婚姻已无可挽回地破裂的判断依据。加拿大《离婚法》第8条以婚姻破裂作为离婚法定理由，并以通奸、虐待等作为判断依据。[②]

其四，我国现阶段废除过错事由不具有可行性。废除过错事由作为婚姻关系确已破裂的判断依据，在我国现阶段并不可行。我国现阶段保留过错事由，也是对过去司法实践经验的总结。

---

① 《日本民法典》，刘士国、牟宪魁、杨瑞贺译，中国法制出版社2018年版，第189页。

② Divorce Act (Canada), s 8.

第三章　澳大利亚离婚程序研究

无程序的法律意味着没有程序制约的实体法规则，得不到普遍地、一致地、公开地执行，程序是权利保障、法律落实、司法公正的重要保障。[①] 英美法系有着重程序的法律价值观。[②] 婚姻关系的解除要求双方除了须具有离婚法定理由外，还必须经过法定的程序。本章研究澳大利亚离婚程序，笔者主要从以下四个方面进行研究：澳大利亚离婚程序之考察、澳大利亚家庭纠纷解决机制之考察、澳大利亚离婚程序之主要改革及学者观点、澳大利亚离婚程序之评析。

第一节　澳大利亚离婚程序之考察

在澳大利亚，离婚程序主要被规定在联邦《家庭法》、2004 年联邦《家庭法实施细则》、2001 年《联邦巡回法院实施细则》中。笔者将离婚程序归纳总结为：非诉家庭纠纷解决、提出离婚申请、参加庭审、签发离婚令。以下分别从这四个方面进行考察和研究。

① 侯纯、武红羽主编：《法学原理》，中国铁道出版社 2011 年版，第 124-125 页。

② 与英美法系重程序的法律价值观相比，大陆法系国家更注重实体公正。中国在实体与程序的关系上，有着重实体轻程序的历史传统。侯纯、武红羽主编：《法学原理》，中国铁道出版社 2011 年版，第 126 页。

一、非诉家庭纠纷解决[①]

在澳大利亚家庭法中，诉讼是最后的救济手段，家庭法鼓励当事人在咨询律师之前尝试自己解决纠纷。对于某些离婚当事人，必须先经参加非诉家庭纠纷解决后，才能申请离婚。例如，当事人结婚不到两年申请离婚的，必须先参加和解，由家庭咨询师等特定人员出具证明。

1. 分居或者离婚的当事人有权获得非诉家庭纠纷解决信息

联邦《家庭法》第13A条规定，该法的目的包括帮助正在考虑分居或离婚的已婚夫妇利用家庭咨询达成和解；如果他们不能达成和解，鼓励他们通过适当的纠纷解决机制（非司法措施）解决自己的纠纷。法院具有以下权力：（1）命令当事人参加家庭咨询（family counselling）或家庭纠纷解决；（2）命令当事人参加课程、计划或其他服务（仲裁除外）；（3）命令当事人向家庭咨询师（family consultant）咨询；（4）建议或通知当事人参加家庭咨询、家庭纠纷解决、课程、计划或其他服务。[②] 正在考虑分居或离婚的已婚夫妇可以被告知获得（在双方可能达成和解的情形下）旨在帮助他们达成和解的服务；受到或可能受到分居或离婚影响的人可以被告知获得旨在帮助他们适应分居或离婚事项的服务或者其他解决纠纷办法，而不是向法院申请获得相关命令。[③]

2. 考虑和解可能性

法院在审理离婚令的诉讼中，应随时考虑婚姻当事人和解的可能性。如果在诉讼期间，法院认为无论是从诉讼中提交的证据还是从婚姻当事人的态度来看，当事人之间达成和解有合理可能性的，应中止诉讼，给予当事人考虑和解的机会。在中止诉讼后，

① 详见本章第二节“澳大利亚家庭纠纷解决机制之考察”。

② Family Law Act 1975 (Cth), s 11E(1).

③ Family Law Act 1975 (Cth), s 12A.

法院应建议当事人参加家庭咨询或其他适当的个人或组织提供的服务。[①] 在诉讼的任何阶段，法院可以主动或者根据诉讼当事人或独立儿童律师的申请，作出如下一项或者多项命令：(1) 一方或双方诉讼当事人参加家庭咨询；(2) 诉讼当事人双方参加家庭纠纷解决；(3) 一方或双方诉讼当事人参加适当的课程、计划或其他服务。[②]

3. 法院可以命令当事人在庭审前参加咨询或者家庭纠纷解决，也可将此命令作为庭审后作出的抚养令的内容

在霍尔曼·劳埃德与劳埃德（Holman-Lloyd and Lloyd）案[③]中，法院于2010年8月26日签发了一项命令：除非有紧急情况，否则在申请变更本命令之前，当事人各方应采取如下程序：(1) 双方当事人应与家庭纠纷解决从业员协商，协助解决纠纷或就变更达成协议。(2) 双方当事人应平等支付家庭纠纷解决从业员的费用。(3) 双方当事人就选择家庭纠纷解决从业员不能达成一致的，由女方指定三名家庭纠纷解决从业员，并以书面形式告知另一方所选的家庭纠纷解决从业员的收费和经验等情况。(4) 男方应在收到名单后的7日内从中选择一名家庭纠纷解决从业员。(5) 男方没有作出选择的，可由女方选择。此案中，法院将当事人日后变更命令须参加家庭纠纷解决作为该命令的内容之一。

二、提出离婚申请

（一）离婚申请资格及管辖法院

夫妻任何一方满足以下条件之一的，可以在澳大利亚申请离婚：(1) 澳大利亚公民；(2) 定居在澳大利亚；(3) 通常居住在

---

① Family Law Act 1975 (Cth), s 13B.

② Family Law Act 1975 (Cth), s 13C(1)(5).

③ *Holman-Lloyd & Lloyd* [2010] FamCA840 at [71], order (10).

澳大利亚，并且在申请离婚前已居住满 1 年。[①] 离婚申请的提出，可以由婚姻任何一方单独提起，也可以由双方共同提起。[②]

根据联邦《家庭法》的规定，受理离婚申请的法院包括：家庭法院[③]、州或领地的最高法院、澳大利亚联邦巡回法院、[④] 州或领地的简易审判法院。[⑤] 在实践中，简单的家事案件一般由澳大利亚联邦巡回法院审理，复杂的家事案件由澳大利亚家庭法院审理。从 2018-2019 年度《澳大利亚联邦巡回法院年度报告》可以看出，2018-2019 年，联邦巡回法院 90%的案件与家庭法有关，其中离婚案件占比最大，为 47%（见表 9）。地方法院是简易审判法院，其对 20000 澳元以内的财产案件具有管辖权。此外，联邦巡回法院不能对抚养案件作出法令，但当事人同意的子女抚养费案件除外。[⑥]

---

① Family Law Act 1975 (Cth), s 39(3).

② Family Law Act 1975 (Cth), s 44(1)(1A).

③ 澳大利亚家庭法院由首席大法官、副首席大法官和其他法官组成。该法院主要解决复杂的家事纠纷。目前除西澳大利亚外（西澳大利亚设有西澳大利亚家庭法院，该法院和澳大利亚家庭法院是相互独立的。），澳大利亚其他州和领地都设有澳大利亚家庭法院。家庭法院的目标是通过有效的司法和非司法程序，以及高质量和及时的判决，并尊重离异家庭的需求，为未成年人、当事人和家庭提供优质的服务。Family Court of Australia, "About the Court," 引自 http://www.familycourt.gov.au/wps/wcm/connect/fcoaweb/about/,最后访问日期：2020 年 9 月 13 日。

④ 澳大利亚联邦巡回法院（Federal Circuit Court of Australia）原为联邦治安法院，澳大利亚通过 2013 年《澳大利亚联邦巡回法院（重要修正）法》（2013 年第 13 号法令）［Federal Circuit Court of Australia (Consequential Amendments) Act 2013 (No. 13, 2013)］将 1999 年《联邦治安法》（Federal Magistrates Act 1999）更名为 1999 年《澳大利亚联邦巡回法院法》（Federal Circuit Court of Australia Act 1999），并将原来的治安法院更名为澳大利亚联邦巡回法院。联邦巡回法院的成立旨在为澳大利亚联邦法院和澳大利亚家庭法院提供一种简单易用的诉讼替代办法，以更快的速度和更低的成本处理简单的家庭法纠纷，并减轻法院的工作量。参见 Federal Circuit Court of Australia: "About the Federal Circuit Court," 引自 http://www.federalcircuitcourt.gov.au/wps/wcm/connect/fccweb/about/about-fcc.，最后访问日期：2020 年 9 月 13 日。

⑤ Family Law Act 1975 (Cth), s 4(1), s 39(1), s 39(1A), s 39(2).

⑥ Harland A., Cooper D., Rathus Z., et al., *Family Law Principles*, Sydney: Thomson Reuters (Professional) Australia Limited, 2015, p. 30.

对简易审判法院作出的判决提出上诉的，由家庭法院审理。①

表9 澳大利亚联邦巡回法院案件申请量（2018-2019年度）②

		案件总数	百分比
家庭法	离婚令	44342	47%
	临时令	22115	23%
	终局裁定	17070	18%
	其他申请	1707	2%
	合计	85234	90%
其他法	移民	5591	5%
	破产	2885	3%
	其他	2220	2%
	合计	10096	10%
总计		95330	100%

（二）离婚申请

当事人申请离婚的，须填写离婚申请表。此外，申请人必须在律师、太平绅士或申请人所在的州或地区其他被授权见证宣誓书的人面前宣誓或确认离婚申请表。申请人需将离婚申请表和证明材料复印两份。提出离婚申请的材料包括：离婚申请表和证明材料的原件和两份复印件；结婚证复印件。

申请人可以将离婚申请材料提交给相关法院，也可以通过联邦法院的门户网站提交电子离婚材料，③ 在网上申请离婚。澳大利亚联邦巡回法院2018-2019年度的报告指出，80%的离婚申请是在

① Family Law Act 1975 (Cth), s 4(1), s 96(4).

② Federal Circuit Court of Australia, Federal Circuit Court of Australia Annual Report 2018-19, p. 27.

③ Commonwealth Courts Portal (https://www.comcourts.gov.au).

网上进行的。对登记处的管理而言，网上申请不仅减少了文件复印和保存的困难，而且在离婚案件的管理上具有更大的灵活性，有利于案件的管理。[①]

目前申请人须支付 930 澳元的申请费。符合申请费减免条件的，减免后的离婚申请费为 310 澳元。[②] 必须说明，对于婚姻关系不满两年的，当事人申请离婚时还需要提交一份在家庭咨询师等特定人员的帮助下考虑过和解的证明。

（三）确定审理日期

当事人提交离婚申请后，登记管理人员必须确定审理该离婚申请的日期。夫妻共同提起离婚申请的（Joint application），审理日期至少在提起离婚申请 28 日后。夫妻一方提起离婚申请的（Sole application），如果另一方在澳大利亚，审理日期至少在提起离婚申请 42 日后；如果另一方不在澳大利亚，审理日期至少在提起离婚申请 56 日后。[③] 夫妻共同申请离婚的，法院会保留离婚申请表原件，将另外两份离婚申请表副本密封后分别交给夫妻双方，同时给他们发放“婚姻、家庭、分居或离婚”手册[④]。夫妻一方单独申请离婚的，法院保留离婚申请表原件，将另外两份离婚申请表副本密封后交给申请人，同时给申请人发放两份“婚姻、家庭、分居或离婚”手册。

---

① Federal Circuit Court of Australia, Federal Circuit Court of Australia Annual Report 2018-19, p. 32.

② Family Court of Australia, “Court Fees (Family Law),” available at http://www.familycourt.gov.au/wps/wcm/connect/fcoaweb/forms-and-fees/fees-and-costs/fees, accessed 4 May 2020.

③ Family Law Rules 2004 (Cth), r 3.01.

④ “婚姻、家庭、分居或离婚”手册（“Marriage, Families & Separation” brochure），为考虑或受到分居或离婚影响的人提供以下信息：分居或离婚的社会及法律后果；澳大利亚家庭法院和澳大利亚联邦巡回法院以及政府，社区和其他机构向家庭提供的服务；有关诉讼的程序。

（四）文件送达[①]

夫妻一方提起离婚诉讼的，需将离婚申请表等相关材料送达另一方当事人。[②] 送达对方当事人的材料主要有密封的离婚申请表副本、送达确认表（离婚）、“婚姻、家庭、分居或离婚手册”以及除结婚证以外的需要提交给法院的其他材料。可以通过两种方式向被申请人送达文件：一是将上述文件邮寄到被申请人的最后已知地址；二是安排除申请人以外的18周岁以上的人将其交给被申请人，申请人不能亲自送达上述文件。但申请人须确保被申请人能够收到上述材料。如果另一方当事人在澳大利亚，离婚申请表副本等相关资料必须在法院开庭前至少28日内送达；如果另一方当事人在海外，离婚申请表副本等相关资料必须在法院开庭前至少42日内送达。被申请人收到材料后，须在送达确认表上签字。[③] 离婚申请表副本等相关资料也可以送达给被申请人的律师，并由律师在送达确认表上签字。申请人须将该送达确认表等有关送达的材料在法院开庭前提交法院。

（五）离婚申请答复

如离婚当事人一方单独向法院申请离婚，被申请人不同意离婚或者对法院管辖权有异议的，被申请人需提出对离婚申请的答复。若被申请人在澳大利亚收到离婚申请表副本等相关资料的，其需在收到离婚申请表副本后28日内作出答复，若被申请人在澳大利亚以外收到离婚申请表副本等相关资料的，其需在收到离婚申请表副本后42日内作出答复。此外，若另一方不反对离婚，但对离婚申请的其他事实有争议，其可以在离婚申请审理前至少7日

---

① 送达（Service）是根据法院规则在法院文件提交后将其交付或发布给当事人的程序。送达是为了确保各方当事人均收到了向法院提交的文件。

② Family Law Rules 2004（Cth），r 7.03.

③ Federal Circuit Court of Australia，“How do I serve a divorce?” available at http://www.federalcircuitcourt.gov.au/wps/wcm/connect/fccweb/how-do-i/divorce/serve-divorce/, accessed 14 September 2020.

提交一份书面宣誓书，列出有争议的事项。[①] 2001 年《联邦巡回法院实施细则》对此也有类似规定，即一方提出离婚申请后，反对该离婚申请的一方应对离婚申请作出答复，并且在提交答复后尽快向申请人送达其答复。被申请人提交了对离婚申请的答复的，离婚当事人必须参加庭审或者由律师代理出庭。[②]

三、参加庭审

在家庭法院审理的离婚案件，当事人单独提出离婚申请，并且有未满 18 周岁的子女的，必须参加庭审。在特殊情况下离婚申请人也可以向法院申请通过电子通信（如电话）参加庭审。[③]

在以下情况下，当事人无须参加庭审：[④] 一是双方没有未满 18 周岁的子女的，无论是共同申请离婚还是单独申请离婚，离婚当事人都可以不参加庭审，这被称为“邮寄离婚”（divorce by post）。[⑤] 二是在当事人共同申请离婚情况下，即使有未满 18 周岁的子女，也可以在当事人没有出庭的情况下审理离婚案件，前提是法院确信当事人已经为该未成年子女的照顾、福利和发展作出了适当安排。[⑥] 根据联邦《家庭法》第 98A 条的规定，如果满足以下三个条件，在当事人或其法定代理人不出庭的情况下，法院

---

① Family Law Rules 2004 (Cth), r 3.04, r 3.07.

② Family Law Rules 2004 (Cth), r 3.04(2).

③ Federal Circuit Court of Australia, “How do I apply for a divorce,” available at http://www.federalcircuitcourt.gov.au//wps/wcm/connect/fccweb/how-do-i/divorce/apply-for-a-divorce/apply-for-divorce, accessed 15 September 2020.

④ 在中国，离婚案件审理中，当事人必须到庭，除非有特殊情况。我国现行《民事诉讼法》第 62 条规定：“离婚案件有诉讼代理人的，本人除不能表达意思的以外，仍应出庭；确因特殊情况无法出庭的，必须向人民法院提交书面意见。”

⑤ Parkinson P., *Australian Family Law in Context: Commentary and Materials* (Seventh Edition), Sydney: Thomson Reuters (Professional) Australia Limited, 2019, p. 312.

⑥ Dickey A., *Family Law* (Sixth Edition), Sydney: Thomson Reuters (Professional) Australia Limited, 2014, p. 214.

可以审理无抗辩的离婚诉讼（undefended proceedings for a divorce order）：第一，当事人没有未满 18 周岁的婚姻中的子女。第二，申请人必须已经请求法院在当事人不出庭的情况下进行审理。第三，被申请人没有要求法院不能在当事人不出庭的情况下进行审理。在遵守有关规定的情况下，申请人未亲自出庭或未由律师参加庭审的，法院可能会驳回离婚申请；如果被申请人未亲自出庭或未由律师参加庭审的，申请人可以继续参加庭审。①

四、签发离婚令

（一）离婚令的签发

在澳大利亚，法院签发离婚令后并不能立即发生效力，法院作出的只是一个暂准离婚令。根据联邦《家庭法》第 55 条的规定，在离婚令签发后须待期满一个月后才能生效，或者对于有子女的，在满足第 55A 条的规定时才能生效，以时间后者为准。联邦《家庭法》第 55A 条规定，法院须作出如下申明，否则离婚令不发生效力：第一，当事人没有未满 18 周岁的子女。② 第二，当事人有未满 18 周岁的子女，并且当事人已经为该子女的照顾、福利以及发展作出了适当安排；或者即使法院并未确信当事人已经为未成年子女作出适当安排，但存在离婚令应当生效的情形。离婚令生效后，婚姻当事人可以再婚。③

（二）离婚令的证明文件

离婚令生效后，任何一方当事人有权获得由登记官签署的离

---

① Family Law Rules 2004 (Cth), r 3.04, r 3.08.

② 这里的子女指婚姻中的子女（child of a marriage）。如果子女（包括婚姻任何一方的婚前子女，任何一方领养的子女或不属于任何一方的子女）在相关时间内被婚姻双方当事人视为其家庭的子女，则该子女也是婚姻中的子女。“相关时间”是指婚姻双方当事人分居前的那段时间，或者如果他们分居不止一次的，指提起离婚诉讼之前，最后一次分居之前的时间。Family Law Act 1975 (Cth), s 55A.

③ Family Law Act 1975 (Cth), s 59.

婚令已经生效的证书。① 在法院同意离婚且离婚令生效后，法院才能提供该离婚证书。从 2010 年 2 月 13 日起，离婚令是带有电子签章和签名的数字离婚令。离婚生效后，当事人可以从联邦法院门户网站打印该离婚令。②

（三）离婚令的撤销

法院签发离婚令后，该离婚令可能因以下两个原因被撤销：（1）因双方和解而撤销。法院已经签发离婚令的，可以在离婚令生效前的任何时间内，根据婚姻当事人的申请，以双方和解为由撤销离婚令。（2）因误判而撤销离婚令。在已经签发离婚令但该离婚令尚未生效的情况下，签发离婚令的法院如果确信因欺诈、伪证、隐匿证据或其他情况造成误判的，可以基于诉讼一方当事人的申请或者在律政部长（Attorney-General）的介入下，撤销离婚令。法院认为适当的，还可以下令进行重审。③

综上所述，笔者认为，无论是在诉前、诉中还是诉后离婚令未生效前，澳大利亚离婚程序均鼓励当事人达成和解，以修复其婚姻关系。这有利于防止轻率离婚、维护家庭稳定。

第二节　澳大利亚家庭纠纷解决机制之考察

在澳大利亚家庭法中，诉讼是最后的救济手段，家庭法鼓励当事人在咨询律师前尝试自行解决纠纷。在本节中，笔者对澳大利亚家庭纠纷解决机制进行考察。④ 澳大利亚家庭纠纷解决机制覆

---

① Family Law Act 1975 (Cth), s 56.

② Federal Circuit Court of Australia, "How do I prove I am divorced," available at http://www.federalcircuitcourt.gov.au/wps/wcm/connect/fccweb/how-do-i/divorce/proof-of-divorce/, accessed 15 September 2020.

③ Family Law Act 1975 (Cth), ss 57-58.

④ 本书中的家庭纠纷解决机制不仅适用于与离婚有关的子女抚养以及当事人财产等纠纷解决，还适用于其他的家庭纠纷解决。

盖了庭审前以及庭审中的各个阶段，在子女抚养、当事人的财产处理方面发挥着至关重要的作用。家庭纠纷解决可以分为庭外家庭纠纷解决和庭内家庭纠纷解决。①

一、澳大利亚庭外家庭纠纷解决

庭外家庭纠纷解决主要有家庭咨询、协商、家庭纠纷解决、诉前程序、案件评估、仲裁、圆桌会议、法律援助会议等。以下主要就家庭咨询、协商、家庭纠纷解决、诉前程序、案件评估和仲裁进行考察和研究。

（一）家庭咨询

1. 家庭咨询的定义

联邦《家庭法》第 10B 条规定：家庭咨询（family counselling）是指家庭咨询师（family counsellor）帮助一人或多人解决其婚姻问题，或者帮助因分居或离婚而受影响的一人或多人（包括子女）处理子女照顾等问题的过程。当事人双方或者父母与子女可以共同或者单独与家庭咨询师见面，家庭咨询师可以协助当事人达成和解。

2. 适合家庭咨询的情况

比较适合咨询的情况主要有：第一，当事人分居不久，并希望重新建立关系，或者当事人无法就终止关系达成协议。第二，当事人之间的冲突较大，并涉及子女问题，一方需要帮助，使其与另一方建立合作的父母关系。第三，当事人或/和子女需要帮助，使他们更好地适应分居或离婚后的生活。②

---

① Harland A., Cooper D., Rathus Z., et al., *Family Law Principles*, Sydney: Thomson Reuters (Professional) Australia Limited, 2011, p. 37.

② Harland A., Cooper D., Rathus Z., et al., *Family Law Principles*, Sydney: Thomson Reuters (Professional) Australia Limited, 2015, p. 86.

3. 保密义务

家庭咨询师对咨询过程中获得的信息负有保密义务。[①]根据联邦《家庭法》的规定，家庭咨询师不得披露其在家庭咨询中获得的信息，除非存在需要披露的情形。这些情形包括：[②]

(1) 家庭咨询师有理由相信披露其在进行家庭咨询中获得的信息是出于遵守联邦、州或者领地的法律的目的，必须披露该信息。

(2) 如果以下主体同意披露信息，家庭咨询师可以披露该信息：第一，年满18周岁的人，该人向家庭咨询师提供了信息。第二，未满18周岁的人，该人向家庭咨询师提供了信息，并且是对其子女承担抚养责任的人。

(3) 出于以下目的，家庭咨询师有理由相信有必要披露信息的，可以披露信息：第一，保护未成年子女免受伤害的危险（无论是身体上还是心理上的伤害）；第二，防止或减少对某人生命或健康的严重且紧迫的威胁；第三，报告或阻止对某人施加暴力或者以暴力相威胁的犯罪行为；第四，防止或减少对某人的财产造成的严重而紧迫的危险；第五，报告或阻止故意毁坏他人财产或危险毁坏他人财产的犯罪行为；第六，律师独立代理未成年子女的利益的，帮助该律师适当地履行职责。

(4) 为调查家庭成员提供信息（1988年联邦《隐私法》第6条规定的个人信息除外），家庭咨询师可以披露交流信息。

(二) 协商

协商（negotiation）是家庭法中解决纠纷最常用的一种方法。当事人可以在律师的协助下，或者在家庭成员、社区宗教人士等

---

① Family Law Act 1975 (Cth), s 10D.

② Family Law Act 1975 (Cth), s 10D.

的帮助下进行协商。64%的父母是通过协商解决子女抚养费问题的。[①] 在当事人之间的冲突较大，无法自行解决，或者在律师具有解决纠纷知识，能准确提出法律建议并有效代理当事人的情况下，律师参与协商比较适合。家庭法中较为成熟的协商形式有“圆桌会议”和“合作法”程序（“collaborative law” process）。[②]

1. “圆桌会议”

在澳大利亚，“圆桌会议”是指当事人和律师共同参加，协商解决纠纷的会议。通常在律师事务所进行，[③] 由一名或两名律师主持会议。该会议可用于解决任何类型的法律问题，如子女抚养、财产分割。发生财产纠纷时，律师需要出席会议并准备所有相关信息，如财产评估和养老金权益以及当事人的债务情况。如果纠纷较为复杂，可能需组织多次“圆桌会议”。

2. “合作法”程序

“合作法”程序是一个更为复杂、更加结构化的协商过程，有以下四个特点：

首先，由当事人签署一项正式协议，承诺采取合作法程序，并且保证不进行诉讼。

其次，当事人及其律师一起参加一系列面对面会议，在会议上进行谈判。

再次，当事人及其律师使用以利益为中心的谈判方法，着重讨论解决当事人的利益问题，而不是当事人的法律地位以及若提

① Maio J. D. , Kaspiew R. , Smart D. , et al. , Survey of Recently Separated Parents: A Study of Parents Who Separated Prior to the Implementation of the Family Law Amendment (Family Violence and Other Measures) Act 2011 (Cth) (Australian Government, Australian Institute of Family Studies, 2012).

② Harland A. , Cooper D. , Rathus Z. , et al. , *Family Law Principles*, Sydney: Thomson Reuters (Professional) Australia Limited, 2015, p. 88.

③ Harland A. , Cooper D. , Rathus Z. , et al. , *Family Law Principles*, Sydney: Thomson Reuters (Professional) Australia Limited, 2015, p. 88.

起诉讼法院会作出何种判决。

最后，当事人同意在协商过程中不威胁、不提起诉讼。若一方提起诉讼，代表该方的律师必须停止为该方行事。[①] “合作法”程序是一种费用较高的纠纷解决方式，尤其是在其他专家加入会议的情况下。因为在支付律师费之外，当事人还需支付专家出席的费用。但是，与诉讼相比，采取“合作法”程序通常更具成本效益，因为诉讼需要支付律师准备和代理当事人出庭的费用。[②]

（三）家庭纠纷解决

家庭纠纷解决（Family Dispute Resolution，FDR）是家庭纠纷解决从业员（Family Dispute Resolution Practitioners，FDRPs）帮助受到或可能受到分居或离婚影响的人解决他们之间部分或全部纠纷，或者帮助申请子女抚养令的人解决他们之间有关子女照顾的部分或者全部纠纷的非诉程序。联邦《家庭法》中的家庭纠纷解决实际上是一种调解（Mediation）。[③]

1. 家庭纠纷解决从业员

任何家庭调解员均可进行一般的家庭法调解。但是，若要进行家庭纠纷调解并签发家庭纠纷解决证书，必须获得2008年联邦《家庭法（家庭纠纷解决从业员）条例》[④] 的认可，并且由联邦律政部注册的家庭纠纷解决从业员进行。[⑤] 家庭纠纷解决从业员独立

---

① Family Law Council, "Collaborative Practice in Family Law," December 2006, available at https://www.ag.gov.au/sites/default/files/2020-03/Collaborative%20Practice%20in%20Family%20Law.pdf, accessed 3 September 2020.

② Harland A., Cooper D., Rathus Z., et al., *Family Law Principles*, Sydney: Thomson Reuters (Professional) Australia Limited, 2015, p. 89.

③ Parkinson P., *Australian Family Law in Context: Commentary and Materials* (Seventh Edition), Sydney: Thomson Reuters (Professional) Australia Limited, 2019, p. 235.

④ Family Law (Family Dispute Resolution Practitioners) Regulations 2008 (Cth).

⑤ 律政部（Attorney-General's Department）是澳大利亚联邦政府的部门，负责法律及司法行政。

于所有当事人。[1] 需要家庭纠纷解决服务的当事人可以到相关网站上查找有资格的家庭纠纷解决从业员的信息。[2]

2. 家庭纠纷解决的适合性评估

2008年联邦《家庭法（家庭纠纷解决从业员）条例》规定，在提供家庭纠纷解决服务前，家庭纠纷解决从业员应评估家庭纠纷解决是否适合当事人。因此，家庭纠纷解决从业员必须考虑任何一方在纠纷中自由协商是否会受到以下事项的影响：

（1）双方当事人之间有家庭暴力史；

（2）双方当事人的安全问题；

（3）双方当事人议价能力的平等性；

（4）子女可能遭受虐待的风险；

（5）双方当事人的情感健康、心理健康和身体健康；

（6）家庭纠纷解决从业员认为与拟定的家庭纠纷调解有关的任何其他事项。

在考虑上述事项后，家庭纠纷解决从业员认为进行家庭纠纷解决适当的，则进行家庭纠纷解决，反之则不能进行家庭纠纷解决。[3]

3. 家庭纠纷解决从业员的保密义务

家庭纠纷解决从业员不得披露其在进行家庭纠纷解决中获得的信息，除非存在披露的情形。这些情形包括：[4]

（1）家庭纠纷解决从业员有理由相信披露其在进行家庭纠纷解决中获得的信息是出于遵守联邦、州或者领地的法律的目的，必须披露该信息。

---

① Family Law Act 1975 (Cth), s 10F.

② 查找通过认证的家庭纠纷解决从业员，可参见 Family Relationships Online, Family Dispute Resolution Register, available at https://www.fdrr.ag.gov.au/Search.aspx, accessed 17 September 2020。

③ Family Law (Family Dispute Resolution Practitioners) Regulations 2008 (Cth), s 25.

④ Family Law Act 1975 (Cth), s 10H.

(2) 如果以下主体同意披露信息，家庭纠纷解决从业员可以披露该信息：①年满18周岁的人，该人与家庭纠纷解决从业员进行了信息交流。②未满18周岁的人，该人与家庭纠纷解决从业员进行了信息交流，并且是对子女承担抚养责任的人。

(3) 出于以下目的，家庭纠纷解决从业员有理由相信必须披露信息的，可以披露信息：①保护未成年子女免受伤害的危险（无论是身体上还是心理上的伤害）；②防止或减少对某人的生命或健康的严重且紧迫的威胁；③报告或阻止对某人施加暴力或者以暴力相威胁的犯罪行为；④防止或减少对某人的财产造成严重而紧迫的危险；⑤报告或阻止故意毁坏他人财产或危险毁坏他人财产的犯罪行为；⑥律师独立代理未成年子女的利益的，帮助该律师适当地履行职责。

(4) 为调查家庭成员提供信息（1988年联邦《隐私法》第6条规定的个人信息除外），家庭纠纷解决从业员可以披露交流信息。

(5) 家庭纠纷解决从业员可以披露其根据联邦《家庭法》第60I条第（8）款规定提供家庭纠纷解决证书所必需的信息。

4. 强制性家庭纠纷解决及其除外情形

有关未成年子女的抚养纠纷，申请人在向法院提出申请之前，应先参加家庭纠纷解决程序，尽力解决纠纷，并获得家庭纠纷调解从业员出具的家庭纠纷解决证书（也称为“第60I条证书”）[①]。此要求是强制性的，如果申请有关子女抚养命令的申请人没有向法院提交该证书，法院不得受理该申请。但是，有下列情形的，申请人可以不提交家庭纠纷解决证书：

(1) 存在家庭暴力、虐待子女的情况或者风险；

(2) 存在紧急情况；

(3) 因无行为能力、居住地较远或者其他原因不能参加家庭

① 即“联邦《家庭法》第60I条证书”。

纠纷解决；

(4) 在提出申请之前，申请人有不超过 12 个月的与《家庭法》第七章（“子女”）有关的法令；

(5) 当事人之间已达成协议，寻求获得法院的同意令；

(6) 符合条例规定的其他情况。①

在马丁与哈丁（Martin and Harding）案②中，马丁先生和哈丁女士分居之前居住在新西兰，他们育有两个未成年子女。分居后哈丁女士带着子女回到墨尔本。马丁是一名运动员，为履行合同义务回到澳大利亚汤斯维尔。庭审法官基于以下理由决定免除其提交家庭纠纷解决证书的要求：第一，存在紧急情况，因距离问题，马丁先生陪伴子女的时间很少。第二，由于地理距离较远，当事人无法参与家庭纠纷解决，并且双方当事人通过电话解决纠纷的尝试并未成功。因此，法院免除了提交家庭纠纷解决证书的要求。

5. 家庭纠纷解决证书的种类

家事纠纷解决从业员可以在许多情况下签发家庭纠纷解决证书，包括当事人双方都参加家庭纠纷解决、只有一方参加家庭纠纷解决或者双方都没参加家庭纠纷解决的情况。家庭纠纷解决证书的种类包括：

(1) 一方当事人因另一方当事人拒绝参加或未参加家庭纠纷解决而未参加。

(2) 一方当事人未参加家庭纠纷解决，原因是家事纠纷解决从业员在进行评估后，认为进行家庭纠纷解决是不适合的。

(3) 双方当事人都参加了家庭纠纷解决，并且为解决问题作出了真正的努力（genuine effort）。

(4) 双方当事人都参加了家庭纠纷解决，但是其中一方或双

① Family Law Act 1975 (Cth), s 60I(9).

② *Martin and Harding* [2007] FamCA 1040.

方没有为解决问题作出真正的努力。

(5) 双方已经开始了家庭纠纷解决，但是家事纠纷解决从业员认为继续进行家庭纠纷解决是不适合的，由此，家庭纠纷解决被停止。[①]

必须注意的是，联邦《家庭法》要求参加家庭纠纷解决的当事人需为解决纠纷作出真正的努力，但是该法对什么是“真正的努力”，并没有进一步作出规定。在实践中，“真正的努力”很难定义和执行，评估一个人在家庭纠纷解决中是否作出“真正的努力”相当困难。这给法院和家庭纠纷解决从业员造成了很大的困扰。[②] 悉尼大学法学院希拉里·阿斯特（Hilary Astor）教授认为，家庭纠纷解决从业员应该就“真正的努力”形成一个实践框架，使其能够得到公开、一致和有效的执行。其建议，“真正的努力”应当包括四个方面：第一，参加家庭纠纷解决；第二，愿意考虑另一方当事人或者家庭纠纷解决从业员提出的方案；第三，愿意提出解决纠纷的方案；第四，愿意尽最大的能力关注子女的需求和利益。[③] 有学者认为，如果当事人在纠纷解决过程中阻止并不配合，则没有作出真正的努力。[④]

从上文可以明显地看出，在一方没有参加家事纠纷解决，或者虽然双方都参加家庭纠纷解决，但是在均没有真正为解决纠纷作出努力的情况下，当事人仍然可以获得家庭纠纷解决证书。但是，该证书的种类可能会影响法院作出的命令。如果当事人向法

---

① Family Law Act 1975 (Cth), s 60I(8).

② Cooper D. and Brandon M., "Navigating the Complexities of the Family Law Dispute Resolution System in Parenting Cases," *Australian Journal of Family Law*, vol. 23, no. 1, April 2009, p. 38.

③ Astor H., "Making a 'Genuine Effort' in Family Dispute Resolution: What Does It Mean?" *Australian Journal of Family Law*, vol. 22, no. 2, August 2008, p. 113.

④ Cooper D. and Brandon M., "How Can Family Lawyers Effectively Represent Their Clients in Mediation and Conciliation Processes?" *Australian Journal of Family Law*, vol. 21, no. 3, November 2007, p. 298.

院提出申请前没有参加家庭纠纷解决，法院可以作出让当事人参加家庭纠纷解决的命令。[①] 当然，在司法实践中，也存在庭审法官没有根据联邦《家庭法》的规定要求当事人参加家庭纠纷解决，被当事人作为上诉理由之一进行上诉的案件。[②]

（四）诉前程序

在有关财产的案件中，当事人必须先尝试解决纠纷，然后才能向法院提出申请。澳大利亚家庭法院和澳大利亚联邦巡回法院对财产纠纷解决有不同的要求。2004 年联邦《家庭法实施细则》对当事人进行诉前程序（pre-action procedure）做了规定，即在向家庭法院提起有关财产的诉讼申请前，律师应与当事人探讨纠纷解决方案。例如，律师应当帮助当事人考虑并使用纠纷解决方法，而不是通过诉讼解决纠纷，[③] 并为当事人建议纠纷解决的方法，而非提起法律诉讼。[④] 诉前程序在联邦巡回法院中没有被严格地适用，因为诉前程序被规定在 2004 年联邦《家庭法实施细则》中。[⑤] 根据 2001 年《联邦巡回法院实施细则》的规定，当事人负有向法院披露财产状况和提交财务报告的义务。[⑥] 以下笔者主要介绍 2004 年联邦《家庭法实施细则》规定的诉前程序。

1. 有关财产纠纷的诉前程序

（1）财产诉前程序的规定。2004 年联邦《家庭法实施细则》规定，在澳大利亚家庭法院中，当事人提起诉讼前，必须通过以下方式，对解决纠纷作出真正的努力：①通过和解、咨询、协商或仲裁等方式参与解决纠纷。②交换权利主张的意向书（notice of intention）并探讨解决方案。③在切实可行的范围内遵守披露义

① Family Law Act 1975 (Cth), s 60I(10).

② *Brianna and Brianna*[2010] FamCAFC 97.

③ Family Law Rules 2004 (Cth), r 1.06(a).

④ Family Law Rules 2004 (Cth), Schedule 1, Part 1, clause 6(1)(a).

⑤ Family Law Rules 2004 (Cth), Schedule 1, Part 1 and Part 2.

⑥ Federal Circuit Court Rules 2001 (Cth), r 24.02, r 24.03.

务。当事人在尝试协商时，应当披露全部的相关财产信息，这有利于准确地确定用于分配的财产数额以及对财产进行公平分配。[①]

（2）诉前程序的目的。有关财产纠纷的诉前程序的主要目的如下：①鼓励通过交换案件信息和资料尽早充分披露信息。②在提起诉讼之前，通过对纠纷达成和解，为当事人提供帮助他们避免法律诉讼的程序。③为当事人提供快速且成本较低的解决程序。④若必须进行诉讼，帮助有效地管理案件。⑤若必须进行诉讼，鼓励当事人仅寻求根据证据可以获得的命令。当事人不得利用诉前程序达到不正当的目的，如攻击对方或者造成不必要的费用和拖延，也不得利用诉前程序提出不相关的问题或者可能致使另一方处于敌对状态的问题。[②]

（3）不适用诉前程序的情况。有下列情形的，当事人可以不进行诉前程序：①涉及紧急情况；②涉及家庭暴力指控；③涉及欺诈指控；④存在真正难以解决的纠纷；⑤若某人将信息告知纠纷中另一个有意提起诉讼的人，该人将受到不利影响；⑥诉讼时效即将届满；⑦涉及事实伴侣的纠纷，或者根据 2008 年联邦《家庭法修正案（事实财产事项和其他措施）法》附表 1 第 86A 条或者第 90A 条的规定作出的选择是否应当被撤销。[③]

（4）当事人的考虑事项。在诉前协商的各个阶段，以及在案件诉讼进行期间（如果启动诉讼程序）当事人必须考虑以下事项：①保护未成年子女利益的需要。②父母子女之间的持续关系以及父母之间的合作给子女带来的利益。③父母之间的纠纷可能给未成年子女造成的损害，特别是在鼓励未成年子女支持一方或者鼓励他们加入父母的纠纷中。④尽快发现问题并寻求解决问题的最佳方法。⑤避免持久、无必要、敌对以及冲动的沟通交流之必要

---

① Family Law Rules 2004 (Cth), Schedule 1, Part 1, clause 1(1).

② Family Law Rules 2004 (Cth), Schedule 1, Part 1, clause 1(5)(7).

③ Family Law Rules 2004 (Cth), Schedule 1, Part 1, clause 1(4).

性。⑥信息对读者，尤其是当事人的影响。⑦仅寻求根据证据以及现行法有理由获得的命令的必要性。⑧相称原则和控制成本的必要性，因为任何案件所需的费用与纠纷标的的价值不相称是无法让人接受的。⑨充分且坦诚地（full and frank）披露与纠纷有关的所有重要事实、文件和其他信息的义务。[1] 法院希望当事人对诉前程序持负责的态度。

所有当事人在向法院提起诉讼之前，都应当遵守诉前程序的要求，否则可能导致严重后果，包括罚款，但有充分理由无须进行诉前程序的除外。[2]

2．有关子女抚养纠纷的诉前程序

2004年联邦《家庭法实施细则》规定，在澳大利亚家庭法院中，在提起诉讼前，各方当事人须通过以下方式，对解决纠纷作出真正的努力：（1）交换权利主张的意向书并探讨解决方案。[3]（2）在切实可行的范围内遵守披露义务。有关子女抚养的诉前程序在诉前程序的目的、不适用诉前程序的情况、当事人的考虑事项等方面与上述有关财产纠纷的诉前程序相似，笔者不再赘述。

（五）案件评估

1．案件评估内容

案件评估（case appraisal）涉及为独立的第三方提供与争议有关的所有相关信息，并对案件在法院审理可能得到的结果提出建议。案件评估可用于评估案件的优劣，尤其是在有复杂问题的情况下。它可以帮助当事人确定是否有足够的理由向法院提起诉讼申请，也可以有效地提供指导，比如，当事人应该提供什么样的证据材料。在家庭法中，案件评估是在庭外进行的，通常是聘请

---

① Family Law Rules 2004 (Cth), Schedule 1, Part 1, clause 1(6).

② Family Law Rules 2004 (Cth), Schedule 1, Part 1, clause 1(2)(3).

③ Family Law Rules 2004 (Cth), Schedule 1, Part 2, clause 1(1).

诸如出庭律师（barrister）这样的人进行案件评估。[①]

2. 案件评估的适用情况

以下情况比较适合案件评估：（1）财产纠纷复杂，当事人希望就是否应向法院起诉听取专家建议。（2）案件复杂，当事人和律师在庭审前，需要有关证据收集方面的指导。（3）案件存在争议。例如，各方当事人已就财产的价值达成共识，但在财产分配方面无法就每人应获的比例达成协议。[②]

（六）仲裁

联邦《家庭法》规定，仲裁（arbitration）是当事人向仲裁员出示证据，提出论据，由仲裁员决定解决纠纷的程序。[③] 仲裁常用于财产案件中，当事人可以亲自参加仲裁，也可以由法律职业者代表其参加仲裁。仲裁结束后，仲裁员必须作出仲裁裁决，并且裁决必须包括仲裁员作出该裁决的理由及证据。[④]

1. 仲裁的种类

仲裁主要有两种：一是法院命令进行仲裁，[⑤] 二是私人仲裁。[⑥] 联邦《家庭法》以及2001年《联邦巡回法院实施细则》均对法院命令进行仲裁作出了规定。联邦《家庭法》规定，在诉讼当事人同意的情况下，该法第八章“财产、配偶扶养和扶养协议”以及第八AB章“事实伴侣关系财产问题”的诉讼中行使管辖权的法院，可以作出法令，将诉讼的一部或全部或由诉讼引起的任何事项转交给仲裁员进行仲裁。[⑦] 2001年《联邦巡回法院实施细则》规

---

① Cooper D., “The Family Law Dispute Resolution Spectrum,” *Australasian Dispute Resolution Journal*, vol. 18, no. 4, November 2007, pp. 239-240.

② Harland A., Cooper D., Rathus Z., et al., *Family Law Principles*, Sydney: Thomson Reuters (Professional) Australia Limited, 2015, p. 99.

③ Family Law Act 1975 (Cth), s 10L(1).

④ Family Law Regulations 1984 (Cth), s 67M, s 67P.

⑤ Family Law Act 1975 (Cth), s 13E.

⑥ Family Law Act 1975 (Cth), s 10L(2)(b).

⑦ Family Law Act 1975 (Cth), s 13E.

定，如果法院作出仲裁令，法院可以在当事人的同意下，任命某人为仲裁员。若该人以书面形式同意法院的任命，法院可以任命该人为仲裁员。当事人可要求法院作出包含以下内容的命令：一是进行仲裁的方式；二是完成仲裁的时间；三是仲裁费用以及支付方式。[①] 私人仲裁是当事人自行安排的仲裁，其可能涉及更广泛的财产问题。[②] 例如，联邦《家庭法》第八A章“财产协议”、第八B章“养老金利益”也可以适用私人仲裁。实际上，法院命令进行的仲裁和私人仲裁之间几乎没有区别，因为在实践中，所有仲裁都需要当事人同意。[③]

2. 仲裁的适用情形

在实践中，仲裁没有调解受欢迎，也没有像调解那样频繁地被适用。但是，有以下情况的，当事人可以选择仲裁：（1）当事人仅有财产纠纷；（2）当事人希望通过私密的、具有时间效益和成本效益的程序解决纠纷；（3）当事人希望为其案件选择进行裁决的人；（4）各方当事人积极寻求解决问题并且遵守仲裁裁决。[④]

3. 仲裁的保密性

仲裁的一个主要优点是保密性，当事人就纠纷中的问题进行保密。保密性有利于吸引那些不想将事情公开的知名人士适用仲裁。此外，仲裁还可以节约时间和成本。1984年联邦《家庭法条例》规定，若当事人同意，证据规则对仲裁员不具有约束力，[⑤] 这使得仲裁程序具有更大的灵活性。

---

① Federal Circuit Court Rules 2001 (Cth), r 27.07.

② Family Law Act 1975 (Cth), s 10L(2)(b).

③ Parkinson P., *Australian Family Law in Context: Commentary and Materials* (Seventh Edition), Sydney: Thomson Reuters (Professional) Australia Limited, 2019, p. 259.

④ Harland A., Cooper D., Rathus Z., et al., *Family Law Principles*, Sydney: Thomson Reuters (Professional) Australia Limited, 2015, p. 102.

⑤ Family Law Regulations 1984 (Cth), s 670.

4. 仲裁的效力

仲裁的缺点是仲裁员作出的仲裁裁决只有在法院正式登记后才具有约束力，登记后的裁决具有和法院作出的法令同等的效力。若法院对财产进行了登记，其必须通知每一位仲裁裁决的当事人，通知应包括如下内容：一是仲裁裁决登记的日期；二是仲裁裁决的登记地。一方当事人对已登记的仲裁裁决可以申请强制执行。①

5. 仲裁裁决的变更

即使仲裁裁决被登记后，任何一方当事人可以向家庭法院或者联邦巡回法院申请对仲裁裁决进行复审。登记仲裁裁决的法院在进行复审后可以对仲裁裁决进行确认、撤销或者变更。存在下列情况的，法院可以作出对仲裁裁决撤销或者变更的法令：（1）仲裁裁决是通过欺诈（包括隐瞒重大事实）获得的；（2）仲裁裁决无效、可撤销或者无法执行；（3）仲裁裁决作出后发生情势变更，导致仲裁裁决无法全部或者部分执行；（4）仲裁受到不公正因素的影响，或者缺乏程序公正。②

在布雷登（Braddon）案③中，布雷登先生与布雷登女士于1967年结婚，夫妻双方共同生活26年后，于1993年分居。2015年8月13日，布雷登先生向法院提起诉讼，要求出售在新南威尔士州的房产A（该房产登记在布雷登女士名下），并将出售收益在他和布雷登女士之间平均分配。布雷登女士于2015年10月13日作出答复。2015年10月14日，法院要求当事人参加调解会议，在登记官的协助下解决纠纷。2015年11月26日，当事人参加了调解会议。但是纠纷仍然没有得到解决。因此该案由法院进行审理，庭审日期被安排在2017年9月20-21日。随后在当事人同意下，法院作出命令，将此案提交仲裁。仲裁于2017年11月27日

① Family Law Act 1975 (Cth), s 13H; Family Law Regulations 1984 (Cth), s 67 R, s 67S.

② Family Law Act 1975 (Cth), s 13J, s 13K.

③ *Braddon & Braddon* [2018] FCCA 1845.

和2017年12月18日进行，并且仲裁员于2018年1月22日作出了仲裁裁决。布雷登女士随后申请登记该裁决，2018年3月1日，仲裁裁决在法院登记成功。布雷登先生随后向法院申请，要求撤销2018年1月22日的仲裁裁决，其认为该仲裁裁决存在法律错误。由于不存在法定的撤销仲裁裁决情形，哈曼法官（Judge Harman）最终驳回了布雷登先生的申请，并对2018年1月22日作出、2018年3月1日登记的仲裁裁决进行了确认。

二、澳大利亚庭内家庭纠纷解决

诉讼程序是指当事人向法院提起申请，并通过法院系统解决争议的程序。一般而言，诉讼是最昂贵、最耗时的纠纷解决程序。在某些情况下，当事人可能会尝试通过其他方式解决纠纷，但根本无法达成公正合理的解决方案。因此他们在别无选择的情况下，只能向法院提出诉讼申请。需要诉讼解决纠纷的情况主要包括：一方当事人拒绝参加协商或调解程序；一方当事人不愿充分披露财产事项；当事人已经处置或威胁要处置财产；一方当事人在未经另一方当事人同意的情况下将未成年子女带到另一个司法管辖区。在家庭法院，即使提交诉讼申请后，当事人也可以自行解决纠纷。澳大利亚的庭内家庭纠纷解决方式主要有家庭顾问、调解会议、对抗性较小的庭审模式以及独立儿童律师制度等。

（一）家庭顾问

家庭法院在2018-2019年度的《澳大利亚家庭法院年度报告》中将家庭顾问（family consultants）定义为：专门研究分居或离婚后有关儿童和家庭问题的心理学家和/或社会工作者。[①] 家庭顾问向法院提供有关未成年子女意见和相关信息，帮助法院作出符合未成年子女最大利益的命令。法院可以主动命令一个或多个诉讼当事人向家庭顾问咨询，或者命令一个或多个诉讼当事人安排其

① Family Court of Australia, *Family Court of Australia Annual Report* 2018-19, p. v.

未成年子女与家庭顾问会面。诉讼当事人或者独立儿童律师也可以向法院申请作出该命令。[①]

1. 家庭顾问的职能

联邦《家庭法》第 11A 条规定，家庭顾问的职能是提供依据本法提起的与诉讼有关的服务，包括：（1）向参与诉讼的人提供帮助和建议；（2）向法院提供帮助和建议以及提供与诉讼有关的证据；（3）帮助参与诉讼的人解决诉讼纠纷；（4）根据本法第 55A 条和第 62G 条的规定向法院提供报告；[②]（5）就法院向诉讼当事人介绍适当的家庭咨询师、家庭纠纷解决从业员以及课程、计划和服务的事项向法院提出建议。

2. 家庭顾问无保密义务

必须注意，在一般情况下，当事人向家庭顾问提供的信息不是保密的，这些信息在以后的法院诉讼中是可采信的，即家庭顾问对此不负有保密义务。[③] 但是，笔者上文提到的家庭咨询师和家庭纠纷解决从业员对当事人提供的信息负有保密义务，除非存在需披露信息的情形。

3. 法院可指令家庭顾问作出家庭报告

若当事人无法就子女安排达成协议，法院可以命令家庭顾问准备一份家庭报告，说明与该未成年子女的照顾、福利和发展有关的情况，辅助法院作出适合的抚养令。在某些情况下，法院作出关于未成年子女的抚养法令的，还可以作出如下任何一项或者两项命令：（1）命令家庭顾问监督子女抚养令的执行；（2）命令

---

① Family Law Act 1975 (Cth), s 11F.

② 联邦《家庭法》第 55A 条规定，申请离婚的夫妻有未满 18 周岁的子女的，需对该子女做出适当的安排，否则离婚令不会生效，但是法院认为存在离婚令应该生效的情形的除外。在离婚诉讼中，法院对未成年子女的安排是否适当存在疑问的，法院可以中止该诉讼，直到从家庭顾问处获得有关未成年子女安排的报告为止。该法第 62G 条主要是关于法院指令家庭顾问向法院提交有关未成年子女的报告的规定。

③ Family Law Act 1975 (Cth), s 11C.

家庭顾问向子女抚养令的任何一方提供该方合理要求的在遵守子女抚养令或者执行子女抚养令方面的协助。在考虑是否对此作出特殊命令时，法院必须将未成年子女的最大利益视为首要考虑因素。①

在哈里奇（Harridge）案②中，哈里奇先生于2007年10月被判犯有三项儿童色情制品犯罪。他被判处3年半的有期徒刑，在服刑1年后被改为3年缓刑。莫非法官（Murphy J）命令，未成年子女与其母亲共同生活，父亲看望其子女的安排，由家庭顾问进行监督。在本案中，法官主要考虑了父亲犯罪的情况和子女的最大利益等因素。

（二）调解会议

1. 调解会议的基本规定

调解会议（conciliation conferences）主要解决财产纠纷，且通常在家庭法院庭审之前进行。家庭法院调解会议一直是澳大利亚家庭法纠纷中使用最持久的纠纷解决程序之一。根据联邦《家庭法》的规定，在财产纠纷诉讼中，诉讼当事人应参加调解会议，但存在情急情况、特殊情况或者要求诉讼当事人参加调解会议是不适当的除外，否则家庭法院不得作出财产令。③ 调解会议必须由司法人员主持，各方当事人必须为他们之间的纠纷解决作出真正的努力。④ 此外，2001年《联邦巡回法院实施细则》还规定，调解会议必须由以下人员之一主持：（1）法官；（2）登记官（Registrar）；（3）法院任命主持调解会议的其他人。在通常情况下，诉讼当事人必须亲自参加调解会议，其代理也必须参加。⑤

① Family Law Act 1975 (Cth), s 65L.

② *Harridge and Harridge* [2010] FamCA 445.

③ Family Law Act 1975 (Cth), s 79 (9).

④ Family Law Rules 2004 (Cth), r 12.07.

⑤ Federal Magistrates Court Rules 2001 (Cth), r 10.05.

2. 调解会议的程序

调解会议的程序主要包括以下四个阶段：第一阶段，基本介绍。这个阶段主要介绍调解会议的流程、当事人行为的基本规则、保密问题（告知当事人在调解会议上提供的信息是保密的）等内容。第二阶段，厘清并总结法律和事实问题。此阶段着眼于确定争议焦点、财产范围，总结当事人的法律和事实问题，确定争议问题，检查自准备材料以来情况是否发生变化，之前是否进行过和解讨论、评估财产分配等。第三阶段，协商。此阶段包括问题讨论和纠纷解决讨论。第四阶段，完成案件，确定未来案件的管理。在调解会议的最后阶段，如果当事人达成协议，通常会起草同意令（Consent Orders），并由当事人和他们的律师签字，然后由法院的登记官（Registrar）批准。在某些情况下，当事人达成的同意令的内容需要交由法院考虑。如果当事人没有达成协议，或者当事人仅就部分事项达成协议，则可以作出进一步程序的命令，案件将被移交给联邦治安法院或者家庭法院进行庭审。[①]

调解会议是纠纷参与者在第三人（调解人）的协助下，确定争议问题，制定选择方案，考虑替代方案并努力达成协议的过程。调解人可以提供建议，但是在调解会议中没有决定性作用。调解人的作用就是利用其法律知识指导当事人达成协议。[②] 调解会议是法院进行庭审之前当事人解决纠纷的机会，可以节约当事人的成本。

3. 调解会议的保密性

调解会议是保密的，调解会议中的相关信息受到法律的保护。根据澳大利亚1995年联邦《证据法》的规定，当事人之间或者多

---

① Cooper D., O'NeillL., Bint K., Awyzio D. and Field S., "Dispute Resolution Advocacy in the Context of Conciliation Conferences in Financial Matters," *Australian Journal of Family Law*, vol. 24, no. 1, May 2010, pp. 74-76.

② Harland A., Cooper D., Rathus Z., et al., *Family Law Principles*, Sydney: Thomson Reuters (Professional) Australia Limited, 2015, pp. 107-108.

个当事人与第三人之间为解决纠纷而进行调解的信息不能作为证据；为解决纠纷进行协商准备的文件无论是否已经交付都不能作为证据。[①] 因此，调解会议也适用于不愿意公开信息的当事人。

(三) 对抗性较小的庭审模式

澳大利亚2006年联邦《家庭法修正案（共同父母责任）法》对家庭法领域与未成年子女相关的法律进行了重大改革，改革之一就是在联邦《家庭法》第七章中增加第12A节。该节规定了与未成年子女有关的诉讼中采取对抗性较小的方法。[②] 近年来，澳大利亚家庭法院已经建立了一种传统对抗制诉讼模式的替代方式，即对抗性较小的庭审（The Less Adversarial Trial）模式。该模式同时适用于子女抚养案件以及财产案件。如果当事人尚未与另一方当事人就未成年子女未来的安排或者财产达成协议，那么，他们可能需要法官决定最适合其未成年子女以及财产安排的方式。

1. 对抗性较小的庭审模式的背景

20世纪90年代，英国沃尔夫勋爵（Lord Wolfe）倡导的变革涉及加强对司法案件的管理，并要求法院快速且有效地对案件处理承担更大的责任。这种变革挑战了一种旧有的观念，即法官的责任是消极被动的，各方当事人在法庭上按照自己选择的期限进行对抗，然后法院根据当事人的情况作出决定。在澳大利亚，不同的司法管辖区都探索了类似做法。家庭法院为避免效率低下和诉讼拖延做了许多尝试，并取得了一些成功。例如，澳大利亚2006年联邦《家庭法修正案（共同父母责任）法》增加了对抗性较小的庭审模式，该模式在澳大利亚家庭法院以及联邦治安法院均可适用。[③]

① Evidence Act 1995 (Cth), s 131(1)(a).

② 该法第69ZN条第（4）款规定，法院应当积极指导、控制和管理诉讼程序。

③ Chisholm R., "'Less Adversarial' Proceedings in Children's Cases," *Family Matters*, vol. 77, 2007, p. 31.

2. 对抗性较小的庭审模式遵循的原则

对抗性较小的庭审模式遵循联邦《家庭法》第69ZN条规定的与未成年子女有关的诉讼之原则。该条规定，法院在与未成年子女有关的诉讼中行使权力和履行职责或者就进行与未成年子女有关的诉讼作出其他决定的，应当遵守以下原则：

(1) 第一个原则是法院应当考虑未成年子女的需求以及诉讼对未成年子女的影响。

(2) 第二个原则是法院应当积极指导、控制和管理诉讼程序。

(3) 第三个原则是诉讼的进行应当确保：第一，子女免受虐待、遗弃和家庭暴力；第二，诉讼当事人免受家庭暴力。

(4) 第四个原则是诉讼应当尽可能地以促进当事人之间合作的、以子女为中心的抚养模式的方式进行。

(5) 第五个原则是诉讼应当毫不拖延，并尽可能减少形式化。

3. 对抗性较小的庭审模式中法院的职责

在对抗性较小的庭审模式中，法院主要有以下职责：(1) 询问诉讼当事人是否认为未成年子女遭受虐待、遗弃或者家庭暴力，或者有遭受虐待、遗弃或者家庭暴力的危险；询问诉讼当事人是否认为自己或者诉讼的其他人遭受虐待、遗弃或者家庭暴力，或者有遭受虐待、遗弃或者家庭暴力的危险；(2) 决定哪些诉讼事项需要全面调查和审理，以及哪些可以简易处理；(3) 决定对哪些应被裁决的事项作出命令；(4) 就诉讼中应采取的步骤的时间作出指示或者指令；(5) 决定是否采取特别措施，考虑采取该措施是否利大于弊；(6) 适当适用技术；(7) 如果法院认为合适，鼓励诉讼当事人进行家庭纠纷解决或者家庭咨询；(8) 一次性尽可能处理多的问题；(9) 在合适的情况下，审理案件无须要求当事人出庭。[①]

---

① Family Law Act 1975 (Cth), s 69ZQ.

4. 法院发挥主导作用

在对抗性较小的庭审模式中，不是所有的证据规则都适用，但是审判长可以酌情决定是否适用。[①] 在该模式中，司法人员发挥着更大的作用。而在纯粹的究问制诉讼模式下，法官控制着法院诉讼，由其决定争议问题，律师和当事人协助法官。在澳大利亚的对抗制诉讼模式中，尽管近年来允许法官发挥越来越大的主导作用，但是该程序更注重以当事人为中心，并且，在很大程度上，允许当事人控制诉讼程序。[②]

对抗性较小的庭审模式包含究问制诉讼模式的某些方面，如司法人员可以传唤证人，并且可以向这些证人质询。[③] 这与纯粹的对抗制诉讼模式不同，在纯粹的对抗制诉讼模式中，法官通常无权决定某人是否为证人，也无权向他们质询。如果当事人在对抗性较小的庭审模式中未能解决其纠纷，那么案件将进入司法裁决程序，由法院作出判决。对抗性较小的庭审模式寻求在法庭内为当事人提供纠纷解决的方法，其重点是为未成年子女作出适当的安排。

（四）独立儿童律师制度

1. 独立儿童律师的任命

联邦《家庭法》规定了独立儿童律师（Independent Children's Lawyer，ICL）制度。法院认为在诉讼中子女的利益应当由律师独立代理的，法院可以：（1）命令在诉讼中子女的利益由律师独立代理；（2）签发法院认为有必要保证独立代理的其他命令。在诉讼中，法院可以主动或根据其他主体的申请，作出由律师独立代理子女利益的命令。这些主体包括：（1）子女；（2）与子女福利

① Family Law Act 1975 (Cth), s 69ZX.

② Bottomley S. and Bronitt S., *Law in Context* (Fourth Edition), Sydney: Federation Press, 2012, pp. 203-211.

③ Family Law Act 1975 (Cth), s 69ZT.

有关的机构；（3）其他人。①

2. 独立儿童律师的职责

（1）独立儿童律师必须根据其掌握的证据，形成有利于子女最大利益的独立意见。此外，独立儿童律师在诉讼中必须以其认为有利于子女最大利益的方式行事。

（2）如果独立儿童律师认为采取特定诉讼措施有利于子女的最大利益，其应向法院提出采取特定诉讼措施的建议。独立儿童律师具有以下具体职责：

①公平地对待诉讼当事人。

②确保诉讼中子女表达的任何与诉讼有关的意见均能全部向法院传达。

③在诉讼中适用涉及子女的报告或者其他文件的，分析该报告或者其他文件，确认报告或文件中所包含的可能涉及子女最大利益的最有意义的事项，并且确保这些事项能够适当地引起法院的注意。

④尽力减少子女在诉讼中受到精神伤害。

⑤以维护子女最大利益为目的，就诉讼中的争议事项促成协议的达成。② 有研究表明，独立儿童律师的职责主要包括参与、证据收集和诉讼管理等，其中，父母及子女认为，独立儿童律师在促进儿童参与方面的作用最为重要。③

3. 法院任命独立儿童律师的情形

具有以下情形的，法院可以根据当事人的申请，任命独立儿童律师：（1）存在对儿童虐待或遗弃的指控；（2）父母之间有较大的矛盾和纠纷；（3）存在有关儿童意见的指控，且儿童已经到了可以发表自己意见的年龄；（4）存在家庭暴力指控；（5）父母

---

① Family Law Act 1975 (Cth), s 68L.

② Family Law Act 1975 (Cth), s 68LA(2)(3)(5).

③ Carson R., Kaspiew R., Moore S., et al., "The Role and Efficacy of Independent Children's Lawyers: Findings from the AIFS Independent Children's Lawyer Study," *Family Matters*, no. 94, 2014, p. 68.

一方或双方，或者子女患有严重精神疾病；（6）存在许多疑难和复杂的问题。[①]

4. 申请相关人员允许子女接受检查

法院可以根据独立儿童律师的申请，指令以下人员允许子女接受指定的检查：（1）子女的父母一方；（2）根据子女抚养令的规定，与子女居住的人；（3）根据子女抚养令的规定，花时间陪伴子女的人；（4）根据子女抚养令的规定，与子女交流的人；（5）对子女承担抚养责任的人。检查的目的是制定一份与子女有关的报告，此报告由独立儿童律师在有关的诉讼中使用。[②]

5. 信息披露

独立儿童律师可以向法院披露该子女与其交流的信息，前提是独立律师认为披露该交流信息符合子女的最大利益。并且，即使披露该信息会违背子女的意愿也可以进行披露。但是，独立儿童律师没有义务向法院披露该子女与其交流的任何信息。[③]

6. 2004-2009 年法院签发独立儿童律师令的情况

2004 年至 2005 年，澳大利亚家庭法院和联邦治安法院签发的独立儿童律师令有 3336 个，2008 年至 2009 年上升为 4459 个。此外，澳大利亚家庭法院签发此法令的数量在逐年减少，而联邦治安法院签发此法令的数量基本呈上升趋势（见表 10）。2006 年家庭法改革之前（2004-2005 年），澳大利亚家庭法院和联邦治安法院只有不到五分之一的案件涉及签发独立儿童律师令。2008-2009 年，该比例增加了三分之一。[④]

---

① Family Court of Australia, "Independent Children's Lawyer," available at http://www.familycourt.gov.au/wps/wcm/connect/fcoaweb/family-law-matters/parenting/independent-childrens-lawyer/, accessed 3 September 2020.

② Family Law Act 1975 (Cth), s 68M.

③ Family Law Act 1975 (Cth), s 68LA(6)-(8).

④ Kaspiew R., Gray M., Weston R., et al., "Evaluation of the 2006 Family Law Reforms," Melbourne: Australian Institute of Family Studies, 2009, p. 309.

表 10　澳大利亚家庭法院和联邦治安法院签发独立儿童律师令之数量①

（单位：个）

年份	2004-2005 年	2005-2006 年	2006-2007 年	2007-2008 年	2008-2009 年
澳大利亚家庭法院	1623	1500	1430	856	679
联邦治安法院	1713	1893	3302	3856	3779
合计	3336	3393	4732	4712	4458

7. 独立儿童律师的费用

联邦《家庭法》允许为未成年子女任命律师，但是，由于这笔费用几乎总是由法律援助进行资助，因此，援助当局批准任命会受到限制。② 在某些案件中，法院也会作出法令，让未成年子女的父母支付独立儿童律师费。例如，在劳埃德（Lloyd）案③中，法院指令未成年子女的母亲支付独立儿童律师费 2128. 5 澳元，父亲支付独立儿童律师费 8535. 83 澳元。

第三节　澳大利亚离婚程序之主要改革及学者观点

本节考察和研究澳大利亚离婚程序的主要改革：一是 1975 年家庭法改革：建立专门的家庭法院；二是 1995 年家庭法改革：强

① Kaspiew R. , Gray M. , Weston R. , et al, "Evaluation of the 2006 Family Law Reforms," Melbourne: Australian Institute of Family Studies, 2009, p. 309.

② Brown T. , "Magellan's Discoveries: An Evaluation of a Program for Managing Family Court Parenting Disputes Involving Child Abuse Allegations," *Family Court Review*, vol. 40, no. 3, p. 323.

③ *Holman-Lloyd & Lloyd* [2010] FamCA 840.

调非诉纠纷解决的优先性；三是2006年家庭法改革：增加家庭纠纷解决作为前置程序及减小诉讼的对抗性；四是2017-2019年家庭法审查：提出家庭纠纷解决程序的改革建议。在此基础上，笔者对澳大利亚离婚程序之学者观点进行梳理并提出个人的看法。

一、澳大利亚离婚程序之主要改革

1. 1975年家庭法改革：建立专门的家庭法院

马德琳·德·琼（Madelene de Jone）副教授认为，澳大利亚联邦《家庭法》的深远影响有三个：第一，以婚姻已无可挽回地破裂为离婚唯一的法定理由，从而废除了过错的离婚法定理由。第二，建立了专门的家庭法院。第三，联邦《家庭法》将离婚和其他家庭法纠纷中未成年子女的利益放在首位。① 根据联邦《家庭法》成立的澳大利亚家庭法院，是一个全国性法院（西澳大利亚除外），将原来由州法院处理的家庭法案件统一由专门的联邦家庭法院处理。② 在澳大利亚家庭法院成立之前，离婚案件由州最高法院处理，其他家庭案件由地方法院处理。③ 家庭法院的成立使澳大利亚家事司法体系发生了重大变化。

2. 1995年家庭法改革：强调非诉纠纷解决的优先性

联邦《家庭法》从颁布之初就鼓励后来被称为“替代纠纷解决”（“alternative dispute resolution”，ADR）的方法。该法第13B条规定，法院认为当事人之间具有和解的合理可能性的，可以中止诉讼并建议当事人参加家庭咨询或者其他服务，第13C条允许

---

① De Jong M., “Divorce Mediation in Australia — Valuable Lessons for Family Law Reform in South Africa,” *The Comparative and International Law Journal of Southern Africa*, vol. 40, no. 2, 2007, pp. 281-283.

② See Nicholson A. and Harrison M., “Family law and the Family Court of Australia: Experiences of the First 25 Years,” *Melbourne University Law Review*, vol. 24, no. 3, 2000, p. 757.

③ Fogarty J., “Thirty Years of Change,” *Australian Family Lawyer*, vol. 18, no. 4, 2006, p. 5.

法院在诉讼程序的任何阶段为当事人指定家庭咨询、家庭纠纷解决和其他家庭服务。1995 年联邦《家庭法改革法》[the Family Law Reform Act 1995 (Cth)] 在联邦《家庭法》中增加了第二章和第三章，并且用“首要纠纷解决”(“primary dispute-resolution”, PDR) 取代了“替代纠纷解决”。与判决相比，调解、仲裁和咨询被认为是解决家庭法纠纷的“首要纠纷解决”程序。这种术语上的更改旨在强调非诉纠纷解决应被视为家庭法程序的第一选择，而非法院诉讼程序的替代选择。①

3. 2006 年家庭法改革：增加家庭纠纷解决作为前置程序及减小诉讼的对抗性

第一，2006 年联邦《家庭法修正案（共同父母责任）法》[the Family Law Amendment (Shared Parental Responsibility) Act 2006 (Cth)] 在联邦《家庭法》第七章中增加了家庭纠纷解决，由此，当事人在申请子女抚养令时，应当先参加家庭纠纷解决，这是诉讼的前置程序。② 澳大利亚通过联邦《家庭法修正案（共同父母责任）法》的实施，实现了将家庭纠纷解决作为子女抚养诉讼的前置程序的重要改革。

第二，增加对抗性较小的方法。联邦《家庭法修正案（共同父母责任）法》在联邦《家庭法》第七章中增加第 12A 节，该节规定在与未成年子女有关的诉讼中采用对抗性较小的方法。例如，法院应当考虑未成年子女的需求以及诉讼对未成年子女的影响；诉讼应当尽可能以促进当事人之间合作的、以子女为中心的抚养模式的方式进行；诉讼应当毫不拖延，并尽可能减少形式化。这要求在诉讼中应当发挥法院的主导作用，减小当事人之间的对抗性。

---

① Young L., Sifris A., Carroll R. and Monahan G., *Family Law in Australia* (Ninth Edition), Chatswood: LexisNexis Butterworths, 2016, p. 52.

② Family Law Amendment (Shared Parental Responsibility) Act 2006 (Cth), Schedule 1.

第三，建立澳大利亚家庭关系中心。澳大利亚家庭关系中心（Family Relationship Centres）是澳大利亚2006年家庭法改革的核心内容之一，是一个全国性的、政府资助的、社会性的教育和调解中心，旨在促进全国范围内分居和离婚家庭生活的重组。① 2006年7月1日至2009年6月30日，政府向家庭关系中心提供了148468000澳元的资助费用。② 家庭关系中心为家庭困难的父母提供支持，尤其是那些已经分居或离婚、正打算分居或离婚的父母，为他们提供信息、建议、家庭纠纷解决、案件评估、推荐合适的服务和组织以及协助制订子女抚养计划。③ 全国有65个家庭关系中心，每个中心大约可以服务30万人口，并且服务覆盖了城市和乡村。在建立家庭关系中心的同时，澳大利亚也建立了全国电话服务热线，即关系咨询热线（Relationship Advice Line）。④ 家庭关系中心的服务大多直接指向离异家庭，大多数的工作涉及家庭纠纷解决、筛查、评估以及提供相关信息。⑤ 该中心免费提供1小时的家庭纠纷解决服务。对于年收入达5万澳元的人，第2-3小时的家庭纠纷解决服务费用为每小时收取30澳元。⑥ 家庭纠纷解决

---

① Schepard A. and Emery R. E., "The Australian Family Relationship Centres and the Future of Services for Separating and Divorcing Families," *Family Court Review*, vol. 51, no. 2, April 2013, p. 179.

② Pidgeon S., "From Policy to Implementation-How Family Relationship Centres Became a Reality," *Family Court Review*, vol. 51, no. 2, April 2013, p. 228.

③ Kearney M., "Family Relationship Centres," *The Journal of the NSW Bar Association*, Summer 2005, p. 20.

④ Parkinson P., "The Idea of Family Centres in Australia," *Family Court Review*, vol. 51, no. 2, April 2013, p. 195.

⑤ Moloney L., Qu L., Weston R., et al, "Evaluating the Work of Australia's Family Relationship Centres: Evidence from the First 5 Years," *Family Court Review*, vol. 51, no. 2, April 2013, p. 234.

⑥ Family Relationship Centres, "How Can a Family Relationship Centre Help?" available at https://www.familyrelationships.gov.au/talk-someone/centres, accessed 6 August 2020.

是一种调解形式。[①] 许多家庭纠纷解决由家庭关系中心提供。目前，澳大利亚家庭关系中心在为离异家庭提供帮助、信息以及支持计划方面发挥了重要作用。澳大利亚家庭关系中心还雇用经验丰富并具有专门资格的工作人员，为已分居、离婚或者正处于纠纷中的夫妻提供各种服务。家庭关系中心的主要功能有：对分居的夫妻进行教育培训；提供基本的咨询和建议；帮助协商制定父母对子女照顾权行使的方案等；协助解决父母对子女照顾协议的纠纷。[②]

4. 2017-2019年家庭法审查：提出家庭纠纷解决程序的改革建议

2017年8月，澳大利亚前律政部部长乔治·布兰迪斯（George Brandis）要求澳大利亚法律改革委员会（ALRC）从2017年10月1日开始对家庭法制度进行全面审查。2019年4月10日，澳大利亚法律改革委员会发布了名为《未来的家庭法：家庭法制度的调查》的最终报告并提出了60条改革建议。其中一条建议要求联邦《家庭法》第10H条和第10J条规定的关于子女抚养的家庭纠纷解决中获得的信息的保密性和不可采信条款应扩大到财产事项，不应仅局限于子女抚养。立法应为各方在家庭纠纷解决开始时签署的有关收入、资产、养老金余额和负债的宣誓声明提供例外，即在家庭纠纷解决中获得的有关收入、资产、养老金余额和负债的信息在法院是可采信的。[③]

改革建议通过清晰、连贯、可执行的实体法和程序法，以公正、及时和具有成本效益的方式解决纠纷。法律改革委员会建议

---

① Parkinson P., "The Idea of Family Centres in Australia," *Family Court Review*, vol. 51, no. 2, April 2013, p. 205.

② 陈苇、来文彬：《论我国家事纠纷人民调解的新机制——以澳大利亚"家庭关系中心"之家事纠纷调解为视角》，载《学术交流》2009年第7期，第61-62页。

③ Australian Law Reform Commission, *Family Lawfor the Future — An Inquiry into the Family Law System*(Final Report), March 2019, p. 18.

扩大仲裁程序的适用，并在联邦《家庭法》中增加家庭法实践和程序的总体目标，以依法公正、快速、经济、有效地解决纠纷，最大限度地减少对未成年子女及其家庭的伤害。[①] 此外，改革委员会建议法院采取对抗性较小的方式解决纠纷，将“家庭顾问”修改为“法院顾问”，并明确列举“法院顾问”的职责。同时，修改关于独立儿童律师的规定，要求独立儿童律师遵守《独立儿童律师指南》。[②]

综上所述，笔者认为，从前述几次改革及2017－2019年家庭法审查来看，澳大利亚从法院外部体系（如专门的家庭法院的设立）、法院内部程序设计（如为了减小普通法诉讼程序的对抗性而进行的改革）、法院系统外的社会服务（如家庭关系中心）方面对离婚等家庭法程序进行了改革，这符合家庭案件的特殊性，也有利于纠纷的解决。家庭案件不同于一般的民事案件。例如，离婚案件中涉及的夫妻双方和未成年子女，他们的身份具有特殊性，不同于一般的市场主体，因此，较为对抗的诉讼程序不利于此类案件的处理，也不利于对弱者和未成年子女利益的保护。

二、澳大利亚离婚程序之学者观点

1. 家庭法院之学者观点

家庭法院注重家庭纠纷解决。墨尔本大学副教授海伦·罗德斯（Helen Rhoades）认为，家庭法院希望为分居或者离婚的当事人提供一个对抗性较小和支持性更多的环境，以协商的方式结束当事人之间的关系。[③] 有学者认为，根据联邦《家庭法》成立的家

---

① Australian Law Reform Commission, *Family Lawfor the Future — An Inquiry into the Family Law System*(Final Report), March 2019, p. 48.

② Australian Law Reform Commission, *Family Lawfor the Future — An Inquiry into the Family Law System*(Final Report), March 2019, p. 51.

③ Rhoades H., “The ‘Helping Court’: Exploring the Therapeutic Justice Origins of the Family Court of Australia,” *Family Law Review*, vol. 2, no. 1, 2011, p. 17.

庭法院注重和解，法官具有相关的经验并了解家庭纠纷的性质。[①]

但是，澳大利亚家庭法院也遭到了某些批判。Moira Rayner 在其文章中指出，尼科尔森（Nicholson）法官认为，将家庭法院作为一个单独的联邦法院是一场“灾难”，其认为家庭法院应该是澳大利亚联邦法院的一部分，目前将其孤立和分离的结果是，家庭法院将继续被视为“无名小卒”，而非澳大利亚法院系统的主流部分。此外，Moira Rayner 在文中还提到，当时未考虑建立单独的家庭法院的某些后果。例如，不穿法官长袍和使用高度非正式的法庭环境使庭审不像法院审判，而更像会议；由法院人员介绍调解和为诉讼当事人介绍咨询服务，使人们认为家庭法院并非“真正的法院”。[②]

2. 家庭纠纷解决的保密性之学者观点

保密性对家庭纠纷解决具有重要意义。有学者认为，如果当事人知道他们可以在纠纷解决过程中开诚布公地对话，他们愿意采取这种纠纷解决方式的可能性更大。[③] 也有学者认为，如果调解员知道他们无须公开提供服务过程中获取的信息，他们可能会更愿意提供调解服务。[④] 正如希拉里·阿斯特（Hilary Astor）和克里斯汀·钦金（Christine Chinkin）解释的那样，尽管保密性对调解（包括其他形式的家庭纠纷解决）十分重要，但仍存在困境：一方面，保密性被认为是调解必不可少的。另一方面，任何情况都坚

① Akin Ojelabi L. and Gutman J.,“Family Dispute Resolution and Access to Justice in Australia,” *International Journal of Law in Context*, vol. 16, no. 2, 2020, p. 198.

② Rayner M.,“Putting Asunder: the Restructuring of the Australian Family Court,” *Children & Society*, vol. 3, no. 1, 1989, p. 44.

③ Young L., Sifris A., Carroll R., and Monahan G., *Family Law in Australia* (Ninth Edition), Chatswood: LexisNexis Butterworths, 2016, p. 89.

④ Astor H. and Chinkin C., *Dispute Resolution in Australia*, Sydney: LexisNexis Butterworths, 2002, p. 178.

持绝对保密是不现实的，甚至是不可取的。[①]

尽管家庭纠纷解决的保密性非常重要，但也存在某些要求对家庭咨询和家庭纠纷解决的信息披露和可采信条款进行审查和修改的呼声。昆士兰科技大学的唐娜·库珀（Donna Cooper）建议，对联邦《家庭法》第10D条（家庭咨询所获信息的保密性）和第10E条（家庭咨询所获信息的可采信性）进行修改，以加强强制性披露要求。其指出，“传统主义”方法（人们对家庭咨询师和调解员的诚信以及信息的保密性具有绝对的信心）必须与“保护主义”立场（受害人有权将所有相关信息提供给法院，并保护其免受家庭暴力和虐待）保持平衡。其建议进行立法改革，以确保不损害虐待和家庭暴力受害者的安全。[②] 例如，其建议，将联邦《家庭法》第10D条第（3）-（4）项、第10H条第（3）-（4）项中的“可以”修改为“必须”，即要求家庭咨询师、家庭纠纷解决从业员出于保护未成年子女免受伤害的危险、出于防止对某人生命或健康的严重且紧迫的威胁等原因，“必须”披露在家庭咨询或者家庭纠纷解决中获取的信息，[③] 而非“可以”披露获取的信息。此外，也有学者认为，家庭纠纷解决在某些方面需要修改，以便

---

① Astor H. and Chinkin C., *Dispute Resolution in Australia*, Sydney: LexisNexis Butterworths, 2002, p. 178.

② Cooper D., "Inconsistencies in and the Inadequacies of the Family Counselling and FDR Confidentiality and Admissibility Provisions: The Need for Reform," *Family Law Review*, vol. 4, no. 4, 2014, pp. 213-226.

③ 例如，联邦《家庭法》第10D条第（4）项规定，出于下列目的，家庭咨询师有理由相信有必要披露信息的，“可以”披露信息：第一，保护未成年子女免受伤害的危险（无论是身体上还是心理上的伤害）；第二，防止或减少对某人生命或健康的严重且紧迫的威胁；第三，报告或阻止对某人施加暴力或者以暴力相威胁的犯罪行为；第四，防止或减少对某人的财产造成的严重而紧迫的危险；第五，报告或阻止故意毁坏他人财产或危险毁坏他人财产的犯罪行为；第六，律师独立代理未成年子女的利益的，帮助该律师适当地履行职责。

家庭暴力能够被发现和被解决。[①]

联邦《家庭法》第10J条规定，家庭纠纷解决从业员进行家庭纠纷解决时获得的信息是不被法院采信的；家庭纠纷解决从业员委托的进行医学或其他专业咨询的专业人员在进行专业服务获得的信息也是不被法院采信的。澳大利亚莫纳什大学法学院的阿迪瓦·西弗里斯（Adiva Sifris）等认为，为了确保家庭法院及时发现暴力行为和虐待行为，立法应当明确规定，家庭纠纷解决从业员应当提醒家庭法院注意家庭暴力或者虐待的发生或者危险。[②]

3. 非对抗性程序之学者观点

澳大利亚乐卓博大学副教授洛拉·阿克因·奥耶拉比（Lola Akin Ojelabi）等认为，对抗制诉讼程序对外行和处境不利的当事人提出了包括时间（拖延）和相关费用在内的挑战。在对抗制诉讼中，陈述权通常由法律执业者代表当事人行使。律师利用在法学院和工作中学到的陈述和辩论技巧，以对抗性的方式陈述客户的案件。这种做法会对程序正义产生影响，特别是在一方没有诉讼代理人，另一方拥有更多的资源并可以聘请更有经验的律师进行服务的情况下，或者在一方拥有更多的信息或支持的情况下。[③]

西澳大利亚州地方法院法官迈克尔·金（Michael King）、莫纳什大学法学院名誉教授阿里·弗赖贝格（Arie Freiberg）等认为，有两个关键因素推动了家庭法中的非对抗性纠纷解决。一是对抗性制度不适合家庭纠纷解决。与前商业伙伴或其他民事案件中的当事人不同，尤其是当双方有子女时，家庭成员须经常保持联系。然而，对抗性被视为会破坏这种持续关系，因为它加剧了

① Akin Ojelabi L. and Gutman J., "Family Dispute Resolution and Access to Justice in Australia," *International Journal of Law in Context*, vol. 16, no. 2, 2020, p. 212.

② Sifris A. and Parker A., "Family Violence and Family Law: Where to Now?" *Family Law Review*, vol. 4, 2014, p. 20.

③ Akin Ojelabi L. and Gutman J., "Family Dispute Resolution and Access to Justice in Australia," *International Journal of Law in Context*, vol. 16, no. 2, 2020, pp. 200-201.

当事人之间的冲突并会形成输赢的对立状态。相反，诸如家庭调解之类的非对抗性制度是对抗性制度的替代方式。非对抗性程序鼓励交流和和解，并且更有可能带来双赢的结果。二是诉讼费用过高以及人们对家庭法制度的不满。这主要表现为家庭法院体系不灵活性、诉讼费用过高和诉讼迟延以及行政负担增加了人们的不满。①

西悉尼大学副教授苏珊·阿姆斯特朗（Susan Armstrong）认为，1995 年联邦《家庭法改革法》的重大改革之一是鼓励采取非对抗性方法或者非诉纠纷解决方式解决纠纷。② 例如，当事人可以通过调解、和解、咨询、仲裁方式进行纠纷解决。澳大利亚乐卓博大学副教授洛拉·阿克因·奥耶拉比等认为，从对抗性的家庭法程序转变为非对抗性的家庭法程序的目的是以更加合作的方式解决家庭纠纷。③

但是，有学者认为，澳大利亚的离婚和家庭调解仍然存在问题。总体而言，主要问题是调解太少和不必要的诉讼过多。因此，澳大利亚政府在家庭法问题上开始实行强制调解不足为奇。另一个问题是，澳大利亚的调解服务仍未在全国得到适当和全面的管理。④ 此外，有学者认为，必须使用家庭纠纷解决可能会增加当事人的费用。例如，当事人采用家庭纠纷解决方式后其问题并未得

---

① King M., Freiberg A., Batagol B., et al., *Non-adversarial Justice* (Second Edition), Sydney: The Federation Press, 2014, pp. 136-137.

② Armstrong S. M., "'We Told You So . . .' Women's Legal Groups and the Family Law Reform Act 1995," *Australian Journal of Family Law*, vol. 15, no. 2, 2001, p. 129.

③ Akin Ojelabi L. and Gutman J., "Family Dispute Resolution and Access to Justice in Australia," *International Journal of Law in Context*, vol. 16, no. 2, 2020, p. 201.

④ De Jong M., "Divorce mediation in Australia — Valuable Lessons for Family Law Reform in South Africa," *The Comparative and International Law Journal of Southern Africa*, vol. 40, no. 2, 2007, pp. 304-305.

到解决，且随后需要寻求法院救济的，必然增加当事人的费用支出。①

4. 儿童的诉讼参与权与儿童意见的表达之学者观点

在儿童的诉讼参与权方面，新西兰奥塔哥大学尼古拉·泰勒（Nicola Taylor）、澳大利亚南十字星大学的罗宾·菲茨杰拉德（Robyn Fitzgerald）等认为，儿童在许多国家的家庭法决策中的参与正发生重大变化。目前，儿童的参与权已被视为家庭法决策的重要原则。② 在澳大利亚，可以通过儿童独立律师代表儿童参加诉讼，以保护未成年子女的诉讼利益。但澳大利亚伍伦贡大学法学院的费利斯迪·贝尔（Felicity Bell）认为，在某些情况下，儿童独立律师不适合与未成年子女见面或单独与他们见面，包括“过度采访”儿童。一些律师担心以损害儿童最大利益为由而将儿童卷入纠纷之中。③ 此外，一些儿童独立律师在促进儿童参与家庭法纠纷方面表现较差。④

在儿童意见表达方面，独立儿童律师、家庭咨询师的“家庭报告”有利于将未成年子女的意愿传达给法院。但是，有学者认为，澳大利亚法官坚持不愿与未成年子女见面的传统，坚称法官与未成年子女见面在对抗性审判中是不合适的，并担心法官在这种情况下缺乏与未成年子女交流的能力，以及由于父母方面的压力使未成年子女可能遭受不良影响。因此，家庭法院在很大程度上依靠独立儿童律师、家庭咨询师的家庭报告间接获得未成年子

① Akin Ojelabi L. and Gutman J., “Family Dispute Resolution and Access to Justice in Australia,” *International Journal of Law in Context*, vol. 16, no. 2, 2020, p. 207.

② Taylora N., Fitzgeraldb R., Moragc T., et al., “International Models of Child Participation in Family Law Proceedings following Parental Separation / Divorce,” *The International Journal of Children's Rights*, vol. 20, no. 4, 2012, p. 647.

③ Bell F., “Barriers to Empowering Children in Private Family Law Proceedings,” *International Journal of Law, Policy, and the Family*, vol. 30, no. 3, 2016, pp. 230-231.

④ Kaspiew R., et al, Independent Children's Lawyers Study Final Report (Second Edition), Melbourne: Australian Institute of Family Studies, June 2014, pp. 77-78.

女的意愿。虽然专家报告有助于确定儿童在复杂的家庭纠纷中的最大利益，并获得专家对未成年子女所表达的意见的解释。但是，专家报告在给出未成年子女意见方面有一定的局限性。原因是未成年子女的观点是由第三人过滤后呈现出来的，报告无法让法官直接听到未成年子女表达的意见。此外，部分未成年子女对要求他们向第三人表达自己的意愿，再由第三人将他们的意愿以及其他事项做成报告交给法院的做法表示不满。①

综上所述，笔者认为，第一，家庭法院是为解决离婚等家庭纠纷而设立的专门法院，其可以要求当事人参加家庭咨询、家庭纠纷解决或者其他家庭服务，通过非诉的方式解决纠纷，使他们有机会在不受法庭压力的情况下解决纠纷。针对前述家庭法院法官不穿法官长袍、使用非正式的法庭环境进行庭审等批评，笔者认为，这不应成为被批评的对象，而应成为符合家庭案件特点的有益尝试或创新。但家庭法院是否应作为澳大利亚联邦法院的一部分，还有待进一步的研究。

第二，保密性对吸引人们采用非诉纠纷解决程序解决纠纷具有重要意义，但是，在保密性与当事人的人身安全相冲突的情况下，保密性的适用应当受到限制。即在存在家庭暴力或者虐待的情况下，家庭咨询、家庭纠纷解决不应适用保密性规定，以保护受害者的利益。

第三，非对抗性程序是澳大利亚对普通法系传统的对抗制审判的重大改革，以弥补对抗性审判在家庭法纠纷解决中的不足，这也是澳大利亚诉讼程序的有益探索。我国在审判模式上采用究问制，由法官控制辩论的争议焦点并推动诉讼进程。因此，在解决家庭纠纷方面，我国的审判模式具有自身的优势，这也彰显了

---

① Fernando M., "Family Law Proceedings and the Child's Right to be Heard in Australia, the United Kingdom, New Zealand, and Canada," *Family Court Review*, vol. 52, no. 1, 2014, p. 54.

我国的制度自信。

第四，赋予儿童的诉讼参与权对保护儿童的诉讼利益具有重要意义。澳大利亚通过独立儿童律师代表儿童参加诉讼，以保护儿童的诉讼参与权。此外，儿童独立律师和家庭咨询师的“咨询报告”所表达的儿童意见对法官作出有利于儿童最大利益的判决具有重要作用。但是，这种通过第三人转述的儿童意见有时可能与儿童的真实意愿存在差异。因此，笔者认为，在有必要且符合儿童最大利益的情况下，法官可以亲自听取儿童的意见。

第四节　澳大利亚离婚程序之评析

澳大利亚离婚程序具有特色。对当事人而言，在诉前和诉讼的各个阶段，当事人可以选择适用家庭纠纷解决服务，并且在离婚程序的设置上，鼓励当事人和解，以防止轻率离婚，维护家庭稳定。对未成年子女而言，离婚程序以儿童最大利益为首要考虑因素，注重倾听儿童声音以及儿童的诉讼的参与，并且为了保障未成年子女的利益，设置了独立儿童律师制度。以下笔者对澳大利亚离婚程序进行评析，并在前述研究的基础上，总结澳大利亚离婚程序之经验与教训。

一、澳大利亚离婚程序之评析

（一）离婚案件由专门的家庭法院审理

澳大利亚家庭法院是根据联邦《家庭法》第 21 条的规定于 1976 年 1 月成立的全国性法院，其在州和领地均设有地方法院（西澳大利亚州除外）。该法以单独的一章（第四章“澳大利亚家庭法院”）对该法院的设立、法官、司法登记官（Judicial Registrars)、登记处（Registries）和法院官员等进行了规定。①

澳大利亚成立家庭法院无疑给家事司法体系带来了重大变化。自澳大利亚家庭法院成立以来，离婚等家事案件主要由家庭法院审理。澳大利亚家庭法院有两个庭：普通庭和上诉庭，分别行使初审管辖权和上诉管辖权。② 西澳大利亚州是唯一选择建立自己的家庭法院的州，西澳大利亚州家庭法院（Family Court of Western Australia）可以享有联邦和州的管辖权，因此，西澳大利亚州的联邦巡回法院不享有行使家庭法的管辖权。③ 此外，联邦巡回法院是根据 1999 年《联邦巡回法院法》设立的，旨在提供一种比家庭法院更快速、更便宜以及没有家庭法院正式的程序。该法院不仅对家庭法具有管辖权，而且对联邦其他法律也具有管辖权。有关婚姻的效力、继父母收养诉讼等，只能由家庭法院进行审理。④

笔者认为，澳大利亚家庭法院的设立主要有以下几个优点：

第一，该法院是处理家庭事务的专门法院，对于处理离婚财产分割、子女抚养等家庭案件更具有针对性和专门性。

第二，与其他法院相比，该法院重视非诉纠纷解决，这有利于缓和当事人之间的矛盾，避免使当事人处于较为对立的状态。

第三，家庭法院的设立给人们传达了这样的信息：涉及家庭

---

① 在澳大利亚《家庭法》颁布前，澳大利亚处理婚姻案件的主要法律依据是 1959 年联邦《婚姻诉讼法》和 1961 年联邦《结婚法》。这两部法律继承了英国的立法传统，认为离婚是过错的结果，但只对离婚诉讼作了原则性规定。20 世纪后半叶，澳大利亚社会生活发生了巨大变化，个人权利意识及性解放，特别是“离婚无过错论”深入人心，最终推动了离婚法的改革。这促使联邦《家庭法》取代 1959 年联邦《婚姻诉讼法》成为澳联邦处理离婚及相关诉讼的最重要的法律依据，并促成了家庭法院的成立。云南省高院：《澳大利亚政治体制和家庭法院》，2015 年 5 月 3 日，http://xyzy.chinacourt.gov.cn/article/detail/2015/05/id/1606903.shtml. 最后访问日期：2020 年 10 月 4 日。

② Family Law Act 1975 (Cth), s 21A.

③ Family Law Act 1975 (Cth), s 40A.

④ Harland A., Cooper D., Rathus Z., et al., *Family Law Principles*, Sydney: Thomson Reuters (Professional) Australia Limited, 2015, p. 29.

关系的案件不同于其他民事案件，对这类案件的处理应该具有不同于其他民事案件的处理方式。

第四，家庭法院的成立和家庭法院案件审理的集中化为家庭法院内部不同层级的机构之间的交流和学习提供了更多的机会。①

第五，将所有类型的家庭纠纷案件集中到一个统一的法院系统中，有利于案件的专业化管理。

但是，家庭法院也面临一些挑战。例如，随着新冠肺炎疫情在全球蔓延，澳大利亚家庭法院面临新的挑战与压力，其正努力应对在安全、有效和及时的服务提供与公平判决之间寻求适当平衡的挑战。②

（二）减小审判模式的对抗性，重视法院主导作用的发挥

1. 减小审判模式的对抗性

（1）对抗制诉讼模式之不足。澳大利亚属于英美法系国家，实行对抗制诉讼模式。③ 在对抗制中，法官在诉讼中处于被动地位，当事人会努力收集信息，并将获得的信息出示给法官，法官根据其获得的信息作出判决。④ 由于对抗制是澳大利亚司法制度的重要组成部分，当事人而非法官承担具有说明纠纷所在和对此展开辩论的首要责任，这会产生许多负面影响：导致金钱的浪费；削弱法官的责任；过于突出律师的作用，为达目的导致诚信的缺

① See Potter A., Newton K. and McLaughlin H., "'It's Good to Talk': Judicial Allocation Decision Making and the Family Court," *Journal of Social Welfare and Family Law*, vol. 37, no. 2, 2015, p. 191.

② Smyth B. M., Moloney L. J., Brady J. M., et al., "COVID - 19 in Australia: Impacts on Separated Families, Family Law Professionals, and Family Courts," *Family Court Review*, vol. 58, no. 4, October 2020, p. 1035.

③ See Jolowicz J. A., "Adversarial and Inquisitorial Models of Civil Procedure," *The International and Comparative Law Quarterly*, vol. 52, no. 2, 2008, p. 281.

④ See Kim C., "Adversarial and Inquisitorial Procedures with Information Acquisition," *The Journal of Law, Economics, and Organization*, vol. 30, no. 4, 2013, p. 767, p. 769, p. 797.

失；法官不负责查明事实导致判决的公正性降低；等等。[①] 为提升诉讼效率，澳大利亚司法改革的重点之一是对对抗制诉讼程序进行改革，鼓励发展多种形式的纠纷解决机制。

（2）对抗性较小模式之优点。在家庭法庭审制度中，澳大利亚建立了对抗性较小的庭审模式，以减小审判模式的对抗性，发挥法院及法官的主导作用。对抗性较小的庭审模式具有如下优点：

①庭审方式灵活，可以满足当事人特定情况的需求。

②与传统的对抗制庭审模式相比，这种模式成本更低，并且可以节约时间。理由如下：其一，传统的法庭对抗模式的激烈化意味着如果想要胜诉，当事人必须做好更加充分的准备，这无疑需要更多的时间，并且当事人往往会聘请律师等专业人员进行帮助。其二，高额的报酬和按小时计费的收费模式诱使律师等专业人士故意拖延。

③没有法院进行传统的对抗制庭审那么正式。

④法官而非当事人或者其律师决定向法院提供何种信息以及如何进行庭审。[②] 在对抗性较小的庭审模式中，法院发挥着重要的作用，既要考虑未成年子女的利益，又要积极指导、控制和管理诉讼程序，还要决定哪些事项需要全面调查和审理等，以充分发挥其在案件审理中的作用。

2. 重视法官主导作用的发挥

在对抗性较小的庭审模式中，法院可以主动命令一个或多个诉讼当事人向家庭顾问咨询，或者命令一个或多个诉讼当事人安排其未成年子女与家庭顾问会面。若当事人无法就子女安排达成协议，法院还可以命令家庭顾问准备一份家庭报告，说明与该未

---

① 顾敏、康王天：《从澳大利亚法律改革看香港普通法的发展方向》，载《法学》2003 年第 1 期，第 64 页。

② Family Court of Australia, "Less Adversarial Trials," available at http://www.familycourt.gov.au/wps/wcm/connect/fcoaweb/reports-and-publications/publications/court-events/less-adversarial-trials, accessed 28 September 2020.

成年子女的照顾、福利和发展有关的情况，辅助法院签发子女抚养令。在某些情况下，法院作出关于未成年子女的抚养令的，该法院还可以同时签发家庭顾问监督子女抚养令执行的命令，以及家庭顾问向子女抚养令的任何一方提供在遵守子女抚养令或者执行子女抚养令方面的协助。这既有利于发挥法官的作用，又有利于提高诉讼效率。若不采取对抗性较小的庭审模式，任凭当事人在庭审中进行抗辩，可能会加剧当事人之间的矛盾，又容易降低诉讼效率，并导致诉讼拖延。

（三）鼓励非诉家庭纠纷解决机制的适用

1. 非诉家庭纠纷解决机制灵活多样

澳大利亚的非诉家庭纠纷解决机制种类多样，主要有家庭咨询、圆桌会议、合作法程序、家庭纠纷解决（调解）、诉前程序、案件评估、仲裁、调解会议等。有些非诉家庭纠纷解决侧重于解决财产问题，如案件评估、仲裁、调解会议；有些侧重于解决子女抚养问题，如家庭纠纷解决。离婚当事人可以根据自己的需要选择适合的纠纷解决方式。因此，笔者认为，澳大利亚的非诉家庭纠纷解决不仅种类较多、适用范围广泛，而且有所侧重。

2. 非诉家庭纠纷解决为某些家庭纠纷的诉讼前置程序

在离婚等家庭纠纷案件中，澳大利亚鼓励当事人使用非诉家庭纠纷解决机制解决纠纷。不仅如此，针对某些家庭纠纷，还将非诉家庭纠纷解决机制作为诉讼的前置程序：第一，对于结婚不满两年的当事人申请离婚的，不仅需满足分居满 12 个月的条件，还需提交其在家庭咨询师等特定人员的帮助下考虑过和解的证明。第二，对于未成年子女的抚养问题，在向法院提起诉讼之前，必须先参加家庭纠纷解决，并获得家庭纠纷解决从业员出具的证明，除非有特殊情况。第三，在有关财产的案件中，当事人必须先尝试解决纠纷，参加诉前程序，才能向法院提出申请。

3. 鼓励适用非诉家庭纠纷解决机制的意义

笔者认为，针对与离婚有关的子女抚养以及财产等家庭纠纷，澳大利亚鼓励当事人使用非诉家庭纠纷解决机制解决他们的纠纷，并将非诉家庭纠纷解决机制作为其前置程序，具有如下重要意义：

（1）缓和当事人之间的矛盾，促进纠纷的解决。澳大利亚采取对抗制诉讼模式，由当事人在诉讼中进行抗辩，这可能加剧当事人之间的对立状态。但是若采取协商、家庭纠纷解决、诉前程序、调解会议等非诉家庭纠纷解决机制，促使当事人处于合作状态而非对立状态，这不仅可以缓和当事人之间的矛盾，还有利于纠纷的化解。

（2）节约司法资源。澳大利亚政府于 2018 年 4 月作出的《联邦法院运作效率审查》的最终报告指出，澳大利亚家庭法院和澳大利亚联邦巡回法院每年处理的与家庭法有关的申请超过 106000 份，其中，联邦巡回法院的离婚申请案件和澳大利亚家庭法院的同意令申请案件占了较大部分，分别为 43800 份和 14200 份。与此同时，从 2012-2013 年度至 2016-2017 年度，这两个法院的未决案件数量持续上升，联邦巡回法院 12 个月以上的未决案件增加了 38%，澳大利亚家庭法院 12 个月以上的未决案件增加了 5%。在该时间段内，澳大利亚家庭法院的全国平均审理时间从 11.5 个月增加到 17 个月；联邦巡回法院的平均审理时间从 10.8 个月增加到 15.2 个月。[①] 2014-2015 年度至 2018-2019 年度，澳大利亚家庭法院的未决案件呈逐年上涨趋势（见表 11）。2014-2015 年度至 2018-2019 年度，澳大利亚联邦巡回法院的未决离婚案件维持在 1 万件以上，未决案件数量占结案数量的 23%-28%（见表 12）。若当事人充分利用非诉家庭纠纷解决机制，在家庭咨询师、家庭纠纷解决从业员、家庭顾问、律师、仲裁员等的帮助下，解决当事人之间的纠纷，将大大减少法院案件的数量。这不仅有利于节约司法

① *Review of Efficiency of the Operation of the Federal Courts*, Final Report, April 2018, available at https://www.ag.gov.au/sites/default/files/2020-03/pwc-report.pdf, accessed 4 September 2020.

资源，减轻法官判案的压力；还有利于法官集中精力解决疑难案件，提高庭审的质量和效率。

表 11　澳大利亚家庭法院家庭法案件情况（2014-2015 年度至 2018-2019 年度）①　（单位：件）

年份	申请数量	结案数量	未决数量
2014-2015 年	20397	20108	5644
2015-2016 年	20418	20199	5844
2016-2017 年	20741	20247	6343
2017-2018 年	20436	20377	6605
2018-2019 年	19594	19966	6210

表 12　澳大利亚联邦巡回法院离婚案件情况（2014-2015 年度至 2018-2019 年度）②　（单位：件）

年份	申请数量	结案数量	未决数量
2014-2015 年	45593	43132	10136
2015-2016 年	44098	43445	10809
2016-2017 年	43846	42630	12048
2017-2018 年	45190	46051	11223
2018-2019 年	44342	44545	11055

（3）节约当事人的时间和成本。尽早有效地解决家庭纠纷，保护儿童的最大利益及其安全是有效的家庭制度的基础。当事人采用非诉家庭纠纷解决机制，可以避免诉讼的拖延，避免收集证

① Family Court of Australia, *Family Court of Australia Annual Report* 2018-19, p. 21. 该报告中没有单独对家庭法院的离婚案件情况进行报告，因此文中的数据包括离婚案件。

② Federal Circuit Court of Australia, *Federal Circuit Court of Australia Annual Report* 2018-19, p. 32.

据，减少准备庭审须花费的时间。同时，可以避免诉讼带来的相关费用。

(4) 更有利于当事人之间协议的执行。若当事人通过非诉纠纷解决达成协议，由于这是在双方协商一致的基础上作出的，当事人更愿意执行该协议。扩大非诉纠纷解决机制的适用，发展多元的非诉家事纠纷解决机制是推动家事司法系统发展的重要途径。澳大利亚的非诉纠纷解决机制在纠纷解决中发挥了重要作用。

（四）重视儿童意见和儿童权利的保护

根据1989年联合国《儿童权利公约》第9条的规定，儿童有机会参加诉讼并表达自己的意见。此外，该公约第12条规定："缔约国应确保有主见能力的儿童有权对影响到其本人的一切事项自由发表自己的意见，对儿童的意见应按照其年龄和成熟程度给以适当的看待。为此目的，儿童特别应有机会在影响到儿童的任何司法和行政诉讼中，以符合国家法律的诉讼规则的方式，直接或通过代表或适当机构陈述意见。"这强调诉讼中应倾听儿童声音并重视儿童意见。

澳大利亚于1990年加入《儿童权利公约》，并积极落实公约规定的义务。联邦《家庭法》第七章"子女"第60B条第4款规定，本章的目的之一是使《儿童权利公约》得以实行。任命独立儿童律师在家庭法诉讼中代表儿童的最大利益，这是澳大利亚履行1989年联合国《儿童权利公约》的重要方式之一。[①] 在监护、与非共同居住的父母一方的探望以及其他家庭法问题的诉讼中，

① Carson R., Kaspiew R., Moore S., et al., "The Role and Efficacy of Independent Children's Lawyers: Findings from the AIFS Independent Children's Lawyer Study," *Family Matters*, no. 94, 2014, p. 58.

儿童的声音被倾听以及考虑儿童意见的权利尤为重要。[①] 儿童的声音可以增加法官在决策过程中应考虑的相关因素，儿童表达意见的权利是儿童参与权的关键。[②]

笔者认为，独立儿童律师制度具有如下特点：

第一，申请主体广泛。法院除了可以主动命令诉讼中子女的利益由独立儿童律师代表外，还可以根据子女、与子女福利有关的机构以及其他人的申请，签发独立儿童律师令。这在申请主体方面为儿童获得独立儿童律师提供了更多机会，尤其是在子女年龄尚小，没有意识或者无法向法院申请的情况下。

第二，地位独立。独立儿童律师不是子女的法定代理人，其没有义务按照子女对诉讼的指示行事。独立儿童律师不仅独立于子女的法定代理人，而且独立于子女本人。[③] 这有利于独立儿童律师公平地对待诉讼当事人，并且就其掌握的信息形成有利于子女最大利益的独立意见。

第三，重视儿童的意愿。独立儿童律师要认真听取儿童的声音，并且确保这些声音被法院知晓。诉讼中儿童不是一个被忽视的对象，其内心的声音应得到尊重和重视。

笔者认为，独立儿童律师制度虽然具有积极意义，但仍然存在某些不足，有待进一步完善。例如，部分独立儿童律师未直接与子女接触；部分独立儿童律师的工作质量令人担忧；法律赋予独立儿童律师的任务过重。[④]

---

① O' Donnell D., "The Right of Children to be Heard: Children's Right to Have Their Views Taken into Account and to Participate in Legal and Administrative Proceedings," Innocenti Working Paper No. 2009 - 04, Florence: UNICEF Innocenti Research Centre, 2009, p. 14.

② Ross N., "Independent Children's Lawyers: Relational Approaches to Children's Representation," *Australian Journal of Family Law*, vol. 26, no. 3, p. 218.

③ Family Law Act 1975 (Cth), s 68LA(4).

④ Australian Law Reform Commission, *Family Lawfor the Future — An Inquiry into the Family Law System*(Final Report), March 2019, pp. 374-375.

（五）保护当事人的隐私

在澳大利亚，家庭咨询、家庭纠纷解决、仲裁、调解会议都注重保护当事人的隐私。即在家庭纠纷解决过程中对于当事人陈述的内容，无须提供给法官，更不得作为诉讼证据。[①] 这体现了对私人事务的尊重，同时也满足了当事人的需求。保密性是家庭纠纷解决吸引某些当事人采取此种纠纷解决方式的原因之一。

必须注意，在一般情况下，当事人向家庭顾问提供的信息不是保密的，这些信息在以后的诉讼中是可采信的，即家庭顾问对此不负保密义务。[②] 除非有例外规定，上文提到的家庭咨询师和家庭纠纷解决从业员等对当事人提供的信息负有保密义务。

但是，正如前述学者所言，虽然保密性对澳大利亚非诉家庭纠纷解决具有重要意义，但是，家庭咨询和家庭纠纷解决的信息披露和可采信条款需要进行修改，从而使法院能够及时获得家庭暴力、虐待的相关信息，以保护受害者的安全。

综上所述，笔者认为，澳大利亚家庭法在离婚程序的设置上，有利于家事案件的专业化管理；有利于防止冲动离婚，维护家庭稳定；[③] 有利于节约当事人的时间和成本；有利于纠纷的解决；有利于保护当事人的隐私和未成年子女的利益。但是，离婚程序仍

---

① 汤鸣：《澳大利亚家事调解制度：问题与借鉴》，载《法律适用》2010 年第 10 期，第 91 页。

② Family Law Act 1975 (Cth), s 11C.

③ 澳大利亚家庭法鼓励有意离婚的夫妻达成和解，防止轻率离婚，维护家庭稳定。这主要体现在以下几个方面：第一，对于有意离婚的夫妻，家庭法鼓励他们利用家庭咨询达成和解；不能达成和解的，鼓励他们利用非诉纠纷解决机制解决自己的纠纷。第二，法院在审理离婚令的诉讼中，应当随时考虑当事人和解的可能性，如果法院根据诉讼中的证据或者当事人的态度，认为当事人之间和解有合理可能性，应中止诉讼，并建议当事人参加家庭咨询或者其他服务。在诉讼的任何阶段法院均可以主动或者根据当事人的申请指令当事人参加家庭咨询、家庭纠纷解决或者其他服务。第三，若考虑离婚的当事人的婚姻未满两年，他们需要在家庭咨询师的帮助下考虑和解。第四，即使法院签发离婚令，仍须待期满一个月后才能生效。在离婚法令生效之前，当事人可以和解，法院可以根据当事人的申请，以双方和解为由撤销离婚令。

然存在某些不足。例如，家庭咨询和家庭纠纷解决的保密性规定对家庭暴力、虐待的受害者保护不足；部分独立儿童律师对子女进行过度采访或未与子女会面交流。

二、小结：澳大利亚离婚程序之经验与教训

第一，有必要设立专门的家庭法院或者家事审判庭审理婚姻家庭案件，并且此类法院或者审判庭应当注重调解在离婚案件中的适用。离婚案件涉及婚姻关系的解除、财产与子女抚养问题的处理，当事人之间具有亲情关系，这种关系的处理较一般民事案件复杂。而我国无专门的家庭法院，虽然部分地方设立了家事审判庭，但并未在全国范围内进行普及。[①] 因此，在我国深化家事审判改革的推动下，在审判机构方面，设立专门的家事法院或在普通法院内部设立专门的家事审判庭，将有利于离婚案件的处理。

第二，在离婚纠纷的处理中，应注重非诉家庭纠纷解决的适用。法院可能不是解决家庭纠纷的最佳场所，在某种程度上，依靠法院解决子女抚养问题是过错离婚制度的做法，在该制度下，离婚和子女监护权是由国家控制的给予配偶一方的救济。[②] 应当重新审视依赖法院解决家庭纠纷模式，将部分家庭纠纷解决服务由法院系统转移给社会。

有学者认为，将家庭纠纷解决从法院移交给社会具有如下优

① 例如，江苏徐州市贾汪法院设立了全国第一家独立编制的家事审判庭，但我国还没有专门的家庭法院。徐州市中级人民法院：《〈江苏法制报〉4月7日-"贾汪模式"可复制的家事审判实践样本——对话徐州贾汪法院院长李徐州》，引自 http://xzzy.chinacourt.gov.cn/article/detail/2017/04/id/2740120.shtml，最后访问日期：2020年12月10日。

② Murphy J. C., Singer J. B., *Divorced from Reality: Rethinking Family Dispute Resolution*, New York: New York University Press, 2015, p. 130.

点：[①]（1）它强化了这样的信息：离婚和父母分居不是主要的法律问题，而是持续进行的家庭的重组过程。特别是在涉及未成年子女的情况下，一次性的司法判决一般不可能完成这一重组；这种过渡可能需要父母和其他家庭成员进行持续的安排与合作。将这些事项放在社会机构而非法院系统中，有助于规范此重组过程。（2）将子女抚养问题的解决从法院转移给社会，有利于父母脱离第三方判决，并鼓励他们承担解决纠纷的责任。（3）在社会上设立家庭纠纷解决服务有利于个人和家庭更易获得这些服务。绝大多数争议者没有代理律师，尤其是低收入家庭，他们可能更倾向于利用社会服务。（4）允许家庭在不诉诸法院的情况下获得服务，可以鼓励家庭成员在情况恶化、情绪被激化之前，主动利用这些服务化解矛盾。

澳大利亚家庭关系中心实际上是政府资助设立的社会型机构，是澳大利亚将家庭纠纷解决从依赖法院转向依赖社会的尝试。在我国，随着家事审判改革的实践和深化，非诉纠纷解决机制在离婚纠纷中的适用将受到更多的重视。

第三，在非诉家庭纠纷解决的保密性与家庭成员的安全保护相冲突的情况下，优先保护家庭成员的安全。非诉家庭纠纷解决的保密性不能妨碍对家庭成员安全的保护。澳大利亚联邦《家庭法》规定在家庭纠纷解决、家庭咨询中获得的信息具有保密性，且一般不能被法院采信。但由于相关规定对受到家庭暴力和虐待的当事人的安全保护不利，澳大利亚有部分学者建议对此进行修改，使家庭暴力、虐待等能够被发现和被解决，以保护当事人的

① Murphy J. C., Singer J. B., *Divorced from Reality: Rethinking Family Dispute Resolution*, New York: New York University Press, 2015, pp. 130-131.

安全。我国在深化家事审判改革中要求保护当事人的隐私,① 但可以吸取澳大利亚的经验教训，对不符合隐私保护的情况作出例外规定，以实现隐私保护与当事人安全保护之间的平衡。

---

① 我国2018年《关于进一步深化家事审判方式和工作机制改革的意见（试行）》第2条规定："牢固树立人性化的审判理念……保护当事人隐私，注重人文关怀……"第12条规定："家事案件的调解过程不公开，但当事人均同意公开的除外。主持调解以及参与调解的人员，对调解过程以及调解过程中获悉的国家秘密、商业秘密、个人隐私和其他不宜公开的信息，应当保守秘密。调解人员违反保密义务给当事人造成损害的，应当承担相应法律责任。"

第四章　澳大利亚离婚的法律效力研究

离婚不仅会解除夫妻之间的人身关系，也会结束夫妻之间的财产关系。亲子关系具有持续性，离婚不会终止亲子关系，但会产生与子女抚养有关的一系列法律后果。为保障夫妻双方的财产权益和未成年子女的最大利益，澳大利亚对离婚当事人的财产处理和未成年子女的抚养安排进行了详细的规定。本章研究澳大利亚离婚的法律效力，笔者主要从以下四个方面进行研究：澳大利亚离婚对当事人的法律效力之考察、澳大利亚离婚对未成年子女的法律效力之考察、澳大利亚离婚的法律效力之主要改革及学者观点、澳大利亚离婚的法律效力之评析。

第一节　澳大利亚离婚对当事人的法律效力之考察

澳大利亚离婚对当事人的法律效力主要包括两个方面：一是离婚对夫妻人身关系的法律效力；二是离婚对夫妻财产关系的法律效力。笔者将从这两个方面分别进行研究和阐述。

一、离婚对夫妻人身关系的法律效力

在澳大利亚，当事人没有未成年子女、当事人有未成年子女但已经对该子女作出适当安排，或者当事人虽然未对该子女作出适当安排但存在离婚令应当生效的情形的，法院签发的离婚令，在期满一个月后即行生效。离婚令生效将对夫妻人身关系产生一定的法律效力。笔者主要从夫妻身份关系的解除、夫妻同居义务的终止以及夫妻相互继承权的丧失这三个方面进行研究。

（一）夫妻身份关系的解除

离婚使夫妻身份关系得以解除。由夫妻身份关系所产生的一切权利与义务也随之解除。[①] 根据联邦《家庭法》第59条的规定，离婚令生效后，各方当事人可以再婚。因此，离婚使双方当事人享有再次缔结婚姻的权利。

（二）夫妻同居义务的终止

在澳大利亚，法律未明确规定夫妻之间的同居义务。联邦《家庭法》将持续不少于12个月的分居作为法院判断当事人的婚姻已无可挽回地破裂的依据，这间接承认了夫妻之间的同居义务。离婚意味着夫妻身份关系的解除，同时宣告夫妻共同生活的结束，免除双方当事人的同居义务。

必须注意，在澳大利亚，夫妻之间的同居义务并非强制性义务，即使在婚姻关系存续期间，当事人也可以选择分开居住。

（三）夫妻相互继承权的丧失

离婚后，当事人之间基于婚姻产生的相互继承财产的权利丧

① 张贤钰、郝素洁、夏道平等：《婚姻家庭法概论》，浙江人民出版社1986年版，第184页。

失。澳大利亚各州和各领地都有相关的继承法。[①] 例如，2006 年新南威尔士州《继承法》、2010 年塔斯马尼亚州《无遗嘱继承法》。2006 年新南威尔士州《继承法》第 4. 1 节和第 4. 2 节分别对配偶的继承权和先取权进行了规定。无遗嘱死亡者没有子女的，生存配偶享有无遗嘱死亡者的全部遗产；无遗嘱死亡者留有子女，该子女也是生存配偶的子女的，生存配偶享有无遗嘱死亡者的全部遗产；无遗嘱死亡者留有子女，该子女不是生存配偶的子女的，生存配偶享有无遗嘱死亡者的私人物品；遗赠物；无遗嘱死亡者遗产的一半。[②] 此外，该法规定配偶对无遗嘱死亡者的遗产享有优先取得权。[③] 配偶是指无遗嘱死亡者死亡之前与其结婚的人或者与其建立家庭伴侣关系的人，这种配偶关系持续到无遗嘱死亡者死亡之时。[④] 因此，无遗嘱死亡者的配偶在其死亡之前就已经离婚的，无法享有无遗嘱死亡者遗产的继承权以及优先取得权。

---

① 与遗嘱继承有关的法律主要有：1981 年昆士兰州《继承法》［Succession Act 1981（QLD）］、2006 年新南威尔士州《继承法》［Succession Act 2006（NSW）］、1997 年维多利亚州《遗嘱法》［Wills Act 1997（VIC）］、1936 年南澳大利亚州《遗嘱法》［Wills Act 1936（SA）］、1968 年澳大利亚首都领地《遗嘱法》［Wills Act 1968（ACT）］、2000 年北领地《遗嘱法》［Wills Act 2000（NT）］、1970 年西澳大利亚州《遗嘱法》［Wills Act 1970（WA）］以及 2008 年塔斯马尼亚州《遗嘱法》［Wills Act 2008（TAS）］。与无遗嘱继承有关的法律主要有：1981 年昆士兰州《继承法》第三章和附表 2［Part 3 and Schedule 2 of Succession Act 1981（QLD）］，2006 年新南威尔士州《继承法》第四章［Chapter 4 of the Succession Act 2006（NSW）］，1958 年维多利亚州《遗产管理和遗嘱检验法》第 1A 章［Part 1A of Administration and Probate Act 1958（VIC）］，1919 年南澳大利亚州《遗产管理和遗嘱检验法》第三 A 章［Part 3A of Administration and Probate Act 1919（SW）］，1929 年澳大利亚首都领地《遗产管理和遗嘱检验法》第三 A 章［Part 3A of Administration and Probate Act 1929（ACT）］，1969 年北领地《遗产管理和遗嘱检验法》第三章［Part 3 of Administration and Probate Act 1969（NT）］，1903 年西澳大利亚州《遗产管理法》第二章［Part 2 of Administration Act 1903（WA）］、2010 年塔斯马尼亚州《无遗嘱继承法》［Intestacy Act 2010（TAS）］。

② Succession Act 2006(NSW), ss 111-113.

③ Succession Act 2006(NSW), ss 114-121.

④ Succession Act 2006(NSW), s 104.

二、离婚对夫妻财产关系的法律效力

婚姻关系终止以后，通常须对当事人的财产进行分割，在某些情况下，还涉及配偶抚养费的支付。当事人可以对财产处理达成协议，协议不成的，可以向法院提起诉讼。2019-2020 年度，在家庭法院的最终令（final order）[①] 的申请中，只涉及财产令的申请占 49%，只涉及抚养令的申请占 35%，同时涉及财产和抚养令的申请占 14%，涉及其他命令的申请占 2%。[②] 因此，涉及财产的最终令的申请约占 60%。由此可见，在家庭法院中，财产纠纷占较大比例。

（一）当事人对财产的协议处理

自联邦《家庭法》颁布以来，鼓励当事人和解，并达成协议是该法的核心思想。[③] 当事人也可以向法院申请根据财产协议签发同意令，从而使财产协议具有法院判决的效力。这不仅有利于节约当事人的时间和金钱，也有利于避免诉讼拖延。在澳大利亚，离婚时夫妻双方达成的有关其财产事项的协议主要有三种：非正式协议、法院同意令和具有约束力的财产协议（binding financial agreement）。[④] 以下分别对其进行考察和研究。

1. 非正式协议

在某些情况下，当事人无须根据联邦《家庭法》的规定达成正式协议，尤其是在双方没有多少财产，并且可以在无配偶扶养费或者社会保障金就能维持自己生活的情况下。

---

① 最终令与临时令（interim order）相对，临时令是在法院能够签发最终令前签发的暂时令。

② Family Court of Australia, *Annual Report* 2019-2020, p. 17.

③ Young L., Sifris A., Carroll R. and Monahan G., *Family Law in Australia* (Ninth Edition), Chatswood: LexisNexis Butterworths, 2016, p. 941.

④ Parkinson P., *Australian Family Law in Context: Commentary and Materials* (Seventh Edition), Sydney: Thomson Reuters (Professional) Australia Limited, 2019, p. 455.

但是，双方达成非正式协议也可能存在如下风险：

(1) 若当事人不知晓联邦《家庭法》规定的权利，在此情况下达成非正式协议，可能会损害一方当事人的利益。

(2) 涉及处理不动产权益的协议必须以书面形式作出，否则不具有强制执行力。[①] 因此，当事人就不动产达成非正式协议的，若发生纠纷，协议约定的权利可能得不到保障。

必须注意，双方达成的非正式协议不能排除法院的管辖权，即当事人不能以协议的方式排除联邦《家庭法》赋予法院对财产进行调整的权力。

2. 法院同意令

(1) 法律的规定。同意令是当事人就财产分配、扶养费，或者其他财产问题达成协议后，向法院申请批准以获得具有约束力的法院命令。[②] 当事人之间的协议一旦达成，他们可以向家庭法院申请根据该协议签发同意令。联邦《家庭法》第 80 条第 (1) 款第 (j) 项规定，法院在根据第八章"财产、配偶扶养费和扶养费协议"的规定行使职权时，可以签发同意令。该法第 90SS 条第 (1) 款第 (j) 项规定，法院在根据第八 AB 章"有关事实伴侣关系的财产事项"的规定行使职权时，可以签发同意令。

(2) 家庭法院的大多数家庭法纠纷均是通过同意令解决的。2019-2020 年度，家庭法院共审理 20787 个申请，其中同意令申请案件为 14946 件 (占 71.90%)、临时令申请案件为 3216 件 (占 15.47%)、最终令申请案件为 2394 件 (占 11.52%)、其他申请案件为 231 件 (占 1.11%) (见表 13)。该年度家庭法院共审理了 14946 个同意令申请，比 2018-2019 年度多 865 个 (占 6.1%) (见表 14)。

---

① Parkinson P., *Australian Family Law in Context: Commentary and Materials* (Seventh Edition), Sydney: Thomson Reuters (Professional) Australia Limited, 2019, p. 456.

② See Family Court of Australia, *Annual Report* 2013-2014, p. 56.

表 13　澳大利亚家庭法院 2019-2020 年度审理的申请类型①

（单位：件）

	同意令申请	临时令申请	最终令申请	其他申请	总计
案件数	14946	3216	2394	231	20787
百分比	71.90%	15.47%	11.52%	1.11%	100%

表 14　澳大利亚家庭法院 2015-2016 年度至 2019-2020 年度同意令的申请②

（单位：件）

	2015-2016 年	2016-2017 年	2017-2018 年	2018-2019 年	2019-2020 年
申请案件	13458	14182	14295	13872	14908
已决案件	13357	13919	13962	14081	14946
待决案件	1052	1271	1607	1375	1318

（3）同意令的效力。离婚当事人向法院申请有关财产分割的同意令的，由于该同意令是经法院签发的，因此，法院一旦签发同意令，该同意令就具有法院判决的法律效力。有关财产的同意令包括财产转让、出售、养老金的分割、子女抚养、配偶扶养等内容。③ 不申请同意令的协议与申请同意令的协议效力不同。由于同意令是经法院签发的，具有法院判决的法律效力；没有申请同意令的财产分割协议，由于没有经过法院的审查，也不需要登记，

① Family Court of Australia, *Annual Report* 2019-2020, p. 17.

② Family Court of Australia, *Annual Report* 2019-2020, p. 21.

③ Family Court of Australia, "If you agree about property and finance," available at http://www.familycourt.gov.au/wps/wcm/connect/fcoaweb/family-law-matters/property-and-finance/if-you-agree-about-property-and-money/, accessed 18 September 2020.

因此在效力上，今后有可能被法院否定。[①]

3. 具有约束力的财产协议

在整个20世纪80年代和90年代，人们一直呼吁修改法律，使婚前、婚姻期间以及婚姻终止后签订的财产协议具有约束力。[②]比如，1987年，澳大利亚法律改革委员会在其第39号报告“婚姻财产”中指出，当事人可以在婚前、婚姻期间就婚姻破裂后有关财产和扶养费问题达成协议。[③] 2000年联邦《家庭法修正案法》[④]生效后，上述要求改革的愿望最终变成现实。该法规定在联邦《家庭法》中增加第八A章“财产协议”。根据该规定，婚姻当事人可以签订有约束力的财产协议。有约束力的财产协议无须获得法院的批准或登记，但是，在签订此类协议前，双方当事人须获得法律职业者关于该协议对当事人的效力以及利弊的独立法律建议。[⑤]

（1）财产协议的内容[⑥]。财产协议的内容可以包括婚姻破裂后的财产分割，一方对另一方的扶养以及其他附带问题。例如，该法第90B条、第90C条的规定，当事人可以在婚前、婚姻关系存续期间，就以下事项达成书面协议：①在婚姻破裂时，对订立协议时，或订立协议后及离婚前任何一方或双方的财产或经济来源

① 澳洲生活网，《澳洲婚姻法解析（一）》，引自https://www.auliving.com.au/201803/76008.html，最后访问日期：2020年9月27日。

② Young L., Sifris A., Carroll R. and Monahan G., *Family Law in Australia* (Ninth Edition), Chatswood: LexisNexis Butterworths, 2016, p. 945.

③ Australian Law Reform Commission (ALRC), Report No 39, *Matrimonial Property*, Canberra, 1989, p. 192.

④ Family Law Amendment Act 2000 (Cth).

⑤ Family Law Act 1975 (Cth), s 90G(1)(b).

⑥ 联邦《家庭法》第八A章规定了婚前财产协议（第90B条）、婚姻期间的财产协议（第90C条）、离婚令签发后的财产协议（第90D条）、财产协议发生约束力的时间（第90G条）、财产协议一方死亡后的效力（第90H条）、财产协议的终止（第90J条）、法院撤销或者终止财产协议的情形（第90K条）等内容。

如何处理；②婚姻关系存续期间或离婚后任何一方的扶养费。此外，在离婚令签发后，当事人也可以对任何一方或双方拥有的财产或经济来源以及婚姻关系存续期间获得的财产处理以及配偶的扶养费订立书面协议。

（2）离婚令签发后签订的财产协议需要有分居声明。联邦《家庭法》第90DA条规定，在对双方有约束力的协议生效之前，需作出分居声明，否则该协议不发生效力。分居声明采取书面形式，可以包含财产协议的内容，并且该声明必须说明以下两个事项：第一，在作出声明时配偶当事人已经分居；第二，作出声明的配偶当事人认为，恢复同居没有合理可能性。分居声明必须至少由财产协议的一方当事人签署。

（3）财产协议具有约束力的条件。当事人达成的财产协议要具有约束力，需要满足以下条件：第一，协议须经所有当事人签署；第二，在签署协议之前，配偶各方得到了法律职业者有关该协议对当事人权利的效力以及利弊的独立的法律建议；第三，在签署协议之前或者之后，法律职业者向配偶当事人提供了已签字的声明，该声明载明了已经向当事人提供了上述的法律建议；第四，须将上述声明的副本交给另一方当事人或者该方的法律职业者；第五，该协议没有被法院终止或者撤销。①

此外，在财产协议的当事人未获得法律职业者的法律建议、未获得已签字的声明或者未向另一方送交声明副本的情况下，该财产协议在符合下列条件的情况下具有约束力：第一，协议须经所有当事人签署；第二，法院认为该协议对配偶当事人不具有约束力是不正当和不公平的（不考虑协议订立后情况的变化）；第三，根据联邦《家庭法》第90G条第（1B）款的规定，② 法院作

① Family Law Act 1975 (Cth), s 90G(1).

② 该款规定，配偶一方申请强制执行该协议时（强制执行申请），法院可以签发命令，声明该财产协议对协议当事人有约束力。

出命令声明协议对协议当事人具有约束力；第四，协议没有被法院终止或者撤销。[①]

（4）有约束力的财产协议的效力。

①有约束力的财产协议具有优先适用的效力。该法第71A条规定，第八章财产、配偶扶养与扶养协议的规定不适用于对当事人有约束力的合法有效的财产协议约定的事项。财产协议是否合法有效且具有强制性，应由法院根据普通法和衡平法原则确定。[②]可见，双方当事人约定的财产协议具有优先适用效力，这是对意思自治原则的贯彻以及对当事人自由意志的尊重。

②有约束力的财产协议具有可强制执行的效力。联邦《家庭法》规定，法院可以在其认为必要时，签发命令，强制执行对协议各方具有约束力的财产协议。[③]

③有约束力的财产协议对死亡当事人一方继续有效。若协议一方当事人死亡，对协议当事人具有约束力的财产协议仍然继续有效，并对该方的法定代理人具有约束力。[④]

（5）有约束力的财产协议的终止。联邦《家庭法》第90J条第（1）款规定，财产协议的当事人只能通过以下两种方式终止财产协议：第一，另一财产协议中有终止该财产协议的规定；第二，达成书面协议（终止协议）终止该财产协议。此外，该法第90K条第（1）款规定，法院可以在符合法定条件下，撤销或者终止财产协议。例如，该协议是通过欺诈（包括未披露重大事实）达成的；一方当事人为欺骗其债权人，或者不考虑其债权人的利益而达成该协议；该协议是无效、可撤销或者无法执行的；达成协议后出现新情况，使该协议无法执行或者部分无法执行；达成协议后情况发生重大变化（与婚姻中的子女的照顾、福利以及成长有

① Family Law Act 1975 (Cth), s 90G(1A).

② Family Law Act 1975 (Cth), s 90KA.

③ Family Law Act 1975 (Cth), s 90G(2).

④ Family Law Act 1975 (Cth), s 90H.

关的情况)，若法院不撤销该协议，将导致子女或者协议一方当事人（对该子女负有照顾责任的申请人）处于困境之中；等等。

（二）法院对当事人财产权益的调整

在澳大利亚，法院对离婚夫妻的财产分配享有一定的自由裁量权。根据联邦《家庭法》的规定，在有关婚姻当事人财产纠纷的诉讼中，法院可以宣告当事人对财产的权利。作出宣告后，法院还可以作出后续指令，包括出售财产令、分割财产令、临时占有令或永久占有令。① 法院对当事人财产权益进行变更的法律依据主要被规定在联邦《家庭法》第 79 条中。②

1. 法院对财产权益进行调整的权力

澳大利亚的法定财产制为分别财产制。分别财产制是夫妻婚前和婚后所得财产归各自所有，并享有各自独立管理、使用、收益和处分的权利，不受对方的支配和干涉的财产制度。③ 这意味着在婚姻当事人没有对财产进行特别约定的情况下，夫妻各自的财产归各自所有，由其自由管理、使用、收益和处分。但由于共同生活及照顾子女、家人的需要，不排除双方会拥有一部分共同财产。因此，许多夫妻对房产、银行账户以及其他资产享有共同的法定所有权。④ 在夫妻双方离婚时，同样会面临财产分配问题。

在澳大利亚，法院认为适当的，在涉及婚姻当事人一方或者双方财产的诉讼中，法院可以签发调整婚姻当事人财产权益的命令。⑤ 此外，根据联邦《家庭法》第 44 条第（3）款的规定，一般情况下，应当在离婚令生效的 12 个月内提起变更财产权益的

---

① Family Law Act 1975 (Cth), s 78.

② 配偶之间财产分割的术语是变化的，通常使用“财产分割”（“property settlement”），联邦《家庭法》第 79 条使用“财产权益的变更”（“alteration of property interests”），有的学术著作使用“财产调整”（“property adjustment”）。

③ 参见杨大文主编：《婚姻家庭法学》，复旦大学出版社 2002 年版，第 176 页。

④ Parkinson P., “Family Property Division and the Principle of Judicial Restraint,” *University of New South Wales Law Journal*, vol. 41, no. 2, 2018, p. 381.

⑤ Family Law Act 1975 (Cth), s 79(1).

诉讼。

2. 法院对财产权益进行调整的原则

（1）公平和公正原则。法院签发调整财产权益的命令要坚持公平和公正原则。联邦《家庭法》第79条第（2）款规定，“法院不得根据本条的规定签发命令，但是，法院确信在所有情况下，签发的命令是公平和公正的除外”。即法院只有确信签发的调整财产权益的命令在所有的情况下是公平和公正的（just and equitable），才能签发此类命令，否则不得签发此类命令。这是调整当事人财产权益的前提条件。

过去，家庭法院通常忽略了第79条第（2）款是从否定的角度进行规定的事实（即并不鼓励法院签发调整财产权益的命令），而认为法院签发调整财产权益的命令是公平和公正的要求。2012年，高等法院在斯坦福（Stanford）案①中考察了确定夫妻双方申请调整财产权益的原则。高等法院在该案中强调联邦《家庭法》第79条第（2）款否定性禁止适用的重要性，并含蓄地批评了家庭法院行使自由裁量权调整财产权益的做法。

（2）斯坦福案。在斯坦福案中，双方当事人于1971年结婚，且都是再婚。双方在第一段婚姻中都育有自己的子女，再婚后没有生育子女。1989年双方退休。1995年，丈夫立遗嘱将房子留给前一段婚姻中的子女。房子是丈夫与前妻一起购买的，但是在与前妻离婚时转到了丈夫名下。该房子也是丈夫再婚后的婚姻住房。2005年，妻子立遗嘱将其财产留给她前一段婚姻中的子女。2008年12月，妻子患了中风，并接受住院护理，此后便没有和丈夫住在一起。随后便患上了痴呆症。但丈夫继续供养她，并在银行里存入了4万澳元，用于支付妻子的医疗费用。

由于妻子患有痴呆症，2009年8月，妻子的女儿作为监护人（case guardian），代理其母亲向西澳大利亚家庭法院申请，要求出

---

① *Stanford v Stanford* [2012] HCA 52.

售婚姻住房，并将出售婚姻住房后所得的净收益在夫妻之间平均分配，此外，还要求平均分配丈夫的养老金权益以及共同存款。初审中，治安法官邓肯森（Duncanson M）确定了双方当事人的财产以及各自所作出的贡献，判决根据双方的贡献，丈夫获得57.5%的财产，妻子获得42.5%的财产。并签发命令，要求丈夫在60日内向妻子支付612931澳元。该治安法官认为，由于财产的分配是根据对双方这段长久婚姻的贡献的评估作出的，双方的需求都会得到满足，因此其认为财产的分配结果是公平和公正的。

丈夫向澳大利亚家庭法院提起上诉。在上诉进行庭审后，判决作出之前，妻子死亡。2011年10月21日，家庭法院扩大庭同意上诉，并撤销了治安法官的判决。家庭法院扩大庭随后签发命令，要求在丈夫去世后，将初审中治安法官确定的42.5%的婚姻财产支付给妻子的法定代理人，即妻子与前夫所生的女儿。扩大庭认为，“双方多年的婚姻和妻子的贡献要求通过财产调整令来履行这些道德义务”。

丈夫随后向高等法院上诉。高等法院认为，在根据联邦《家庭法》第79条的规定签发分割财产令的案件中，法院必须确信在所有情况下，签发该命令是公平和公正的。“公平和公正的”表述是对一系列考虑因素审查后得出的结论的定性描述。它没有详尽的定义，也无法描绘其界限。尽管该法第79条赋予的权利不是“按照固定的规则来行使”，但是，必须明确以下三个基本点：第一，有必要通过根据普通法和衡平法原则确定双方当事人在财产中的现有合法权益，以考虑签发财产调整令是否是公平和公正的。第79条第（1）款第（a）项指出“变更婚姻当事人在财产中的现有权益”，因此，第79条第（2）款提出的问题是，考虑到这些现有权益后，法院是否确信签发的财产调整令是公平和公正的。第二，尽管第79条赋予根据本法行使管辖权的法院广泛的权力，以签发财产调整令，但该权力并不是根据无指导性的司法自由裁量权而行使的权力。签发财产调整令的权力不应该以无原则的方式行使，签发该命令是否是“公平和公正的”不能通过假定当事人各方在婚姻财产中的权益与或者应当与现有的权益不同来回答。更重要的是，当意识到必须适用第79条时，要牢记“基于婚姻产生共同所有权在普通法中没有容身之地”。该法第79条提出的问题是财产权益是否应当变更的问题。第三，从一方或另一方有权将双方的财产进行分配或者有权享有婚姻财产权益①这一假设出发，不能回答签发财产调整令是否是“公平和公正的”。总之，仅仅考虑或者参考第79条第（4）款中的考虑因素，就认为签发的命令是“公平和公正的”做法，混淆了法定的要求，忽略了本法规定的原则。

高等法院认为，此案中，双方当事人并非自愿分离。仅仅存在分离的事实并不表明丈夫和妻子有任何理由变更他们一起生活时对财产共同使用的权益。对某些财产可能会继续共同使用，正如本案中丈夫为妻子的照料和住宿提供资助一样。最终，高等法院撤销了澳大利亚家庭法院扩大庭作出的调整财产的命令。

笔者认为，澳大利亚虽然赋予了法院调整离婚或分居当事人财产权益的权力，但是，这并非鼓励法院对当事人的财产权益进行调整。法院对当事人财产权益的调整在所有情况下符合公平公正原则时才能适用。

3. 法院对财产权益进行调整的考虑因素

联邦《家庭法》第79条第（4）款规定了法院调整财产权益的七个考虑因素，分别为：对财产的经济贡献、对财产的非经济贡献、对家庭福利的贡献、拟签发的命令对双方收入能力的影响、联邦《家庭法》第75条第（2）款中涉及的有关事项、其他命令以及子女抚养费。笔者将其归纳为有关贡献的考虑因素②和其他考

① 该权益是参照第79条第（4）款规定的各种事项（包括经济和其他贡献）确定的。

② Family Law Act 1975 (Cth), s 79(4)(a)-(c).

虑因素[①]。以下分别从这两个方面进行考察和研究。

(1) 有关贡献的考虑因素。根据第 79 条第 (4) 款第 (a) - (c) 项的规定，法院对财产权益进行调整时需要考虑如下贡献：第一，对财产的经济贡献。婚姻一方、(他人) 以一方的名义或该婚姻中的子女，直接或间接为获得、保管或增加婚姻当事人一方或双方的财产所作的经济贡献，或者为获得、保管或增加最后提及的任何财产（无论作出经济贡献后，该财产是否已不再是婚姻当事人一方或双方的财产）所做的经济贡献。[②] 第二，对财产的非经济贡献。婚姻一方、(他人) 以一方的名义或该婚姻中的子女，直接或间接为获得、保管或增加婚姻当事人一方或双方的财产所作的贡献（经济贡献除外），或者为获得、保管或增加最后提及的任何财产（无论作出经济贡献后，该财产是否已不再是婚姻当事人双方或一方的财产）所做的贡献（经济贡献除外）。[③] 第三，对家庭福利的贡献。婚姻一方为婚姻双方及婚姻中的子女组成的家庭的福利所做的贡献，包括操持家务者或父母在能力范围内可以做的任何贡献。[④]

①对财产的经济贡献。在短期婚姻（尤其是无子女的短期婚姻）中，经济贡献通常被视为主要的考虑因素。在托泽 (Tozer) 案中，双方于 1982 年 1 月结婚。婚后双方均参加工作。丈夫带入婚姻的财产数额较大，如房屋（该房屋于 1986 年被出售，售后的款项用于购买婚姻住房，该房屋登记在双方名下。)、汽车、存款、家具；而妻子没有什么财产。1988 年 1 月双方分居，同年 12 月丈夫向法院提起分割财产的诉讼。法院认为，丈夫对双方的财产作出了较大的经济贡献，妻子做了大量的家务劳动以及照料子女和

---

① Family Law Act 1975 (Cth), s79(4)(d)-(g).

② Family Law Act 1975 (Cth), s79(4)(a).

③ Family Law Act 1975 (Cth), s79(4)(b).

④ Family Law Act 1975 (Cth), s79(4)(c).

帮助丈夫。由于这是一段短期婚姻，法院综合考虑后认为，对双方唯一有争议的房屋财产权益的分割，丈夫占财产的85%，妻子占15%。可见，在此案中，双方的婚姻仅持续了6年，即使房屋登记在双方名下，丈夫仍然获得了较大比例的财产，这主要考虑了丈夫对婚姻双方的财产作出的较大的经济贡献。

②对财产的非经济贡献。第79条第（4）款第（b）项承认对财产的非经济贡献，如无偿劳动。在怀特利（Whiteley）案[①]中，丈夫是一位享誉国际的艺术家。妻子对艺术颇为了解并且有浓厚的兴趣。她是丈夫创作的灵感，有时在丈夫创作时充当模特。她是丈夫的艺术伴侣，也是操持家务者和子女的母亲。在该案中，法院可查明的财产共有11328550澳元，他们的资产完全来自出售丈夫创作的艺术品。法官认为，从贡献方面看，由于丈夫对艺术的特殊技能，对双方现在拥有的财产作出了巨大的贡献。他非同寻常的技能在获得丰富的回报方面发挥了重要作用。但是，妻子的贡献对他的成功也起了很大的作用。因此，法官签发命令，财产按照丈夫占67.5%和妻子占32.5%的比例进行分配。[②]

③对家庭福利的贡献。对家庭福利的贡献有多种形式，比如对家务劳动的贡献、对子女的照顾甚至包括在子女需要时对自身身体器官的移植。在林德（Linder）案[③]中，夫妻双方育有三个子女。妻子为家庭主妇，是照顾孩子的主要一方。在其中一个子女患有严重疾病时，妻子承担了主要照顾任务。此外。法院认为，妻子将肾脏移植给患有严重疾病的子女，使其重获新生，也应视为对家庭福利的贡献。根据联邦《家庭法》的规定，对财产的贡献可以是夫妻一方作出的，也可以是他人以夫妻一方的名义作出

---

① *Whiteley and Whiteley* [1990] FamCA 176.

② 在此案中，对于妻子要求给付配偶扶养费的主张，该法官认为，根据他签发的财产分割令，她将获得大量资产，其中一些（房地产）可能会产生收益，其他财产可能被出售，并且妻子还具有很好的赚钱能力。因此并没有签发配偶扶养费令。

③ *Linder & Linder* [2013] FamCA 988.

的。但是，对家庭福利的贡献，却只能是由双方亲自作出，不包括他人以一方的名义作出的对家庭福利的贡献。

联邦《家庭法》使用性别中立的语言，因此，丈夫对家庭福利的贡献也应当被考虑。不过在许多案例中，妻子是主要承担家务劳动的人，法院在调整财产时须考虑妻子对家庭福利的贡献。

从上述规定可以看出，贡献可以指经济贡献，也可以指非经济贡献；可以是对一方或双方的财产的获得、保管或增加所做的贡献，也可以是对家庭福利所做的贡献；可以是直接贡献，也可以是间接贡献。此外，贡献也包括第三人以夫妻一方名义所做的贡献以及子女所做的贡献。①

（2）其他考虑因素。联邦《家庭法》第 79 条第（4）款第（d）项至第（g）项规定了其他考虑因素，主要包括：

①拟签发的命令对双方收入能力的影响。② 在李·斯蒂尔（Lee Steere）案③中，法院认为，该考虑因素与满足一方权利的方式方法有关，在主要财产是企业财产如农场等情况下，这一点尤为重要。对于农场家族财产或企业财产，尽量确保其不被出售，而采取其他方式向配偶另一方进行补偿，但如果只有通过出售和分割此类财产才能避免不公，则应签发出售和分割此类财产的命令。但是，这也不是绝对的，因为该考虑因素也仅仅是联邦《家庭法》第 79 条第（4）款中的考虑因素之一。

②联邦《家庭法》第 75 条第（2）款中涉及的有关事项。④此规定将配偶扶养费中相关的考虑因素纳入财产调整的考虑因素中。

---

① Young L. ,Sifris A. , Carroll R. and Monahan G. , *Family Law in Australia* (Ninth Edition), Chatswood: LexisNexis Butterworths, 2016, p. 854.

② Family Law Act 1975 (Cth), s 79(4)(d).

③ *In the Marriage of C P and T L Lee Steere*[1985] 10 Fam LR 431.

④ Family Law Act 1975 (Cth), s 79(4)(e). 联邦《家庭法》第 75 条第(2)款中涉及的有关事项在下文有关“配偶扶养费”的内容中会进行详细介绍,故此处不再赘述。

③其他命令。其他命令是指根据联邦《家庭法》签发的影响婚姻一方或者婚姻中子女的任何其他命令。[①] 这要求确保法院不能在未考虑有关当事人和子女的命令（如抚养令、子女抚养费令、配偶扶养费令等）的情况下签发调整财产令。

④子女抚养费。即婚姻一方根据1989年联邦《子女抚养费（评估）法》的规定，为婚姻中的子女已经提供、将要提供或者将来可能提供的任何子女抚养费。[②]

综上所述，澳大利亚虽然实行分别财产制，但是根据联邦《家庭法》第79条的规定，法官有权根据夫妻对家庭、财产的直接或间接贡献，公平、合理地对夫妻的财产权益进行调整，但是这种调整财产的权力必须符合公平和公正原则。

4. 法院签发调整财产权益的命令之撤销

根据联邦《家庭法》第79A条的规定，有关调整财产权益的命令可能因法定原因被撤销。这些法定原因主要有：因欺诈、胁迫、隐瞒证据（包括未披露相关信息）、提供虚假证据或者其他任何情况而导致司法不公；签发命令后出现新情况，签发的命令无法执行或者部分无法执行；因没有履行该命令所规定的义务，致使变更该命令或者撤销该命令并签发另一替代命令是公平和公正的；等等。[③]

5. 财产权益的调整与配偶扶养费的关系

财产权益的调整和配偶扶养费是密切相关的，它们是婚姻或事实伴侣关系破裂后处理财产这一单一问题的两个方面。[④]

（1）法院签发财产令后对双方当事人的财产会产生直接的影响。因此，在判决配偶扶养费时必须考虑这一点。在贝文（Be-

---

① Family Law Act 1975 (Cth), s 79(4)(f).

② Family Law Act 1975 (Cth), s 79(4)(g).

③ Family Law Act 1975 (Cth), s 79A.

④ FinlayHA, Bailey-HarrisR and OtlowskiM. F. A., *Family Law in Australia* (Fifth Edition), Sydney: Butterworths, 1997, p. 292.

van）案[①]中，澳大利亚家庭法院扩大庭认为，在签发配偶扶养令时，法院必须考虑签发的财产令对妻子需要或丈夫支付扶养费能力的影响。但是，在该案中，初审法官却忽略了有关的财产令及其影响。在克劳森（Clauson）案[②]中，法院在考虑了财产令后认为，不宜签发定期或一次性的配偶扶养费令。因为财产令涉及的资产总额及其所带来的投资机会说明妻子并非不足以维持自己的生活，因此不符合申请配偶扶养费的条件。也就是说，若双方在根据联邦《家庭法》第 79 条的规定进行财产调整后，申请配偶扶养费的一方已经获得了一定的财产，该财产足以使其维持自己的生活，此时该方不符合申请配偶扶养费的条件之一，即申请配偶扶养费的一方无法足以维持自己的生活，则法院不再另行签发配偶扶养费令。

（2）法院在审理财产调整案件时，也要考虑有关的配偶扶养费令。这是第 79 条规定的法院签发财产调整令的考虑因素之一。法院需考虑根据联邦《家庭法》签发的影响婚姻一方或者婚姻中子女的任何其他命令，包括子女抚养费令、配偶扶养费令等。这有利于法院签发的调整夫妻财产的命令符合公平和公正原则。

（三）配偶扶养费

联邦《家庭法》对离婚或分居夫妻的配偶扶养费进行了规定。笔者主要从以下几个方面进行考察和研究：配偶的扶养义务、配偶扶养费的条件、配偶扶养费的申请时间、法院签发配偶扶养费令的考虑因素、配偶扶养费令的签发以及配偶扶养费的变更和终止。

1. 配偶的扶养义务

联邦《家庭法》对配偶的扶养条件、法院签发扶养费令时的考虑因素、配偶扶养费的变更或终止等进行了规定。配偶之间的

① *In the Marriage of Bevan* [1995] FLC 92-600.

② *In the Marriage of Clauson* [1995] 18 Fam LR 693.

扶养不局限于离婚时，在婚姻关系存续期间若满足法定条件，一方同样可以要求另一方进行扶养。

在贝文（Bevan）案[①]中，澳大利亚家庭法院扩大庭讨论了适用配偶扶养费的一般原则，即授予配偶扶养费要做到以下几点：第一，根据联邦《家庭法》第72条的规定确定配偶扶养费的条件；第二，考虑联邦《家庭法》第74条和第75条第（2）款的规定；[②] 第三，没有在被申请人财产允许的情况下必须恢复另一方在离婚或分居前的生活水平的束缚性原则；第四，根据联邦《家庭法》第72条的规定行使自由裁量权，以“情节合理”为指导原则。在签发扶养费令时，法院必须考虑签发的财产令及其对妻子需要或丈夫支付配偶扶养费能力的影响。在贝文案中，初审法官忽略了签发的财产令及其影响。

2. 配偶扶养费的条件

（1）联邦《家庭法》的规定。澳大利亚配偶扶养费的条件被规定在联邦《家庭法》第72条中。根据该条的规定，婚姻的一方有扶养另一方的义务。扶养的条件包括两个方面。

其一，就受扶养的配偶而言，该配偶因以下原因不足以维持自己生活时，另一方有扶养义务：（1）照顾未满18周岁的该婚姻中的子女；[③] （2）因年龄、身体或精神上的缺陷没有能力从事有适当收入的工作；（3）其他适当的理由。

其二，就扶养人而言，要求扶养人须有扶养能力。若扶养人不具有扶养能力，则不承担扶养对方的义务。此外，法院须考虑本法第75条第（2）款中的任何相关事项。

---

① *In the Marriage of Bevan* [1995] FLC 92-600.

② 联邦《家庭法》第74条规定法院在配偶扶养费诉讼中的权利，第75条第（2）款规定法院作出配偶扶养费的考虑因素。

③ 根据联邦《家庭法》第60F条的规定，该法中婚姻中的子女（child of a marriage），不仅仅是指婚姻双方当事人所生的子女，也包括收养的子女。关于“婚姻中的子女”的定义的案例，可参见 *In the marriage of Molen and Molen* [1993] FLC 92-344。

（2）司法实践中的理解。在司法实践中，应当怎样理解“足以”维持自己的生活呢？在前述的贝文案①中，法院强调，关于申请人经济状况的要求不是基于申请人的“需要”，而是基于其是否“足以”维持自己的生活，这可能会导致一个对申请人更为慷慨的结果。在该案中，妻子51周岁，是一名兼职厨师，每周报酬224澳元；丈夫51周岁，是一名挖墓人，每周收入602澳元。根据财产令，在出售婚姻住房后，妻子获得18万澳元，丈夫获得10万澳元。法院认为，若根据妻子的需要确定扶养费数额，她只能获得每周30澳元的配偶扶养费。但是，丈夫有能力每周支付100澳元的配偶扶养费。根据联邦《家庭法》第75条第（2）款的规定，法院可以考虑其他因素，包括当事人之间的收入差距、婚姻存续时间以及妻子的收入能力等。综合上述的考虑，法院判决丈夫每周支付妻子50澳元的配偶扶养费。由此可见，在支付配偶扶养费的一方有足够财产的情况下，“足以”不仅仅指受扶养一方的基本需求，其习惯的生活水平是法院在确定扶养费数额是否“足以”维持生活时必须考虑的问题。

此外，一方照顾未满18周岁的子女并不都能充分地说明其不足以维持自己的生活。在凯奇（Keach）案②中，妻子是两个未满18周岁的子女的主要照顾人，她要求丈夫每周支付1350澳元的扶养费。法官对比了她的收入和支出后认为，妻子虽然有获得扶养费的需要，但是这种需要不是由于“她对子女的照顾”、她的“年龄”或她“没有能力从事有适当收入的工作”等引起的。因为妻子为子女安排了全职托儿服务，她有时间并有能力从事有适当收入的工作，但她并没有选择去工作。

---

① 该案中，双方当事人于1960年2月结婚，婚后育有三个子女，分别为32周岁、21周岁和19周岁。婚姻期间，丈夫长期与其邻居发生性关系，并且导致该邻居生育两个子女，分别为12周岁和9周岁。丈夫每月向邻居支付75澳元抚养子女，并且向其转账45650澳元。妻子发现后，于1992年6月搬离婚姻住房。

② See *Keach & Keach and Ors*［2011］FamCA 192.

"足以"是相对的。联邦《家庭法》提到了当事人已经分居或者离婚的，法院需考虑在所有情况下合理的生活水平。[①] "足以"并不意味着最低生存水平。申请人能否足以维持自己的生活的问题不是任何固定或绝对标准的问题，而是根据联邦《家庭法》第75条第（2）款中规定的所有考虑因素确定的。[②]

3. 配偶扶养费的申请时间

（1）联邦《家庭法》的规定。由于配偶扶养费是因婚姻而产生且属于联邦根据宪法规定的婚姻权力，因此，当事人可以在婚姻期间、分居后或者离婚后申请配偶扶养，但是在分居之前申请配偶扶养费的并不常见。[③] 根据联邦《家庭法》的规定，申请人可以向家庭法院、澳大利亚联邦巡回法院以及简易审判法院申请配偶扶养费。[④]

一般情况下，离婚夫妻申请配偶扶养费的，该申请必须在离婚后12个月内提出，[⑤] 这与联邦《家庭法》第81条[⑥]规定的"彻底决裂"原则相对应。但存在以下两种情况的可以不在离婚后12个月内提出：第一，如果法院不同意提起诉讼，会使一方当事人或子女陷入困境。第二，在许可提起诉讼的最后期限内，若法院

---

① Family Law Act 1975 (Cth), s 75(2)(g).

② Harland A., Cooper D., Rathus Z., et al., *Family Law Principles*, Sydney: Thomson Reuters (Professional) Australia Limited, 2015, p. 516.

③ See Belinda Fehlberg, "Spousal Maintenance in Australia," *International Journal of Law, Policy and the Family*, vol. 18, no. 1, April 2004, p. 11.

④ Family Law Act 1975 (Cth), s 39.

⑤ Family Law Act 1975 (Cth), s 44(3). 对于事实伴侣关系的当事人，配偶扶养费的申请需在事实伴侣关系结束后的两年内提出，或者在事实伴侣关系的当事人之间的财产协议被撤销或者被认定无效后的12个月内提出。Family Law Act 1975 (Cth), s 44 (5).

⑥ 联邦《家庭法》第81条规定，除根据本法第78条进行的诉讼程序或者有关婚姻存续期间扶养费支付的诉讼程序外，法院应当在切实可行的范围内，签发最终确定婚姻双方之间财产关系的命令，避免提起进一步的诉讼。

不同意提起诉讼，申请人会因没有收入、补助而陷入生活困境。[①]

（2）司法案例。在理查森（Richardson）案[②]中，理查森先生和理查森夫人于1970年结婚，婚后育有三个子女。双方于1991年11月离婚，在庭审时理查森先生55周岁，理查森女士53周岁。根据联邦《家庭法》第44条第（3）款的规定，提起财产和配偶扶养费诉讼的时间于1992年12月底到期，但是双方在此期间内均未提起此类诉讼。从1992年至1997年，理查森女士居住在养老院，并领取疾病津贴。她在疗养院工作每周可以获得100澳元。除此之外没有其他收入。在他们离婚时，夫妻财产不多。1997年理查森夫人身体恶化，她无法再居住在养老院。理查森先生为他提供了一些租房协助。1997年理查森先生中了300万澳元彩票，买了一些投资性房地产。理查森夫人于2006年向法院申请财产处理和配偶扶养费，虽然已经过了提起诉讼的时间，但家庭法院法官同意了理查森夫人关于财产处理和配偶扶养费的诉讼申请，其认为若不同意该诉讼申请，将导致理查森夫人陷入困境。该法官提到，此申请是对所提出的权利要求的事实查询，不是关于权利要求是否成功的决定，而是合理的权利主张是否可以被法院审理。理查森先生对摩尔法官签发的命令提起上诉，其上诉被家庭法院驳回。由此可见，在特殊情况下，配偶扶养费的申请可以在离婚后12个月后提出。

4．法院签发配偶扶养费令的考虑因素

一旦满足了配偶扶养费的申请条件，法院便可以根据联邦《家庭法》第74条的规定，签发其认为适当的命令。法院根据该法第75条第（2）款列出的考虑因素确定扶养费数额，这些列举的考虑因素非常详尽，并且还设置了兜底条款。这些考虑因素的内容如下：

---

① Family Law Act 1975 (Cth), s 44(4).

② *Richardson & Richardson* [2008] FamCAFC 107.

(1) 双方的年龄与健康状况。① 当事人的年龄与健康状况与扶养费的申请有关，因为当事人年龄和健康状况可能影响其工作能力，尤其是长期在家照顾子女和其他家庭成员，进行家务劳动的妇女。

(2) 双方的收入、财产和经济来源以及从事有偿工作应具备的身体和精神条件。② 此考虑因素涉及比较婚姻双方的财产状况，这在配偶扶养费诉讼和财产调整诉讼中均是重要的考虑因素。经济来源的范围比较广泛，如一方未来的养老金、从身患绝症者处预期获得的继承。在现有财产很少但是经济来源可观的情况下，配偶抚养费令可能是在各方之间实现公平的重要途径。

在贝斯特（Best）案③中，夫妻双方于 1975 年 2 月结婚。婚后的前两年妻子继续从事全职工作，并且支持丈夫完成学业。为了开始新的家庭生活，妻子在 1977 年年初辞职，自此没有从事其他任何工作。他们共同养育了 4 个子女，分别于 1978 年、1980 年、1983 年和 1984 年出生。丈夫从事法律工作，并且是一家公司的合伙人。双方于 1992 年 5 月离婚。在法院庭审之时，他们的总资产为 1200759 澳元，但负债总额为 1092562 澳元，余额约为 108000 澳元。随后丈夫再婚，妻子和 4 个孩子一起居住。初审法官将 70%的净资产分配给妻子，剩下的 30%分配给丈夫。此外，法院判决家具（价值 5379 澳元）双方平均分配。同时，初审法官判决 4 个子女的子女抚养费为每周 500 澳元，配偶扶养费为每周 400 澳元，并要求丈夫支付子女在私立学校的学费。随后妻子提出上诉。澳大利亚家庭法院认为，妻子对自己的生活和抚养子女有重大责任，但是经济能力有限。尽管丈夫多年来收入可观，但是在庭审时他们的资产扣除负债后剩余的财产很少。并且双方最大的区别

① Family Law Act 1975 (Cth), s 75(2)(a).
② Family Law Act 1975 (Cth), s 75(2)(b).
③ *Best and Best* [1993] FamCA 107.

是，丈夫有持续较高的收入能力，即使丈夫有提供扶养费的义务，他的职业也会使他摆脱当前经济状况的能力。相比之下，妻子并没有这种能力。这一点非常重要，因为丈夫在婚姻中职业技能得到了发展，而妻子长时间从事家务劳动，失去了她在结婚时所拥有的职业技能。[①] 由此，家庭法院撤销了之前的法令，将汽车（13500 澳元）、丈夫的银行卡存款（125 澳元）以及现金（65 澳元）归丈夫所有，其余动产包括家具由妻子享有。

（3）是否照顾该婚姻中未满 18 周岁的子女。[②] 一方照顾未成年子女可能会影响其从事全职工作，这具体取决于该未成年子女的年龄及其需求。此外，若一方有许多需求，但是其需要照顾婚姻中的子女，那么，满足其需求的能力可能会受到限制。

（4）当事人扶养以下个人所必须承担的义务：当事人自己；子女或当事人有义务扶养的其他个人。[③] 该义务是法律义务而非道德义务。

在司法实践中，法官应区分配偶扶养费与子女抚养费。在斯泰因（Stein）案[④]中，当事人于 1978 年 11 月结婚，1997 年从南非迁居澳大利亚，1998 年 1 月分居。在庭审时，他们的 4 个子女分别为 17 周岁、14 周岁、12 周岁和 9 周岁。这 4 个子女和母亲一起生活，并在私立学校上学。丈夫是一名注册会计师，在南非经营家具业务，而妻子自结婚以来一直没有从事带薪工作。初审法官判决丈夫支付妻子临时配偶扶养费每周 1500 澳元。丈夫提起上诉，认为初审法官在以下两个方面存在错误，一是在根据联邦《家庭法》第 75 条第（2）款第（d）项的考虑因素[⑤]确定当事人的子女

---

① Best and Best [1993] FamCA 107, at 120-121.

② Family Law Act 1975 (Cth), s 75(2)(c).

③ Family Law Act 1975 (Cth), s 75(2)(d).

④ *Stein & Stein* [2000] FamCA 102.

⑤ 即当事人扶养以下人员各方所必须承担的义务：他或她自己；子女或该方有义务扶养的其他人。

抚养费数额上存在错误；二是在确定妻子的实际开支方面存在错误。上诉后家庭法院认为，初审法官在考虑联邦《家庭法》第75条第（2）款第（d）项时存在错误，即使妻子有抚养子女的义务，也不能说明她履行抚养义务的事实是她需要维持自己生活费用的必要因素。最后家庭法院根据妻子的实际需要（861.5澳元），并结合她在婚姻期间生活水平较高的事实，命令丈夫每周支付妻子1160澳元的配偶扶养费。本案中丈夫提起上诉的核心问题是：联邦《家庭法》第75条第（2）款第（d）项的正确适用问题，以及在确定妻子的配偶扶养费需求时，是否应当考虑子女抚养费。家庭法院认为，在配偶扶养费案件中，如果要求丈夫向妻子支付配偶扶养费，法院必须根据丈夫抚养子女的义务来确定其支付配偶扶养费的能力。妻子需要的扶养费的多少并不取决于她必须抚养他人的抚养费的多少。[①] 因此，法院必须谨慎地区分子女抚养费和配偶扶养费。如果申请人可以根据1989年联邦《子女抚养费（评估）法》的规定获得对子女的抚养费，则应当充分利用这些救济措施。

（5）一方当事人扶养他人的义务。[②] 一方扶养他人的义务，包括一方扶养其新伴侣的义务。该考虑因素涉及上述第（4）个考虑因素未涵盖的义务。第（4）个考虑因素和第（5）个考虑因素提出了一个关于支付抚养费的一方在第一个家庭和重新组建的家庭之间平衡的难题。没有特定的人，如第一任妻子，有权享有优先待遇。因为根据联邦《家庭法》的规定，父母对其所有子女在经济上的抚养是平等的。在重新找到伴侣或与第二个家庭育有子女的情况下，法院会试图平衡两个家庭的需要，但事实上，第二个家庭有实际的优势。[③]

---

① *Stein & Stein* [2000] FamCA 102, at 49.

② Family Law Act 1975 (Cth), s 75(2)(e).

③ Alexander, Renata, Campbell, Jacqueline, Dee, Genevieve, et al., *Australian Master Family Law Guide* (Sixth Edition), Sydney: CCH Australia Limited, 2013, p. 441.

(6) 任何一方在遵守联邦、各州、各领地或其他国家的法律以及养老基金或计划[①]的规定所获得补助、津贴或福利的资格及其费用。[②] 这是一项公共政策决定，旨在在前配偶有能力支付配偶扶养费的情况下，通过配偶扶养费的支付减少人们对社会保障金的依赖，从而减轻国家负担。[③] 该考虑因素涉及通过社会保障或养老基金或计划获得补助、津贴或者福利的资格。这需要与联邦《家庭法》第75条第（3）款联系起来，该款要求法院在行使扶养费管辖权时，不考虑申请人应享有的任何社会保障或福利补助。因此，虽然在确定申请人的扶养费主张时忽略了申请人获得社会保障的权利，但是在确定被申请人支付扶养费的能力时，会考虑支付方的社会保障资格。国家支持对分居和离婚的妇女的扶养责任转移回私人领域。[④]

(7) 双方已经分居或离婚的，在所有情况下合理的生活水平。[⑤] 关于生活水平，没有固定的适用标准。法院会考虑当事人在一起生活时的生活水平，支付扶养费一方是否有能力在原有的生活水平上扶养另一方，以及考虑在该情况下是否合理。威尔逊（Wilson）案[⑥]中提到，丈夫有能力为妻子提供扶养费的水平，使双方都能继续享受与离婚前相同的生活水平，或者使妻子享受高于社会平均生活水平的，那么法院签发实现这一目标的法令是适当的。

(8) 给付的扶养费能够使接受扶养费的一方通过接受教育、

---

① 无论该养老金基金或计划是否已经建立或运作。

② Family Law Act 1975 (Cth), s 75(2)(f).

③ Parkinson P., *Australian Family Law in Context: Commentary and Materials* (Seventh Edition), Sydney: Thomson Reuters (Professional) Australia Limited, 2019, p. 439.

④ Fehlberg B., Kaspiew R., Millbank J., Kelly F., Behrens J., *Australian Family Law: The Contemporary Context* (Second Edition), Melbourne: Oxford University Press. 2015, p. 634.

⑤ Family Law Act 1975 (Cth), s 75(2)(g).

⑥ *Wilson and Wilson* [1989] FamCA 34.

培训、从事商业活动或获得适当收入，从而提高其收入能力的程度。[①] 在某些情况下，一方会要求另一方支付扶养费，用于支付接受教育或培训的费用，以及在整个课程期间的生活费用，从而使申请人能够完成课程并获得更高的收入能力。这要求法院考虑配偶扶养费的恢复功能（rehabilitative function）。

在霍根（Hogan）案[②]中，双方当事人于1985年1月结婚，由于妻子婚后怀孕，因此放弃了学业。双方婚后育有4个子女。2004年12月双方离婚。离婚后法院判令丈夫每周支付800澳元配偶扶养费。妻子获得了攻读博士学位的奖学金，即每年26000澳元。但是她必须在其研究领域完成400小时的实习。法官认为，丈夫应当每周支付800澳元的配偶扶养费，直到妻子完成实习为止。在此之后，妻子应当继续获得扶养费，直到她开始攻读博士学位之时。法官考虑到妻子在婚姻期间牺牲其职业发展机会，使丈夫能够获得更好的发展。但是，由于妻子每年可以获得26000澳元的奖学金，配偶扶养费的数额应当减少，并且该支付期限应当持续到2009年6月30日。因此，法院签发命令，丈夫每周向妻子支付配偶扶养费800澳元至2008年7月13日，此后每周支付300澳元配偶扶养费至2009年6月30日。在奥普（Hope）案[③]中，妻子为了能够获得足够的收入，参加了一项培训课程。丈夫支付的配偶扶养费（每月400澳元）有利于她在未来的两年内提升其收入能力。

（9）拟签发的命令对债权方实现债权能力的影响。[④] 法院考虑其拟签发的任何命令对当事方的债权人实现其债权能力的影响，旨在保护债权人的利益。必须注意，法律没有要求法官优先考虑债权人的利益。

---

① Family Law Act 1975 (Cth), s 75(2)(h).

② *Hogan and Hogan* [2008] FamCA 41.

③ *In the marriage of Hope* [1977] FLC 90-294.

④ Family Law Act 1975 (Cth), s 75(2)(ha).

（10）拟受扶养方对他方的收入、收入能力、财产及经济来源的贡献程度。[①] 这是一个可以考虑过去的贡献的考虑因素，尤其是申请扶养费一方的贡献。例如，一方工作支持另一方上学。但是，这仍然要求申请人需满足申请配偶扶养费的条件。毫无疑问，这限制了使用配偶扶养费补偿过去的贡献的适用。

在泰伊（Tye）案[②]中，双方当事人于1973年3月17日结婚，结婚前双方已经交往了两年。婚后于1975年1月2日分手。在结婚前后的很长一段时间里，妻子支持丈夫完成教育和培训课程。1975年年初，丈夫在新加坡获得了高薪职位，他到新加坡后，决定结束婚姻关系。妻子随后生病，婚姻的突然终止是其生病的原因之一。由于生病需要手术治疗，妻子从1975年10月开始没有参加工作。基于上述情况，法院最终判决丈夫支付2360澳元配偶扶养费。在该案中，无论法院判决支付的配偶扶养费是对妻子过去支持丈夫接受教育和培训贡献的补偿，还是出于对妻子生病而没有收入的支持，抑或是为了妻子恢复经济状况，该配偶扶养费的数额都非常少。

（11）婚姻的持续时间以及对受扶养方收入能力的影响程度。[③] 关于此考虑因素，法院的立场是，法院仅考虑婚姻持续时间对申请人的收入能力的影响程度。[④] 法院对“收入能力”进行了广泛的定义，包括通过任何方式获得收入的能力，如通过创收资产获得收入的能力。

在贝克（Beck）案[⑤]中，妻子在结婚前继承了前夫的一份农地

---

① Family Law Act 1975 (Cth), s 75(2)(j).

② *In the Marriage of Tye* (No 2) [1976] 2 Fam LR 11, 205.

③ Family Law Act 1975 (Cth), s 75(2)(k).

④ Dickey A., *Family Law* (Sixth Edition), Sydney: Thomson Reuters (Professional) Australia Limited, 2014, p. 398.

⑤ *In the marriage of Beck* (*No* 2) [1983] FLC 91 318; *In the Marriage of W T and J F BECK* (No 2) (1983) 8 Fam LR 1017.

产，对该农地产享有终身权益，但如果再婚将失去该财产权益。本案中的双方当事人于 1969 年 3 月结婚，1973 年 3 月分居，1977 年离婚令生效。双方结婚时丈夫知道妻子与其结婚将失去对前夫农地产的终身权益。法院认为，联邦《家庭法》第 75 条第（2）款第（k）项中的“收入能力”，是作为一种获得收入并可以用于提供扶养的能力，其不仅仅是指通过个人活动或使用个人技能获得收入的能力。妻子结婚时对前夫的财产享有终身权益，但由于结婚失去了该权益。虽然该案中双方当事人的婚姻只持续了 4 年，但婚姻期间妻子在家庭劳动和经济收入方面都作出了贡献。与丈夫相比，妻子收入能力和资产不足必须得到应有的重视。最后，法院认为给予妻子 40000 澳元的配偶扶养费才是适当的。笔者认为，虽然双方的婚姻相对短暂，但妻子丧失了对农地产这份创收资产的收入，这对妻子的收入能力造成了较大的影响。因此，法院将妻子对前夫继承的农地产的终身权益的丧失作为对妻子收入能力的影响。此考虑因素中的收入能力的范围并不局限于通过个人技能或活动获得收入的能力。

（12）保护希望继续担任父母角色一方的需要。[①] 该考虑因素有利于鼓励父母在分居或离婚后继续履行对子女的义务。

在尼克松（Nixon）案[②]中，妻子认为其无法足以维持自己的生活，原因是她须照顾两个未成年子女，并且最小的子女还没有到入学年龄。丈夫认为妻子必须考虑从事有偿工作，并将子女送入托儿所。穆莱恩法官（Mullane J）并不赞成丈夫的观点。其认为仅在没有托儿所和就业的情况下才适用“是否有任何一方在照顾该婚姻中的未满 18 周岁的子女”的考虑因素违反了该规定的目的，并且忽略了“保护希望继续担任父母角色一方的需要”的考

① Family Law Act 1975 (Cth), s 75(2)(l). 该考虑因素原为：保护只希望继续担任妻子和母亲角色的妇女的需要。

② *In the marriage of Nixon* [1992] FLC 92-308.

虑因素。当事人确实可以选择做有偿工作并将子女送入托儿所，也可以选择做全职父母，并且可能因照顾婚姻中的子女而无法维持自己的生活。法院考虑此因素是为了保护希望继续担任父母角色一方的需要，同时也有利于未成年子女的健康成长。

（13）任何一方与第三人同居的，他们同居期间的经济状况。[①] 在 F 案[②]中，双方当事人已经分居，分居后两个未成年子女和母亲一起生活。妻子和 T 是事实伴侣关系。妻子向法院申请要求前夫支付配偶扶养费。福格蒂法官（Fogarty J）认为，妻子与他人建立事实伴侣关系后，其事实伴侣在可以为家庭做贡献的情况下没有为家庭做贡献，妻子仍然希望前夫支付其配偶扶养费是不适合的。丈夫有义务支付子女抚养费，但是没有义务扶养妻子的事实伴侣，也没有义务为妻子的扶养作出贡献。因此，福格蒂法官签发丈夫每周向妻子支付两个子女的子女抚养费各 35 澳元的命令；驳回妻子要求丈夫支付配偶扶养费的申请。由此可见，夫妻任何一方与第三人同居，其同居期间的经济情况会影响其配偶扶养费的获得。

（14）根据联邦《家庭法》第 79 条的规定签发的或者拟签发的命令，这些命令涉及当事人的财产或者与破产方有关的既定破产财产（vested bankruptcy property）。[③] 联邦《家庭法》第八章中的配偶扶养费与财产调整规定之间是有联系的。该考虑因素要求法院考虑已经签发或拟签发的财产令。任何财产令的内容都与配偶扶养费的申请有关，因为财产令中对财产的分配结果可能会使配偶没有申请配偶扶养费的需要。申请配偶扶养费需要满足一定的条件，即申请人因法定原因不足以维持自己的生活，被申请人有支付扶养费的能力。如果财产令中将大量的财产分配给配偶一

① Family Law Act 1975 (Cth), s 75(2)(m).

② *In the marriage of F*[1982] 8 Fam LR 29.

③ Family Law Act 1975 (Cth), s 75(2)(n).

方，则可能导致其不符合申请配偶扶养费的条件。因此，法院在签发配偶扶养费令之前通常须考虑对配偶双方有约束力的财产令。

（15）根据第八 AB 章①的规定，签发或拟签发的与下列事项有关的命令或申明的条款：婚姻一方当事人；与婚姻一方有事实伴侣关系的个人；婚姻一方的财产和/或与婚姻一方有事实伴侣关系的个人财产；有关婚姻一方或与婚姻一方有事实伴侣关系的个人的既定破产财产。② 这是指当事方可能已经结束的任何其他关系，无论是婚姻关系还是事实伴侣关系，都需要考虑与这些关系有关的财产令。

（16）根据 1989 年联邦《子女抚养费（评估）法》的规定，婚姻一方当事人为婚姻中的子女已经提供、即将提供或将来可能有责任提供的子女抚养费。③ 法院须考虑以下两个事实：一是未与子女共同居住的一方因支付子女抚养费可能导致其没有支付配偶扶养费的财产；二是由于子女抚养费计划（Child Support Scheme）的实施，与子女共同居住的一方的财产状况无疑会得到改善。

在克劳森（Clauson）案④中，双方的 4 个未成年子女随母亲一起生活，由丈夫向妻子支付子女抚养费。家庭法院扩大庭认为，本案中丈夫须支付大量的子女抚养费，并且没有迹象表明他不继续支付子女抚养费。这是法院考虑的一个有利于丈夫的重要因素。但是，子女抚养费的支付并不能补偿与子女共同居住一方的职业机会的丧失、就业流动性的缺乏以及对独立生活方式的限制（而照看子女的义务通常会带来这种限制）。这说明不能将子女抚养费作为对配偶的补偿。

---

① 第八 AB 章规定的是与事实伴侣关系有关的财产事宜。2008 年联邦《家庭法修正案（事实财务事项和其他措施）法》对联邦《家庭法》进行了修改，增加了有关事实伴侣关系的条款，该法第 50 条规定在联邦《家庭法》中增加第八 AB 章。

② Family Law Act 1975 (Cth), s 75(2)(naa).

③ Family Law Act 1975 (Cth), s 75(2)(na).

④ *Clauson and Clauson* [1995] FamCA 10.

（17）法院认为为确保案件公平需要考虑的任何事实或情况。[1]这是一项涵盖内容较为广泛的规定，按照字面意思理解，法院须考虑的内容几乎没有限制。问题是该考虑因素是否包括对婚姻过错的考虑。联邦《家庭法》第75条第（2）款中的所有其他考虑因素中，均没有提到婚姻过错问题，但也没有明确婚姻过错是无关的。不过，随着无过错离婚的引入，否认有过错的一方享有配偶扶养费的权利似乎不能适用。

在索布卢斯基（Soblusky）案[2]中，法官认为，该考虑因素的内容广泛，应在适当的范围内保持对其解释的灵活性。必须根据特定案件的事实行使根据此考虑因素赋予法官的自由裁量权，法院通过人为地限制该自由裁量权的范围是不适当的。法院认为，该考虑因素中的事实或情况不涉及与婚姻当事人的婚姻历史有关的事实或情况，而仅涉及具有广泛性财产性质的事实或情况。

此外，在肯农（Kennon）案[3]中，法官认为，配偶扶养费基本上与需求和能力问题有关，并没有提到当事人的过错行为。但是，如果需要是由于一方的暴力（过错行为）对另一方造成的损害引起的，则可能会涉及配偶扶养费的支付。

（18）任何对婚姻双方具有约束力的财产协议。[4] 配偶双方的财产协议，该协议涉及的财产分配等与财产有关的事项，可能会影响申请配偶扶养费的一方是否满足配偶扶养费的条件以及配偶扶养费的数额。法院考虑财产协议有利于更公平合理地签发配偶扶养费令。这种考虑涉及对婚姻双方均具有约束力的财产协议。

（19）第八AB章对婚姻一方当事人有约束力的财产协议。[5]

---

① Family Law Act 1975 (Cth), s 75(2)(o).

② *In the marriage of Soblusky* [1976] FLC 90-124. 此外，该案也说明，不良行为与配偶扶养费的申请无关。如果某人行为残酷，这并不意味着该人无权申请配偶扶养费。

③ *Kennon and Kennon* [1997] FamCA 27.

④ Family Law Act 1975 (Cth), s 75(2)(p).

⑤ Family Law Act 1975 (Cth), s 75(2)(q).

第八AB章涉及事实伴侣关系的财产事项。婚姻一方与事实伴侣签订的有约束力的财产协议也会影响配偶扶养费的申请，因此，法院在签发配偶扶养费令之前也要考虑此类财产协议的内容。这种考虑涉及仅对婚姻一方具有约束力的财务协议，当然，该财产协议对该方及其事实伴侣是有约束力的。

5. 配偶扶养费令的签发

法院根据具体情况，可以签发相关的配偶扶养费法令。如要求一方一次性支付配偶扶养费、定期支付配偶扶养费、支付紧急配偶扶养费等。[①]

（1）法院倾向于签发定期支付配偶扶养费的命令。一般情况下，与一次性配偶扶养费相比，法院更倾向于签发定期配偶扶养费令。尽管从“彻底决裂”原则的角度来看，配偶扶养费的一次性支付可能更为可取，但是，在实践中却并非如此。原因主要有以下两点：一是在许多情况下，应支付配偶扶养费的一方没有足够的财产一次性支付所有的配偶扶养费。二是在定期支付配偶扶养费的情况下，法院存在这样的顾虑：收取配偶扶养费的一方再婚，支付方可以不再继续支付，因此，若一次性支付配偶扶养费后收取扶养费的一方很快再婚，这会造成对支付配偶扶养费一方的不公。

在克劳森（Clauson）案[②]中，妻子主张丈夫一次性支付配偶扶养费。家庭法院扩大庭认为，法院在行使此权力时可以采取多种方式，包括签发定期支付令和一次性支付令。并且，法院应当慎重考虑一次性支付配偶扶养费，在考虑一次性支付配偶扶养费前，法院应首先考虑定期支付配偶扶养费。尤其是在未来存在不确定性，以及在没有真正考虑支付方是否有遵守定期支付配偶扶养费令的能力的情况下，一次性支付配偶扶养费是不合理的。对

① 法院还可以签发临时扶养费令。Family Law Act 1975 (Cth), s 80 (1) (h).

② *Clauson and Clauson* [1995] FamCA 10.

未来的不确定是法院不愿意签发一次性配偶扶养费令的主要原因。

（2）紧急扶养费令。澳大利亚家庭法还对配偶的紧急扶养费作了规定。如果在与配偶扶养费有关的诉讼中，法院认为婚姻一方急需经济帮助，而在这种情况下立即确定需要签发的命令是不切实际的，法院可以签发其认为合理的支付该方费用的命令[①]，使需要帮助的一方当事人得到及时救助。

在海森（Hayson）案[②]中，双方当事人于 1980 年分居，分居后他们的三个未成年子女均由丈夫抚养。1983 年 1 月双方正式离婚。1987 年 1 月 9 日，罗斯·琼斯法官（Justice Ross-Jones）签发丈夫每周向妻子支付 440 澳元紧急扶养费的命令。初审法官认为，妻子在靠近子女住所的地方租房是合理的，妻子住在有三间卧室的房子，可以方便其子女与其一起居住。丈夫向家庭法院提起上诉。家庭法院扩大庭认为，尽管租金很高，妻子可能有充分的理由租用该房子。因为这样离子女住的地方很近，并且房屋的大小也适合子女留宿。在申请临时扶养费或者永久扶养费的诉讼中，法院可能会将全部费用作为符合妻子需求的适当支出。但是，妻子租用该房屋不能被认为是“迫切需要”，并且其没有事先和丈夫商量或者告知丈夫。因此法院撤销了罗斯·琼斯法官签发的紧急扶养费的法令。由此可见，紧急扶养费令必须要求一方存在迫切需要经济帮助的情形。

6. 配偶扶养费的变更和终止

（1）配偶扶养费的变更[③]。法院可以根据相关的规定，基于正当理由撤销配偶扶养费令，全部或部分中止该法令的效力，全部或部分恢复中止的配偶扶养费令，增加或减少配偶扶养费的数额等。

---

① Family Law Act 1975 (Cth), s 77.

② *In Marriage of Hayson* [1987] FLC 91-819.

③ Family Law Act 1975 (Cth), s 83.

①法院可以在有正当理由的情况下撤销配偶扶养费令。这里的“正当理由”是指“正确的”或者“恰当的”。[①]在卢茨克（Lutzke）案[②]中，林登迈尔法官（Lindenmayer J）认为，“正当理由”只能在联邦《家庭法》的范围内加以解释，尤其是该法中与扶养费有关的其他具体规定方面。只有在考虑了该《家庭法》中的其他规定，尤其是关于配偶扶养费的规定，撤销现有的配偶扶养费令的“理由”才可能是“正当理由”，才能够说明配偶扶养费应当被撤销是“正确的”或者是“适当的”。一个明显导致撤销配偶扶养费法令的正当理由是，被扶养的一方现在能够足以维持自己的生活。在科纳（Corner）案[③]中，法官认为，相关的证据证明，双方当事人的收入都超过支出。一方面，丈夫的收入为每年3983澳元，支出为每年3870澳元，其中包括配偶扶养费。另一方面，妻子的收入不少于每年3842澳元，支出为每年2596澳元。即使扣除丈夫支付的配偶扶养费，妻子的收入也比支出多。因此法官认为，妻子足以维持自己的生活，由此撤销了丈夫支付配偶扶养费的法令。

②配偶扶养费的变更理由。关于配偶扶养费的增加或者减少，理由有如下五个：第一，收取扶养费的一方的情况已发生变化，包括建立了稳定和持续的事实伴侣关系；[④] 第二，支付扶养费的一方的情况已发生变化；[⑤] 第三，生活费用已发生变化，以至于变更扶养费是合理的；[⑥] 第四，原配偶扶养费令是经同意后签发的，且该命令中的扶养费不适当或者不足；[⑦] 第五，在法院签发配偶扶养

---

① Dickey A., *Family Law* (Sixth Edition), Sydney: Thomson Reuters (Professional) Australia Limited, 2014, p. 415.

② *In the marriage of Lutzke* [1979] FLC 90-714.

③ *In the marriage of Corner* [1978] FLC 90-438.

④ Family Law Act 1975 (Cth), s 83(2)(a)(i).

⑤ Family Law Act 1975 (Cth), s 83(2)(a)(ii).

⑥ Family Law Act 1975 (Cth), s 83(2)(b).

⑦ Family Law Act 1975 (Cth), s 83(2)(ba).

费令时，当事人向法院隐瞒了重大事实，或者向法院提供的主要证据存在错误。[①] 满足上述五个理由之一的，当事人可以申请增加或者减少配偶扶养费。

（2）配偶扶养费的终止。配偶扶养费的终止主要有以下原因：

①被扶养的一方当事人死亡的，有关该方配偶扶养费令不再具有法律效力。

②承担配偶扶养费义务的一方死亡的，扶养费令失效，但是配偶扶养令表明，为一方当事人的利益签发的命令终身有效，在承担付款义务的一方死亡时，给付扶养费的期限未届满，在这种情况下该命令对死者的法定遗产管理人（legal personal representative）仍具有约束力。

③向婚姻一方当事人支付扶养费的法令在被扶养的一方再婚时失效，除非有特殊情况，根据本法有管辖权的法院另行签发法令。若受扶养的一方再婚的，其有义务毫不迟延地将再婚之日告知付款义务人，再婚后支付的扶养费，付款方可以向另一方追偿。[②]

（四）养老金利益的分割

1. 立法目的

根据澳大利亚联邦《家庭法》第八 B 章关于养老金分割的规定。其立法目的主要有两个：一是使养老金利益成为离婚时可以进行分割的财产；二是对负责养老金发放的第三方托管人进行约束。[③]

2. 养老金协议

联邦《家庭法》规定，该法第八 A 章规定的财产协议包括处理配偶双方或一方的养老金利益的协议，达成协议时，养老金利

---

① Family Law Act 1975 (Cth), s 83(2)(c).

② Family Law Act 1975 (Cth), s 82.

③ 陈苇主编：《外国家庭法比较研究》，群众出版社 2006 年版，第 600 页。

益是否存在并不重要。财产协议中涉及养老金的部分为养老金协议。该法第90B条规定的婚前财产协议中包含养老金协议的，若双方当事人不结婚，该养老金协议不发生效力。① 根据养老金协议进行分割付款的生效时间是从将协议副本送达托管人之日起第四个工作日开始，并且，如果双方离婚的，须附有终止婚姻关系的离婚令副本；如果双方分居的，须附有分居声明，分居声明的声明时间必须在送达受托人之前不超过28日。②

和其他财产协议一样，为了使养老金协议对当事人具有约束力，该协议必须符合相关的要求。例如，养老金协议须经当事人签署，需要法律职业者出具独立的法律建议，等等。此外，养老金协议可以用于向法院申请分割养老金的同意令。当配偶之间无法就养老金分割达成协议的，可以向法院申请分割养老金。

3. 法院对养老金利益的分割

对于婚姻期间所积累的养老金利益的分割，法院可以签发两种与养老金资格有关的特殊命令，即“分割令”和“标记令”。

（1）分割令。联邦《家庭法》第90XT条对“分割令”进行了规定，即法院可以命令将享有养老金权益的成员配偶的一定数额或者一定比例的养老金支付给非成员配偶。分割令可以在养老金的积累阶段或者支付阶段签发。分割令可以通过多种方式实现，若成员配偶满足养老金发放的条件（通常是指退休），可以直接将该方受分割令限制的那部分养老金支付给另一方，或者将非成员配偶的养老金份额以该方的名义转移到同一个退休基金的新账户中或以该方的名义转移到另一个基金账户中。这样做有如下三个优点：第一，这符合“彻底决裂”原则，避免双方离婚后在经济上有过多的牵连。第二，在某些情况下，这可以给予非成员配偶对有关养老金利益的投资决定或者其他事项一定程度的控制权。

① Family Law Act 1975 (Cth), s 90XH(1)(2)(4).
② Family Law Act 1975 (Cth), s 90XI(1)(2).

第三，这使夫妻双方对养老金在未来所增长的价值能够分别累积。①

在古斯雷与拉什顿（Guthrie & Rushton）案②中，法院认为，养老金分割令作为实现公平和公正原则而签发的命令，在确定其是否是必要的和适当的时，了解分割令将会产生的后果相当重要。此外，在法院作出判决前一方当事人死亡的，法院仍然可以签发养老金分割令。在梅多斯（Meddow）案③中，妻子在庭审结束后判决作出前死亡，之后的庭审由其法定代理人（妻子的父母）代理。丈夫向家庭法院申请，要求妻子将其在原婚姻住房中的权益转让给他，并申请签发养老金分割令，将丈夫的养老金分割给妻子。最后法院签发了养老金分割令，要求向妻子的法定代理人支付相应的养老金。

（2）标记令。联邦《家庭法》第 90XU 条规定了"标记令"，即允许法院判决离婚时对养老金利益进行"标记"，而不是对养老金款项进行分割。标记令可以：第一，指令托管人在未经法院许可的情况下，不得对养老金利益进行分割；第二，要求托管人在养老金可以进行支付时，在法院命令规定的期限内，通知成员配偶和非成员配偶。④ 标记令对养老金的托管人是有约束力的，它指示托管人在法院签发命令之前或双方当事人达成协议之前，不得向成员配偶支付养老金。法院在不能确定签发什么命令才符合公平和公正原则的情况下，标记令通常被视为一种保留养老金利益的临时令。因为法院认为，有时签发标记令比签发分割令更符合公平和公正原则，尤其是在成员配偶将要退休或者很快符合发放

---

① Young L., Sifris A., Carroll R. and Monahan G., *Family Law in Australia* (Ninth Edition), Chatswood: LexisNexis Butterworths, 2016, pp. 913-914.

② *Guthrie & Rushton* [2009] FamCA 1144.

③ *Meddow & Estate of the late Ms Meddow* [2015] FamCA 1182.

④ Family Law Act 1975 (Cth), s 90XT, s 90XU. 参见陈苇主编:《外国家庭法比较研究》,群众出版社 2006 年版,第 601 页。

养老金条件的情况下。这有利于使养老金价值在能够最终被确定的情况下进行分割。

第二节　澳大利亚离婚对未成年子女的法律效力之考察

澳大利亚的离婚制度重视在离婚案件的处理中对未成年子女利益的保护。① 关于澳大利亚离婚对未成年子女的法律效力，笔者主要从子女抚养协议、子女抚养令以及子女抚养费这几个方面分别进行考察和研究。②

---

① 在澳大利亚过去的普通法中，对“合法的”婚生子女和“非法的”非婚生子女，始终是区别对待的。依 1961 年联邦《结婚法》第 89 条、第 91 条的规定，从两个方面对上述普通法的规定进行了改革：一是承认合法婚姻的夫妻所生子女具有合法地位；二是承认自子女从出生之日起（子女在该法生效之后出生）或者从该法生效之日起（子女在该法生效之前出生），非婚生子女享有合法地位（准证）。1945 年第二次世界大战结束以后，非婚生子女地位彻底提高，联邦和各州的制定法都将他们与婚生子女同等对待。（参见何勤华主编：《澳大利亚法律发达史》，法律出版社 2004 年版，第 221 页。）在 20 世纪 70 年代，澳大利亚立法废除了“非婚生了女”的称谓，如 1974 午澳大利亚维多利亚州《儿童身份法》第 12 条将“非婚生子女”重新定义为“在出生之时或受孕之时或之后父母没有结婚的子女”。See Victorian Law Reform Commission, “History of adoption law in Victoria,” available at https://www.lawreform.vic.gov.au/content/2-history-adoption-law-victoria#toc-human-rights-and-the-rights-of-the-child-TxSF5OnT, accessed 28 September 2020. 联邦《家庭法》中也摈弃了“非婚生子女”的法律概念，无论父母有无婚姻关系，他们所生子女均统一称为“子女”。因此，澳大利亚现代的家庭法中，非婚生子女与婚生子女统一被称为“子女”，这有利于对子女的平等保护。

② 没有人能事先知道离婚将使特定家庭的子女受益。有时候，离婚对子女来说是有益的，因为离婚可以避免婚姻的不稳定和冲突，给子女带来相对平静与安定的环境。另外，离婚确实会影响与父母同住的子女的生活。许多研究表明，在饱受冲突和婚姻纠纷困扰的家庭与离婚的家庭相比，子女在离婚家庭中生活可能会更好。Gardner R. A., “Social, Legal, and Therapeutic Changes That Should Lessen the Traumatic Effects of Divorce on Children,” *Journal of the American Academy of Psychoanalysis*, vol. 6, no. 2, April 1978, p. 235.

一、子女抚养计划

联邦《家庭法》鼓励父母离婚时就子女抚养安排达成协议，将采用法律手段作为解决纠纷的最后手段而非首要手段。通过达成协议将未来发生冲突的可能性降至最低，并且达成协议应以未成年子女的最大利益为首要考虑因素。[①] 联邦《家庭法》允许父母就其对子女的父母责任达成协议，该子女抚养协议在该法中被称为子女抚养计划（parenting plan）。[②]

（一）子女抚养计划的内容

子女抚养计划是子女的父母就父母责任达成并签署的一种书面协议。因此，子女抚养计划的内容主要是对父母责任的安排。根据联邦《家庭法》第61B条的规定，父母责任（parental responsibility）是指父母依法对子女负有的所有义务和享有的所有权利。每对父母对未满18周岁的子女都应当承担父母责任，该责任不受父母分居、任何一方结婚或再婚的影响。[③] 但是，子女一旦被收养，则会导致父母对该子女的父母责任的终止。[④]

父母离婚时可以制订子女抚养计划，其具体内容主要涉及子女与谁一起生活；子女与他人共处的时间；父母责任的分配；子女与他人的交往；子女抚养费；解决子女抚养计划纠纷的程序；子女的照顾、福利、发展；等等。[⑤]

（二）子女抚养计划的登记与效力

在2004年以前，子女抚养计划可以向法院申请登记，登记后

---

① Family Law Act 1975 (Cth), s 63B.

② Dickey A., *Family Law* (Sixth Edition), Sydney: Thomson Reuters (Professional) Australia Limited, 2014, pp. 269-270. 在1996年之前，这种协议被称为子女协议（child agreement）。

③ Family Law Act 1975 (Cth), s 61C.

④ Family Law Act 1975 (Cth), s 61E.

⑤ Family Law Act 1975 (Cth), s 63C.

的子女抚养计划具有子女抚养令同等的效力。目前，在 2004 年以前登记的子女抚养计划仍然具有子女抚养令同等的效力。事实上，就子女福利达成有约束力的协议的父母，大部分会向法院申请同意令。因此，向法院申请登记子女抚养计划的情况相当少。①

自 2004 年以后，法院不再对子女抚养令进行登记。家庭法鼓励当事人就子女抚养有关的内容达成简单的书面协议，这种协议仍然被称为子女抚养计划，但是，这种子女抚养计划不再具有强制执行的约束力。然而，当事人达成的子女抚养计划仍然可以作为纠纷解决时父母达成协议的证据。② 因此，虽然目前子女抚养计划不具有强制执行的约束力，但是离婚当事人随后向法院申请子女抚养令的，在符合儿童最大利益的情况下，法院在签发子女抚养令时，应当考虑离婚当事人之间达成的子女抚养计划。③

（三）子女抚养计划的变更与撤销

子女抚养计划旨在提供一种简单、非正式的协议方式。该计划必须在不受威胁、欺诈或胁迫的情况下作出，即要求当事人自由订立子女抚养计划。未登记的子女抚养计划可以由父母重新订立一份书面协议进行撤销或者变更。④

在 2004 年以前已经登记的子女抚养计划，不可以简单地由当事人进行变更或者撤销。当事人可以签订书面撤销协议，并且该撤销协议只有在登记后才具有撤销效力。⑤ 登记子女抚养计划的法院在以下情况下可以撤销该子女抚养计划：第一，一方因受到欺

---

① Dickey A., *Family Law* (Sixth Edition), Sydney: Thomson Reuters (Professional) Australia Limited, 2014, p. 270.

② Dickey A., *Family Law* (Sixth Edition), Sydney: Thomson Reuters (Professional) Australia Limited, 2014, p. 270.

③ Family Law Act 1975 (Cth), s 65DAB.

④ Family Law Act 1975 (Cth), s 63D.

⑤ Family Law Act 1975 (Cth), s 63DB.

诈、胁迫或不当影响[①]而同意达成子女抚养计划。第二，双方当事人均同意撤销子女抚养计划。第三，撤销子女抚养计划符合子女的最大利益。[②]

必须注意，子女抚养计划可能涉及子女抚养费的内容。但是，如果夫妻一方根据1989年联邦《子女抚养费（评估）法》的规定采取行政方式申请子女抚养费评估的，子女抚养计划中的子女抚养费规定不具有效力，因此也不可以强制执行。[③]

二、子女抚养令

根据联邦《家庭法》的规定行使管辖权的法院拥有广泛的自由裁量权，可以签发解决子女抚养纠纷的命令。[④] 子女抚养令的目的是确保子女从父母处获得适当的经济供养，确保通过父母双方的收入、谋生能力、财产和经济来源满足子女的适当需求，确保父母平等承担抚养责任。[⑤] 法院在签发子女抚养令时，可以推定子女的父母对子女平等地承担共同父母责任符合子女的最大利益。但是，法院有合理理由确信子女的父母（或与子女的父母一起生活的人）实施了以下行为的，不适用该推定：（1）虐待该子女或者虐待为其家庭成员的其他子女；（2）实施家庭暴力。有证据使

---

① 不当影响（undue influence）：在英国法中，指一种影响、压力或者控制力，使得一方当事人由此不能自由、独立地就自己的行为作出选择。它作为衡平法的原则，是推定欺诈原则的组成部分。一方当事人从合同中获利或接受另一方当事人的赠予，如果对方当事人在交易中受该方当事人的影响而无法进行自由、独立的判断，则该交易是可撤销的。一般当双方当事人之间具有信任关系时，可以推定存在不正当影响，但这一推定是可以被推翻的。在其他情况下可以由主张者提供证据加以证明，从而认定存在不正当影响。薛波主编：《元照英美法词典》，北京大学出版社2014年版，第1372页。

② Family Law Act 1975 (Cth), s 63H.

③ Family Law Act 1975 (Cth), s 63G(5).

④ Young L., Sifris A., Carroll R. and Monahan G., *Family Law in Australia* (Ninth Edition), Chatswood: LexisNexis Butterworths, 2016, p. 436.

⑤ Family Law Act 1975 (Cth), s 66B.

法院确信子女的父母对子女平等地承担共同父母责任不符合子女的最大利益的，该推定可以被推翻。①

(一) 子女抚养令的申请人

根据联邦《家庭法》第 65C 条的规定，子女抚养令的申请人可以是父母一方或双方；子女；子女的祖父母或外祖父母；与子女的照护、福利或者发展有关的其他人。此外，子女年满 18 周岁，但为确保子女完成教育或者子女有精神或身体上的残疾的，法院仍可以签发子女抚养令，要求父母继续抚养其子女。② 父母为子女提供的抚养费数额，应依据父母的经济供养能力、子女所需费用等进行确定。③

必须注意，在澳大利亚，联邦《家庭法》规定，在申请有关子女的抚养令时，当事人应先尝试通过家事纠纷咨询或调解机制解决争议，否则法院不得审理该联邦《家庭法》第七章与子女有关的命令的申请，但诉讼一方虐待子女、实施家庭暴力等情形的除外。④

(二) 子女抚养令的内容

离婚时法院应对未成年子女的照顾、福利以及发展作出适当的安排，可以就子女抚养问题向法院申请子女抚养令。根据联邦《家庭法》规定，符合以下条件之一的，有子女的离婚令才发生法律效力：第一，当事人没有未满 18 周岁的子女。第二，当事人有未满 18 周岁的子女，但已经为该子女的照护、福利以及发展做了适当的安排；或者即使法院并未确信当事人已经为该未成年子女作出适当安排，但存在离婚令应当生效的情形。⑤ 在与婚姻有关的申请离婚令的诉讼中，法院怀疑为该婚姻所生子女的照护、福利

---

① Family Law Act 1975 (Cth), s 61DA.

② Family Law Act 1975 (Cth), s 66L.

③ Child Support (Assessment) Act 1989, s 4.

④ Family Law Act 1975 (Cth), s 60I.

⑤ Family Law Act 1975 (Cth), s 55A(1).

和发展作出的安排是否恰当的，可以将该诉讼延迟至从家庭顾问处获得关于这些安排的报告时。[①]

子女抚养令的内容可以包括：子女与谁一起生活；子女与他人共度的时间；子女的父母责任的分配；子女与他人的交往；子女的扶养费；解决有关子女抚养令的内容或实施的争议程序；子女的照护、福利、发展或者父母责任的其他方面的内容。[②] 此外，联邦《家庭法》规定，任何人不得阻止或干涉某人与子女依据法令交往。[③] 因此，子女抚养令的内容除了涉及子女由谁抚养、子女的抚养费以外，还涉及子女的交往等内容。

（三）法院签发子女抚养令的考虑因素

1. 儿童最大利益为首要考虑因素

法院在签发子女抚养令时，必须将儿童的最大利益作为首要考虑因素。[④] 早在1959年联邦《婚姻诉讼法》中就已经规定，在有关子女的监护、福利、发展或教育的诉讼中，法院应当将儿童的利益作为首要考虑因素。[⑤]

联邦《家庭法》第七章“子女”体现了对儿童最大利益原则的贯彻。该法第60B条明确规定第七章的目的是确保通过以下方式实现儿童最大利益：

（1）确保子女能从父母有意义地参与其生活中受益，在最大程度上符合子女的最大利益；

（2）保护子女免受虐待、遗弃或者家庭暴力造成的身体或心理伤害；

（3）确保子女得到充分和适当的抚养，以帮助他们充分发挥潜力；

---

① Family Law Act 1975 (Cth), s 55A(2).

② Family Law Act 1975 (Cth), s 64B(2).

③ Family Law Act 1975 (Cth), s 65N, s 65NA.

④ Family Law Act 1975 (Cth), s 65AA.

⑤ Matrimonial Causes 1959 (Cth), s 85.

（4）确保父母履行其职责，关心子女的照护、福利和发展。

2. 儿童最大利益的确立

（1）首要考虑因素。关于法院如何确定儿童的最大利益，联邦《家庭法》规定了首要考虑因素和次要考虑因素。首要考虑因素有两个：①子女与其父母双方建立有意义的关系对子女的益处。②保护子女免受虐待、遗弃或家庭暴力造成的生理或心理伤害的必要性。[①] 在马佐斯基诉奥尔布赖特（Mazorski v Albright）案[②]中，布朗法官（Brown J）认为，有意义的关系或者有意义的参与对子女来说是重要和有价值的，“有意义的”是一个定性的形容词，而不是严格的定量形容词。在适用这两个考虑因素时，法院更重视第二个考虑因素。[③]

（2）次要考虑因素。次要考虑因素主要包括以下内容：[④]

①子女的意见、子女的成熟情况或理解能力等相关因素；

②子女与其父母以及其他人（包括祖父母、外祖父母或其他亲属）的关系；

③父母参与决定子女的重要且长远问题、陪伴子女、与子女沟通的程度；

④父母履行或者没有履行抚养子女的义务的程度；

⑤子女周围环境的变化可能带来的影响，包括子女与父母、与其一直居住的其他子女或其他人分开可能产生的影响；

⑥子女与父母交往的实际困难和费用，以及该困难或费用是否严重影响子女与父母保持正常联系和直接交往的权利；

⑦父母以及任何其他人（包括子女的祖父母、外祖父母、其他亲属）满足子女的需求（包括情感）以及智力需求的能力；

⑧子女的成熟情况、性别、背景（包括生活方式、文化和传

---

① Family Law Act 1975 (Cth), s 60CC(2).

② *Mazorski v Albright*[2007] 37 Fam LR 518, at 26.

③ Family Law Act 1975 (Cth), s 60CC(2A).

④ Family Law Act 1975 (Cth),s 60CC(3).

统）以及法院认为相关的其他因素；

⑨子女是土著子女或托雷斯海峡岛民子女的，还要考虑子女学习土著或托雷斯海峡岛民文化的权利（包括学习其他文化的权利）；依据本章签发的抚养令对子女权利所造成的影响；

⑩父母表明对子女以及父母责任的态度；

⑪对子女或该子女的家庭成员实施的家庭暴力；

⑫家庭暴力禁止令适用于或已经适用于该子女或该子女的家庭成员的，可以从该命令中得出任何相关推论，同时考虑以下因素：该命令的性质，签发命令的情况，该命令在诉讼中采信的任何证据，法院为该命令在诉讼中作出的任何调查结果，任何其他有关事宜；

⑬是否最好签发最不可能导致对该子女进一步提起诉讼的命令；

⑭法院认为的其他相关的任何事实或情况。

必须注意，法院判决离婚或者分居的父母对子女承担共同父母责任，必须满足共同父母责任符合未成年子女的最大利益之要求。在隆卡与科迪（Loncar & Cody）案①中，由于未成年子女的母亲有虐待该子女的行为，因此法院判决该未成年子女由其父亲直接抚养，其父亲对该未成年子女承担单独父母责任。因为法院认为，由父母双方承担共同父母责任，不符合未成年子女的最大利益。

三、子女抚养费

在澳大利亚，离婚夫妻可以自行订立子女抚养计划，也可以向法院申请子女抚养令，还可以通过有关的行政机构对子女抚养费进行评估、收取或执行以及变更。由于前文已对子女抚养计划以及子女抚养令有所介绍，下文主要介绍基于政府模式的子女抚

---

① *Loncar & Cody*［2020］FamCA 977.

养费制度。笔者分别从子女抚养费的评估、子女抚养费的收取与执行以及子女抚养费的变更这三个方面进行研究。

（一）子女抚养费的评估

1. 2008年7月以前的评估

在2008年7月以前，子女抚养费的计算公式主要以支付抚养费的一方的收入为计算基础，这种方法被称为“义务人收入百分比法”（the “percentage of obligor income approach”）。这种抚养费评估方法不区分子女的年龄，而是根据子女人数的多少，支付抚养费的一方的应税收入进行计算。具体的计算方法为：

（1）一个子女的，抚养费为支付抚养费的一方应税收入的18%；

（2）两个子女的，抚养费为支付抚养费的一方应税收入的27%；

（3）三个子女的，抚养费为支付抚养费的一方应税收入的32%；

（4）四个子女的，抚养费为支付抚养费的一方应税收入的34%；

（5）五个及五个以上子女的，抚养费为支付抚养费的一方应税收入的36%。[①]

2. 对子女抚养费的评估进行修改的原因

2004年，联邦政府成立了儿童抚养部级工作小组（Ministerial Taskforce on Child Support），以审查子女抚养费计划。[②] 在2006年7月至2008年7月，澳大利亚对子女抚养费计划进行了改革，儿

① See Fehlberg B. and Maclean M., “Child Support Policy in Australia and the United Kingdom: Changing Priorities but a Similar Tough Deal for Children?” *International Journal of Law, Policy and the Family*, vol. 23, no. 1, 2009, p. 10.

② Summerfield T., Young L., Harman J. and Flatau P., “Child Support and Welfare to Work Reforms: The Economic Consequences for Single Parent Families,” *Family Matters*, no. 84, 2010, p. 69.

童抚养部级工作小组认为，原来的子女抚养费评估公式需要进行修改的主要原因有：①

（1）固定的百分比计算方式与事实不符。以前的抚养费评估公式是假定所有的父母花在子女身上的应税收入的比例相同。但实际情况是，家庭收入越高，父母花费在子女身上的费用越多，但是子女抚养费支出占父母收入的百分比却会下降。随着收入的增加，支出更加随意。已经为子女提供良好生活水平的父母可能会选择将更多的收入用于储蓄或者以其他方式花费额外的收入而不是用于抚养子女。

（2）忽视子女的年龄。以前的抚养费评估公式采用固定的收入百分比进行计算，未考虑子女的年龄以及随着子女年龄的增长其所需费用的不同。有关子女抚养费的研究表明，13 周岁以上的未成年子女的花费比 13 周岁以下的未成年子女高。②

（3）反映双收入家庭的需要。随着大量女性就业的增加，大多数完整的家庭具有两份收入。但以前的子女抚养费评估公式没有反映目前多数家庭具有双收入的实际情况。

（4）第二个家庭中子女的需要。新的子女抚养费评估公式考虑了支付抚养费一方重新组建家庭后，该方对新家庭的经济义务，包括对继子女的抚养义务。③

（5）未与子女共同居住的父母一方与子女共处的时间。以前的子女抚养费评估公式没有充分地考虑未与子女共同居住的父母

---

① Ministerial Taskforce on Child Support, *In the Best Interests of Children—Reforming the Child Support Scheme*, Commonwealth of Australia, Attorney-General's Department, Canberra, 2005, pp. 6-7.

② Harland A., Cooper D., Rathus Z., et al., *Family Law Principles*(Second Edition), Sydney: Thomson Reuters (Professional) Australia Limited, 2015, p. 535.

③ Fehlberg B. and Maclean M., "Child Support Policy in Australia and the United Kingdom: Changing Priorities but a Similar Tough Deal for Children?" *International Journal of Law, Policy and the Family*, vol. 23, no. 1, 2009, p. 14.

一方与子女共处的时间以及对该子女的照顾。① 根据新的评估公式，如果未与子女共同居住的父母一方留子女过夜的时间超过14%或与子女共处的时间超过14%（之前是30%），就可以减少其支付的子女抚养费。②

3. 现行的子女抚养费评估

在确定子女抚养费时，以前的抚养费评估公式仅有效地考虑了支付抚养费一方的收入。目前，澳大利亚的子女抚养费是根据父母双方的收入、子女人数和年龄，以及父母照顾子女的时间进行计算的。但是，为了获得较多的子女抚养费或者支付较少的子女抚养费，有些父母可能会就子女抚养费及子女抚养时间发生冲突，而另一些父母这样做是为了最大限度地提高自己或子女的利益。③

某些学者就目前的子女抚养费评估对低收入家庭及与子女共同居住的父母（尤其是母亲）及其子女的不利影响存在一定的担忧。特雷西·萨默菲尔德（Tracy Summerfield）、丽莎·杨（Lisa Young）及其同事进行的一项研究发现，与改革前的状况相比，改革后低收入的与子女共同居住的父母之状况明显恶化。④ 此外，有学者认为，改革后母亲和未成年子女比以前更贫困。⑤ 而另一项研

① See Parkinson P., "The Future of Child Support," *University of Western Australia Law Review*, vol. 33, no. 2, 2007, p. 188.

② Fehlberg B. and Maclean M., "Child Support Policy in Australia and the United Kingdom: Changing Priorities but a Similar Tough Deal for Children?" *International Journal of Law, Policy and the Family*, vol. 23, no. 1, 2009, p. 14.

③ See Smyth B., Rodgers B., Son V., et al., "The Australian Child Support Reforms: A Critical Evaluation," *The Australian Journal of Social Issues*, vol. 50, no. 3, 2015, p. 222.

④ Summerfield T., Young L., Harman J. and Flatau P., "Child Support and Welfare to Work Reforms: The Economic Consequences for Single Parent Families," *Family Matters*, no. 84, 2010, pp. 73-74.

⑤ Fehlberg B., Kaspiew R., Millbank J., Kelly F., et al., *Australian Family Law: The Contemporary Context* (Second Edition), South Melbourne: Oxford University Press, 2015, p. 473.

究发现，尽管新的子女抚养费评估公式最初导致了较低的子女抚养费，并且增加了离婚或分居的母亲在收入上处于不利地位的比例，但是两年后支付额会略有增加。①

（二）子女抚养费的收取与执行

1. 子女抚养费的收取

（1）子女抚养费的收取方式。父母可以选择以下三种方式收取子女抚养费：自我管理（Self management）、私人收取（Private Collect）以及儿童抚养机构收取（Child Support Collect）。如果父母是通过自我管理方式收取子女抚养费的，则无须进行子女抚养费的登记与评估。双方父母就子女抚养费的支付金额、支付时间、支付方式达成一致即可。② 但是通过私人收取和儿童抚养机构收取方式收取子女抚养费的，当事人需要在澳大利亚民政服务部（Australian Government Services Australia）进行登记。离婚夫妻采取私人收取方式收取抚养费的，澳大利亚民政服务部会对子女抚养费进行评估，支付子女抚养费的父母直接将抚养费支付给收取子女抚养费的父母。离婚夫妻采取儿童抚养机构收取方式的，支付抚养费的父母须向澳大利亚民政服务部支付子女抚养费，然后由民政服务部转交给收取抚养费的父母。③ 大部分（约占85%）离婚或者分居的父母会向澳大利亚民政服务部登记，但其通常是为

---

① Smyth B., Rodgers B., Son V., et al., "The Australian Child Support Reforms: A Critical Evaluation," *The Australian Journal of Social Issues*, vol. 50, no. 3, 2015, p. 227.

② Australian Government Services Australia, "Compare Your Child Support Collection Options," available at https://www.servicesaustralia.gov.au/individuals/services/child-support/child-support-assessment/how-manage-your-assessment/compare-your-child-support-collection-options, accessed 29 November 2020.

③ Parkinson P., *Australian Family Law in Context: Commentary and Materials* (Seventh Edition), Sydney: Thomson Reuters (Professional) Australia Limited, 2019, p. 380.

了子女抚养费的评估。[①] 父母一旦对子女抚养费进行了登记，子女抚养费就成为澳大利亚联邦的债务。[②]

（2）实践中子女抚养费的收取情况。2017-2020 年，通过儿童抚养机构收取和私人收取方式收取子女抚养费的数额呈上升趋势（见表 15）。2019-2020 年，通过儿童抚养机构收取方式收取的子女抚养费达 16. 98 亿澳元，通过私人收取方式收取的子女抚养费达 20. 76 亿澳元，总额达 37. 74 亿澳元。这说明通过私人收取方式收取子女抚养费的数额通常略高于采用儿童抚养机构收取方式收取的子女抚养费。2019-2020 年，51. 3%的案件采取私人收取方式。[③] 贝琳达·费伯格（Belinda Fehlberg）及其合作者的研究发现，在他们的研究样本中，儿童抚养机构收取方式通常是因父母之间存在较大的冲突，或者是由于有未支付子女抚养费的经历，从而导致子女抚养费的收取方式从私人收取转变为儿童抚养机构收取。[④]

表 15　通过儿童抚养机构收取和私人收取方式收取子女抚养费的情况[⑤]

	2017-2018 年	2018-2019 年	2019-2020 年
儿童抚养机构收取(澳元/亿)	15. 56	16. 46	16. 98
私人收取(澳元/亿)	19. 96	20. 37	20. 76
总计(澳元/亿)	35. 52	36. 83	37. 74

---

① Fehlberg B., Kaspiew R., Millbank J., Kelly F., et al., *Australian Family Law: The Contemporary Context* (Second Edition), South Melbourne: Oxford University Press, 2015, p. 419.

② Child Support (Registration and Collection) Act 1988 (Cth), s30(1).

③ *Australian Government Services Australia Annual Report* 2019-20, p. 37.

④ Fehlberg B., Millward C. and Campo M., "Post-separation Parenting Arrangements, Child Support and Property Settlement: Exploring the Connections," *Australian Journal of Family Law*, vol. 24, no. 2, 2020, p. 219.

⑤ Australian Government Services Australia Annual Report 2019-20, p. 37.

2. 子女抚养费的执行

(1) 法律的规定。如果应支付子女抚养费的父母不支付抚养费，澳大利亚民政服务部会采取措施收取子女抚养费，如民政服务部可以从工资、退税、社会保障金、家庭税收福利、退伍军人养老金中扣除子女抚养费。[①]

(2) 实践中子女抚养费的执行情况。2019-2020 年度，民政服务部采取拦截退税 124123 项，共收取子女抚养费 1.612 亿澳元；下发离境禁止令（Departure Prohibition Order）741 项，[②] 共收取子女抚养费 2500 万澳元；采取诉讼程序 53 项，共收取子女抚养费 1200 万澳元（见表 16）。拦截退税并将退税用于偿还子女抚养费债务是一种常见的子女抚养费执行方式。[③]

表 16　2019-2020 年度子女抚养费的执行[④]

	拦截退税付款	离境禁止令	诉讼
数量	124123	741	53
收取的子女抚养费（澳元/百万）	161.2	25.0	12.0

此外，可以通过雇主扣发支付抚养费父母工资的方式，确保子女抚养费的及时支付。2019-2020 年度，有 73663 位应支付子女抚养费的父母被其雇主扣发工资，比 2018-2019 年度多 285 位，比 2017-2018 年度多 4553 位。由雇主扣发员工工资也是一种执行子

① Child Support (Registration and Collection) Act 1988 (Cth), s 43, s 72, s 72AA, s 72AB, s 72 AC, s 72 AD.

② 阻止出国履行的离境禁止令主要针对那些拖欠大量子女抚养费且没有对支付该抚养费作出合理安排的情况。

③ Parkinson P., *Australia Family Law in Context: Commentary and Materials* (Seventh Edition), Sydney: Thomson Reuters (Professional) Australia Limited, 2019, p. 388.

④ Australian Government Services Australia Annual Report 2019-20, p. 39.

女抚养费的方式。这种方式在支付子女抚养费的一方是雇员时比较有效，但是对于支付子女抚养费的一方是自雇者的，则不适用。

表 17　雇主扣发员工工资情况①

	2017-2018 年	2018-2019 年	2019-2020 年
雇主扣发支付抚养费的员工工资的人数	69110	73378	73663

（三）子女抚养费的变更

1. 子女抚养费的变更情形

在澳大利亚，子女抚养费可以在符合条件的情况下进行变更。联邦《家庭法》第 66S 条规定了法院变更子女抚养令的情形。1989 年联邦《子女抚养费（评估）法》第 6A 章赋予儿童抚养登记官变更子女抚养费的权利，其被称为“子女抚养费评估变更”（“change of assessment”，COA）程序。联邦《子女抚养费（评估）法》第 117 条规定了变更子女抚养费的情形，澳大利亚民政服务部将其归纳为十种情形。这十种情形包括：②

（1）与子女交往或共处的费用极大地影响了抚养子女的费用；

（2）子女的特殊需要极大地影响了抚养子女的费用；

（3）按照父母双方预计的方式照顾、教育或者培训子女，极大地影响了抚养子女的成本；

（4）子女的收入、收入能力、财产或经济来源导致子女抚养费的评估不公平；

（5）为了子女利益，向子女本人、收取子女抚养费的父母或

① Australian Government Services Australia Annual Report 2019-20, p. 40.

② Australian Government Services Australia, “Changing your assessment in special circumstances,” available at https://www.servicesaustralia.gov.au/individuals/services/child-support/child-support-assessment/how-manage-your-assessment/changing-your-assessment-special-circumstances, accessed 30 November 2020.

者第三人支付了金钱、物品或者财产，导致子女抚养费的评估不公平；

（6）抚养子女的费用受到父母或者非父母照顾者对子女照顾费用的重要影响，且该子女未满 12 周岁；

（7）申请人的必要开支大大地降低了抚养子女的能力；

（8）因夫妻一方或者双方的收入、收入能力、财产或经济资源导致子女抚养费的评估不公平；

（9）因下列原因大大地降低了申请人抚养子女的能力：申请人抚养他人或者其他子女的义务，需要抚养的他人或者其他子女的特殊需要，与需要抚养的他人或者其他子女共处或者交往的费用；

（10）申请人抚养与其一起居住的子女的义务大大地降低了其抚养另一个子女的能力。

2. 子女抚养费的变更主体

子女和父母均可以申请变更子女抚养费。[①] 尽管如此，当事人申请变更子女抚养费仍需满足：第一，存在变更子女抚养费的情形。第二，签发变更子女抚养费的命令是公平和公正的。第三，签发变更子女抚养费的命令是适当的。[②]

3. 实践中子女抚养费的变更情况

2019-2020 年度，澳大利亚民政服务部收到超过 15000 份变更子女抚养费的申请，其中有 45.74%的申请获得批准，以更好地反映父母子女的特殊情况。有 59.5%的申请与父母的收入、收入能力、财产或经济来源有关。[③] 这表明，父母的收入、收入能力、财产或经济来源会显著影响子女抚养费的变更。正如丽莎·杨所指

① Family Law Act 1975 (Cth), s 66F(1), s 66S(1)(b).

② Parkinson P., *Australia Family Law in Context: Commentary and Materials* (Seventh Edition), Sydney: Thomson Reuters (Professional) Australia Limited, 2019, p. 401; Child Support (Assessment) Act 1989(Cth), s 117(1).

③ *Australian Government Services Australia Annual Report* 2019-20, p. 38.

出的那样，根据父母的经济状况（包括收入能力）进行的评估是否公平是寻求变更抚养费最常见的理由之一。①

综上所述，自实施子女抚养费计划后，澳大利亚的子女抚养费制度从法院模式逐渐转变为政府模式，但并不排除法院签发有关子女抚养费的命令。2006 年 7 月至 2008 年 7 月对子女抚养费制度进行改革后，子女抚养费制度再次发生了重大变化。评估子女抚养费的公式与以前的公式截然不同，并且执行子女抚养费的制度也更加严格。②

第三节　澳大利亚离婚的法律效力之主要改革及学者观点

本节考察和研究澳大利亚离婚法律效力的以下主要改革：一是 2001 年家庭法改革：允许养老金利益的分割；二是 1995 年家庭法改革：强调子女权利与父母责任；三是 2006 年家庭法改革：明确共同父母责任；四是 1988-1989 年及 2006-2008 年家庭法改革：完善子女抚养费制度。在此基础上，笔者对澳大利亚离婚法律效力之学者观点进行梳理并提出个人的看法。

一、澳大利亚离婚的法律效力之主要改革

1. 2001 年家庭法改革：允许养老金利益的分割

在 2001 年联邦《家庭法立法修正案（养老金）法》③ 颁布之

---

① See Young L., "The Problem with Child Support Reform in Australia: Departure Applications: A Case in Point," *International Survey of Family Law*, vol. 2017, 2017, p. 16.

② Smyth B., Rodgers B., Son V., et al., "The Australian Child Support Reforms: A Critical Evaluation," *The Australian Journal of Social Issues*, vol. 50, no. 3, 2015, p. 217.

③ Family Law Legislation Amendment (Superannuation) Act 2001 (Cth). 该法于 2002 年 12 月 28 日生效。

前，法院可以考虑当事人的任何养老金利益，并且在一方当事人拥有被视为经济来源的养老金利益的情况下调整当事人的其他财产。但是，养老金利益是不能被分割的。[①] 即养老金（已经领取的养老金除外）并不被视为一种“财产”，而是一种经济来源。[②]

澳大利亚政府承诺对家庭法进行改革，使养老金利益在婚姻破裂时可以被分割。2001 年 6 月 28 日，澳大利亚通过了 2001 年联邦《家庭法立法修正案（养老金）法》，并于 2002 年 12 月 28 日实施。该法在联邦《家庭法》中增加第八 B 章“养老金利益”，使养老金利益（包括期待利益）成为夫妻离婚时可以分割的财产。[③] 根据联邦《家庭法》第八 B 章的规定，当事人可以通过协议或者诉讼方式对养老金利益进行分割。此次改革以与婚姻的其他财产相同的方式处理养老金利益，以达到分割财产之目的。[④]

2. 1995 年家庭法改革：强调子女权利与父母责任

1995 年 7 月 12 日，澳大利亚 1995 年联邦《家庭法改革法》通过，[⑤] 并于 1996 年 7 月 11 日生效。1995 年家庭法改革将改革重点从父母权利转移到子女的最大利益上。在离婚的法律效力方面，1995 年家庭法改革主要涉及两个方面：一是子女抚养；二是家庭暴力。

首先，1995 年《家庭法改革法》建立了离婚或分居后抚养子女的新框架，其强调持续的父母责任，鼓励当事人共同抚养子女

---

① Family Law Legislation Amendment(Superannuation) Bill 2000 Explanatory Memoranda, House of Representatives.

② Young L., Sifris A., Carroll R. and Monahan G., *Family Law in Australia* (Ninth Edition), Chatswood: LexisNexis Butterworths, 2016, p. 858.

③ Family Law Legislation Amendment (Superannuation) Act 2001 (Cth), Schedule 1, Division 1.

④ Angus S., "Splitting Superannuation on Divorce or Separation," *Bulletin* (*Law Society of South Australia*), vol. 25, no. 2, March 2003, p. 19.

⑤ The Family Law Reform Act 1995 (Cth).

并促进父子之间的交往。[①] 该法用新术语替代了旧术语。[②] 即用父母责任（parental responsibility）、居住（residence）和交往（contact）取代了监护（guardianship）、抚养（custody）和探视（access），[③] 其目的在于强调父母的义务和责任而非权利。[④] 此外，1995 年家庭法改革将儿童“福利”为首要考虑因素修改为儿童“最大利益”为首要考虑因素。用“最大利益”代替了“福利”，使其与联合国《儿童权利公约》使用的术语保持一致。[⑤]

其次，在此次改革中，法律首次承认将暴力行为作为分居或离婚后确定未成年子女事务需要考虑的问题。[⑥] 一方面，此次改革包含旨在确保安全的相关规定。例如，在确定儿童最大利益的考虑因素中增加了确保未成年子女免受家庭暴力影响的需要之规定。[⑦] 另一方面，要求子女抚养令必须与任何家庭暴力令保持一

---

① Armstrong S. M, "'We Told You So . . .' Women's Legal Groups and the Family Law Reform Act 1995," *Australian Journal of Family Law*, vol. 15, no. 2, 2001, p. 129.

② 在联邦《家庭法》生效时，有关子女抚养（parenting）的术语主要有监护（guardianship）、抚养（custody）和探视（access）。监护是指有关未成年子女的照顾、福利和发展的决定；抚养父母（custodial parent）是指大多数时候都由其照顾了女的父母；探视父母（access parent）是在特定的时间陪伴子女的父母。Harland A., Cooper D., Rathus Z., et al., *Family Law Principles*, Sydney: Thomson Reuters (Professional) Australia Limited, 2015, pp. 250-251.

③ 必须注意，residence 与 custody 并非对应关系。custody 实际上是就未成年子女作出日常决定的权利，包括他们居住何处，而 residence order 仅指未成年子女与某人居住的法令。

④ Harland A., Cooper D., Rathus Z., et al., *Family Law Principles*, Sydney: Thomson Reuters (Professional) Australia Limited, 2015, p. 251.

⑤ Chisholm R., "Assessing the Impact of the Family Law Reform Act 1995," *Australian Journal of Family Law*, vol. 10, no. 3, December 1996, p. 13.

⑥ Armstrong S. M., "'We Told You So. . .' Women's Legal Groups and the Family Law Reform Act 1995," *Australian Journal of Family Law*, vol. 15, no. 2, 2001, p. 129.

⑦ 此内容在 1995 年联邦《家庭法改革法》中为联邦《家庭法》第 68F 条，由于法条变动，目前为联邦《家庭法》第 60CC 条。

致，不能将个人置于不可接受的家庭暴力的风险之中。① 此外，新增家庭法院在行使管辖权时应确保免受家庭暴力的需要之原则。②

3. 2006 年家庭法改革：明确共同父母责任

2006 年家庭法改革制定了联邦《家庭法修正案（共同父母责任）法》，该法是澳大利亚鼓励父母共同抚养子女的重大立法改革成果，也符合 1989 年联合国《儿童权利公约》第 18 条③强调父母应共同承担对子女的抚养责任的要求。笔者主要从以下三个方面进行阐述。

第一，法律术语上的改革。联邦《家庭法修正案（共同父母责任）法》用“live with”“spend time with”“communicate with”替代了原来的“residence”“contact”“specific issues”。此外，联邦《家庭法》将交往令、居住令和具体事项令简称为“抚养令”(parenting orders)。④

第二，对联邦《家庭法》第七章“子女”的目的和原则进行了修改。2006 年改革增加了两个新的目的：一是确保未成年子女从父母双方有意义地参与子女的生活中获益；二是保护未成年子女免受身体或心理伤害和免受虐待、遗弃或者家庭暴力。此外，此次改革在原则部分增加了未成年子女“定期交流”的权利以及

---

① 此内容在 1995 年联邦《家庭法改革法》中为联邦《家庭法》第 68K 条，由于法条变动，目前为联邦《家庭法》第 60CG 条。

② Family Law Reform Act 1995 (Cth), s 28.

③ 1989 年联合国《儿童权利公约》对澳大利亚儿童权益保护产生了重要影响。该公约第 18 条规定：“（1）缔约国应尽其最大努力，确保父母双方对儿童的养育和发展负有共同责任的原则得到确认。父母或视具体情况而定的法定监护人对儿童的养育和发展负有首要责任。儿童的最大利益将是他们主要关心的事。（2）为保证和促进本公约所列举的权利，缔约国应在父母和法定监护人履行其抚养儿童的责任方面给予适当协助，并应确保发展育儿机构、设施和服务。（3）缔约国应采取一切适当措施确保就业父母的子女有权享受他们有资格得到的托儿服务和设施。”

④ Family Law Amendment (Shared Parental Responsibility) Act 2006 (Cth), Schedule 8; Caruana C., “‘shared Parental Responsibility’ and the Reshaping of Family Law: Amendments to the Family Law Act 1975 Made Law,” *Family Matters*, no. 74, 2006, p. 56.

与父母和其他重要的人共处的权利，并特别提及了祖父母、外祖父母和其他亲属。促进未成年子女与其祖父母、外祖父母以及其他亲属的关系是考虑未成年子女最大利益的因素之一。[①] 即此次改革之前的立法并没有特别提及未成年子女与祖父母、外祖父母以及其他亲属进行共处和定期交往的权利，而此次改革明确将上述主体写入立法之中。

第三，促进共同抚养。有关分居或离婚的父母与子女共处时间的规定，旨在鼓励家庭法制度向共同抚养模式转变。此外，2006 年的改革增加了法院在作出抚养令时，必须适用父母对未成年子女承担同等的父母责任符合该未成年子女的最大利益的假设。[②] 该法鼓励父母在分开后以合作的方式承担子女的抚养责任，并将父母双方分居或离婚后争议纠纷解决的方式从法院诉讼方式转向私人的、调解的方式。[③] 此外，为鼓励父母考虑在照顾未成年子女方面花费更多的时间，该法还为分居或离婚的父母服务的法律职业者、家庭顾问、家庭纠纷解决从业员、家庭咨询师增加了新的义务，即他们必须告知当事人，如果子女与父母各方共处相同的时间是合理可行的，并且是符合儿童最大利益的，那么父母可以考虑此安排。[④]

---

① Family Law Amendment (Shared Parental Responsibility) Act 2006 (Cth), Schedule 1, Part 1.

② Family Law Amendment (Shared Parental Responsibility) Act 2006 (Cth), Schedule 1, Part 1.

③ 必须注意，在澳大利亚，生父母与继父母两者对子女的抚养义务不同，生父母对子女应承担主要的抚养义务，继父母对继子女的抚养义务次于生父母对其子女的抚养义务，但只有在法院依法签发命令判决继父母承担抚养义务恰当时，继父母才承担抚养义务，且继父母承担抚养义务并不会减轻生父母对其子女的抚养义务。

④ Family Law Amendment (Shared Parental Responsibility) Act 2006 (Cth), Schedule 1, Part 1.

4. 1988-1989 年及 2006-2008 年家庭法改革：完善子女抚养费制度

根据联邦《家庭法》的规定，即使父母离婚，他们对其未成年子女仍负有抚养义务。但是，自该法颁布后，法院判决的子女抚养费较低而且存在无法落实的情况。① 虽然政府实行了单亲补贴政策，但是许多单亲父母和他们的子女仍然生活在贫困之中。②

1974-1987 年，澳大利亚单亲家庭的数量增加了 90%，完全依靠社会保障的家庭的比例从 46%增加到 70%，政府的支出从 1.6 亿澳元增加到 18.86 亿澳元。③ 在整个 20 世纪 80 年代，澳大利亚面临财政危机和经济衰退的威胁，因此，其公共支出计划受到严格的审查。④ 80 年代中期，澳大利亚政府还面临离婚后父母没有为子女提供足够抚养费的儿童数量增多的问题。因此，政府为了减少单亲家庭的儿童贫困以及降低政府的财政支出，⑤ 于 1988 年开始进行子女抚养费计划（Child Support Scheme）改革，并先后颁布了 1988 年联邦《子女抚养费（登记与收取）法》（该法于 1988 年 6 月 1 日开始实施）以及 1989 年澳大利亚联邦《子女抚养费（评估）法》（该法于 1989 年 10 月 1 日开始实施），要求父母抚养自

① Cook K. and Natalier K., "The Gendered Framing of Australia's Child Support Reforms," *International Journal of Law, Policy and the Family*, vol. 27, no. 1, 2013, p. 32.

② See Rhoades H., "Australia's Child Support Scheme: Is It Working," *Child and Family Law Quarterly*, vol. 7, no. 1, 1995, p. 26.

③ Parker S., "Rights and Utility in Anglo-Australian Family Law," *Modern Law Review*, vol. 55, no. 3, May 1992, p. 313.

④ Parker S., "Rights and Utility in Anglo-Australian Family Law," *Modern Law Review*, vol. 55, no. 3, May 1992, p. 312.

⑤ Skinner C., Cook K. and Sinclair S., "The Potential of Child Support to Reduce Lone Mother Poverty: Comparing Population Survey Data in Australia and the UK," *Journal of Povertyand Social Justice*, vol. 25, no. 1, 2017, pp. 80-81; Stuart A., "Australia's New Child Support Scheme," *Journal of Divorce and Remarriage*, vol. 16, no. 1-2, 1992, p. 142.

己的子女。[①] 1989年澳大利亚联邦《子女抚养费（评估）法》规定根据子女抚养费计算公式评估子女抚养费。该法授权儿童抚养机构登记子女抚养费协议、计算应支付的子女抚养费数额，以及为父母收取、转交和执行子女抚养费。[②]

澳大利亚“子女抚养费计划”的实施旨在减少澳大利亚离婚家庭贫困儿童的数量，并减少政府向单亲父母支付社会保障的费用。[③] 子女抚养费计划采用公式计算非共同居住的父母应支付的子女抚养费，并由儿童抚养机构[④]对子女抚养费进行评估、收取和执行，以此取代由法院酌情决定的子女抚养费模式。[⑤] 也就是说，子女抚养费计划的实施使澳大利亚的子女抚养费模式由法院模式转为政府模式。必须注意，法院仍然可以依当事人的申请签发有关子女抚养费的命令。

2006年7月至2008年7月，澳大利亚对子女抚养费计划进行了改革，用“收入分享法”（the“income shares approach”）代替了原来的“义务人收入百分比法”。收入分享法要求将父母双方的收入平等地纳入子女抚养费的计算公式当中。即在计算子女抚养

---

① Cook K. and Natalier K., “Gender and Evidence in Family Law Reform: A Case Study of Quantification and Anecdote in Framing and Legitimising the ‘Problems’ with Child Support in Australia,” *Feminist Legal Studies*, vol. 24, no. 2, 2016, p. 152.

② 陈苇、王鹍：《澳大利亚儿童权益保护立法评介及其对我国立法的启示——以家庭法和子女抚养（评估）法为研究对象》，载《甘肃政法学院学报》2007年第3期，第13页。

③ See Rhoades H., “Australia's Child Support Scheme: Is It Working,” *Child and Family Law Quarterly*, vol. 7, no. 1, 1995, pp. 26-29.

④ 儿童抚养机构是澳大利亚政府的一个组织，成立于1988年。其主要负责子女抚养费的评估和收取。2011年7月，儿童抚养机构被合并到澳大利亚民政服务部（Australian Government Services Australia）。澳大利亚民政服务部之前被称为澳大利亚社会服务部（Australian Government Department of Human Services）。

⑤ Fehlberg B. and Maclean M., “Child Support Policy in Australia and the United Kingdom: Changing Priorities but A Similar Tough Deal for Children?” *International Journal of Law, Policy and the Family*, vol. 23, no. 1, 2009, p. 1.

费时，父母双方的收入均计算在内，而非仅计算非共同居住一方的收入。有学者认为，国际上一些先进的儿童抚养制度正朝着收入分享模式发展。[①] 此次改革符合 2006 年澳大利亚联邦《家庭法修正案（共同父母责任）法》要求离婚父母共同抚养子女的立法目的。

综上所述，笔者认为，首先，澳大利亚在离婚夫妻财产方面，注重夫妻财产的公平处理。2001 年养老金改革使养老金利益，包括期待利益成为夫妻离婚时可分割的财产，这有利于非成员配偶利益的保护。其次，在子女抚养方面，强化了父母对子女的责任和义务，反映了家庭法在立法理念上的进步，即从重视父母对子女的权利到注重父母对子女的责任和义务，采取了子女权利和父母责任的立法新模式，强调父母应该考虑未成年子女的需求，而非父母自身的需求。此外，上述改革明确共同父母责任，鼓励父母以合作的方式共同抚养子女，并规定了相应的子女抚养费制度，这有利于促进离婚后儿童的最大利益和健康成长。

二、澳大利亚离婚的法律效力之学者观点

（一）离婚对当事人的法律效力之学者观点

1. 法院对财产权益的调整之学者观点

联邦《家庭法》规定法官不得在当事人关系破裂时调整财产权益，但是，法院确信调整财产权益是公平和公正的除外。澳大利亚昆士兰大学帕特瑞克·帕金森教授认为，这是法院签发调整财产权益命令的司法约束原则。但是，高等法院在 2012 年斯坦福案判决之前，该原则几乎没有起作用。高等法院试图纠正这种做法，其认为家庭法院不应以夫妻的财产权而应当与衡平法上的所

① Cook K. and Skinner C., "Technical Fixes as Challenges to State Legitimacy: Australian Separated Fathers' Suggestions for Child Support Policy Reform," *Social Politics*, 2019, p. 4.

有权不同的假设为起点调整夫妻之间的财产权益，并重申澳大利亚没有共同财产制度。[①] 澳大利亚联邦巡回法院法官亚历山大·哈兰德（Alexandra Harland）、格里菲斯大学法学院的佐伊·拉图斯（Zoe Rathus）等认为，不能说高等法院关于斯坦福案的判决改变了现行法律，但是，该案提醒初审法官在行使自由裁量权方面的灵活性，制止任何朝着僵化或公式化方式调整财产权益的转变。[②]

此外，亚历山大·哈兰德法官、佐伊·拉图斯等认为，根据联邦《家庭法》第 79 条关于调整财产权益的申请，可以得出一些司法自由裁量权性质的结论：第一，初审法官享有调整当事人财产的广泛自由裁量权。第二，行使该自由裁量权具有强制性的最低考虑因素，即联邦《家庭法》第 79 条第（4）款中的考虑事项。[③] 第三，该法第 79 条第（2）款未将自由裁量权限制在第 79 条第（4）款的考虑因素内。第四，行使该自由裁量权的限制有二：一是在司法诉讼中行使该自由裁量权；二是行使该自由裁量权的目的是产生公平和公正的结果。[④]

2. 配偶扶养费之学者观点

配偶扶养费具有恢复功能。美国亚利桑那州立大学法学教授艾拉·马克·埃尔曼（Ira Mark Ellman）认为，从历史上看，配偶扶养费是作为过错的补救，因此在离婚诉讼中仅适用于无过错配偶。在无过错离婚法被引入后，扶养费的目的是重新分配夫妻离婚后婚姻的财产后果，所以它必然是一方对另一方的补救措施。离婚法需要分配婚姻失败的财产风险。配偶在进行婚姻投资而导

---

① Parkinson P.,"Family Property Division and the Principle of Judicial Restraint," *University of New South Wales Law Journal*, vol. 41, no. 2, 2018, p. 380.

② Harland A., Cooper D., Rathus Z., et al., *Family Law Principles*, Sydney: Thomson Reuters (Professional) Australia Limited, 2015, p. 405.

③ 联邦《家庭法》第 79 条的内容是财产权益的调整，该条第（4）款中的考虑因素在前文已有介绍，故此处不再赘述。

④ Harland A., Cooper D., Rathus Z., et al., *Family Law Principles*, Sydney: Thomson Reuters (Professional) Australia Limited, 2015, p. 411.

致婚后收入能力下降时有权获得扶养费。这是为了恢复因婚姻投资而导致的收入能力的损失。[①] 此外，澳大利亚家庭法院签发配偶扶养费令的考虑因素之一是配偶扶养费的恢复功能，即给付的扶养费能够使接受扶养费的一方通过接受教育、培训、从事商业活动获得适当收入，提高其收入能力。因此，配偶扶养费对弱势配偶一方具有重要意义。

但是，配偶扶养费的适用情况较少。法律虽然规定了离婚夫妻享有配偶扶养费的权利，但是配偶扶养费在司法实践中却很少适用。朱丽叶·贝伦斯（Juliet Behrens）和布鲁斯·史密斯（Bruce Smyth）就1977年澳大利亚家庭研究所[②]对澳大利亚650名于1987–1997年离婚的离婚者进行全国性电话随机调查的数据进行了分析。数据显示，定期配偶扶养费很少而且期限较短。[③] 在持续时间方面，配偶抚养费的持续时间平均是2.4年，最短的是3个月，最长的是7.5年。在支付金额方面，配偶扶养费平均每年9911澳元（平均每月825.92澳元），最低是每年520澳元（平均每月43.33澳元），最高是每年52000澳元（平均每月4333.33澳元）。[④] 此外，在被调查的认为应该支付配偶扶养费的人中，有接近三分之二（占65%）的受访者认为配偶扶养费应当持续到前配偶能够自给自足为止，有20%的人认为应当持续至前配偶找到伴侣为止；另有一小部分受访者（占5%）认为应当无期限地支付配偶扶养费。[⑤] 澳大利亚昆士兰大学的戴维·德沃斯（David de

---

① See Ellman I. M., "The Theory of Alimony," *California Law Review*, vol. 77, no. 1, January 1989, pp. 50–53.

② Australian Institute of Family Studies.

③ Behrens J. and Smyth B., *Spousal Support in Australia: A Study of Incidence and Attitudes*, Working Paper No 16, Australian Institute of Family Studies, February 1999, p. 7.

④ Behrens J. and Smyth B., *Spousal Support in Australia: A Study of Incidence and Attitudes*, Working Paper No 16, Australian Institute of Family Studies, February 1999, p. 11.

⑤ Behrens J. and Smyth B., Spousal Support in Australia: A Study of Incidence and Attitudes, Working Paper No 16, Australian Institute of Family Studies, February 1999, p. 16.

Vaus)、澳大利亚国立大学的马修·格雷（Matthew Gray）等亦认为，澳大利亚通常不支付配偶扶养费。①

墨尔本大学法学院贝琳达·费尔伯格教授等认为，自2006年《家庭法修正案（共同父母责任）法》颁行之后，配偶扶养费似乎变得更加罕见，因为对配偶扶养费的需求通常是由母亲所面临的持续的经济劣势导致的，这种经济上的劣势主要源于她们过去持续的照顾责任。2006年《家庭法修正案（共同父母责任）法》要求父母共同承担对子女的父母责任，共同对子女进行照顾。因此，一方付出更多的抚养子女的时间可能意味着另一方得到更少的配偶扶养费。没有迹象表明要求配偶扶养费的趋势有所增加。但这也可能是由以下原因导致的：人们偏爱“彻底决裂”；大多数人分手时财产不足；采取诉讼程序获取配偶扶养费的成本较高。②

此外，昆士兰大学法学院教授帕特里克·帕金森认为，无过错离婚时代要证明离婚扶养的正当性存在相当的难度。实行无过错离婚后离婚扶养的基础是什么？离婚革命后，许多司法管辖区以“需求”代替“过错”作为判决配偶扶养费的道德基础。这不是持续扶养义务，而是剩余扶养义务（residual obligation of support)。曾经对妇女承担扶养义务的男子，在妇女不能扶养自己的情况下，仍然负有照顾该妇女的道德和法律义务。“需求”既代表了剩余抚养义务的正当理由，又提供了量化原则。在前夫有能力支付的范围内，其有满足该需求的义务。需求也是确定配偶扶养费期限的准则。配偶扶养费只能在前妻需要扶养时才持续支付，

① De Vaus D., Gray M., Qu L., et al., “The Economic Consequences of Divorce in Six OECD Countries,” *The Australian Journal of Social Issues*, vol. 52, no. 2, 2017, p. 182. 该文指出，各国之间在是否需要支付配偶扶养费方面存在差异。在澳大利亚，通常不支付配偶扶养费。在美国，有配偶扶养制度，但各州之间在确定配偶扶养费方面有所不同。在英国，配偶扶养费很普遍，而且通常是终身的。

② Fehlberg B., Kaspiew R., Millbank J., et al., *Australian Family Law: The Contemporary Context* (Second Edition), Melbourne: Oxford University Press, 2015, p. 606.

妻子有责任努力实现自给自足。①

3. 养老金利益的分割之学者观点

澳大利亚莫道克大学法学院副教授丽莎·杨等认为，养老金被许多夫妻视为一种对未来的储蓄。离婚后，非养老金成员的配偶一方（以下简称非成员配偶）会丧失从前配偶养老金计划中获得预期收益，这可能对该方产生严重影响。此外，人们通常认为，非成员配偶通过放弃提高生活水平间接地为成员配偶的养老金作出了贡献，如果没有缴纳养老金，他们可以立即获得更高的生活水平。由于养老金权益通常是为配偶双方的共同利益而建立的资产，因此，非成员配偶在婚姻破裂时要求对方分享一部分养老金利益的要求可以根据他们的预期和缴纳的款项来证明是合理的。②

2001 年的家庭法改革后，养老金利益被视为财产并可以在离婚配偶之间进行分割。有研究表明，离婚配偶对自己及其前配偶的养老金利益有很强的意识，对女性来说尤其如此。2001 年联邦《家庭法立法修正案（养老金）法》促成了这一变化。该法规定养老金受托人有义务在婚姻破裂的情况下，经配偶或其法定代表人的请求，向该配偶提供有关该成员配偶在养老金基金账户权益的信息。③ 2001 年联邦《家庭法立法修正案（养老金）法》规定了离婚当事人可以向法院申请分割令或者标记令分割养老金利益。有学者认为，在利益是固定收益或者利益即将被支付的情况下，如成员配偶即将退休，法院签发标记令是适当的。但是，家庭法院更倾向于采取彻底决裂的方法，因此，除非符合公平公正原则，

① Parkinson, Patrick, *Family Law and the Indissolubility of Parenthood*, New York: Cambridge University Press, 2011, pp. 249-250.

② Young L. ,Sifris A. ,Carroll R. and Monahan G. , *Family Law in Australia* (Ninth Edition), Chatswood: LexisNexis Butterworths, 2016, p. 909.

③ Sheehan G. , Chrzanowski A. , and Dewar J. , "Superannuation and Divorce in Australia: An Evaluation of Post-reform Practice and Settlement Outcomes," *International Journal of Law, Policy and the Family*, vol. 22, no. 2, August 2008, p. 225.

否则家庭法院不会签发标记令。①

澳大利亚格里菲斯大学的研究者格兰尼亚·希恩（Grania Sheehan）等认为，2001 年联邦《家庭法立法修正案（养老金）法》没有就是否分割养老金以及分割多少比例的养老金提供直接指导，这赋予了当事人和法院决定是否应该分割养老金以及分割多少比例的养老金的灵活性。②但是，有学者认为，有关养老金的改革，并未有效解决在离婚配偶之间公平分配养老金利益的过程中存在的缺陷，如由于需要经验丰富的精算师进行估算，对养老金利益的评估较为昂贵。③ 此外，有研究表明，与配偶退休时的财产安全相比，离婚双方最迫切的问题是为自己和子女寻找住房。由于离婚时许多夫妻可利用的经济来源非常有限，这使得分割养老金对年轻夫妇的吸引力较小。④

科廷大学的托马斯·亨恩（Thomas Henn）等认为，由于下列原因，未来澳大利亚在离婚时合理地分割养老金利益将更加重要：第一，自 1984 年以来，所有工人的养老金覆盖率已经扩大到 80% 左右，雇员的养老金覆盖率翻了一番。第二，养老金的总值将从近 5190 亿澳元增长到 2012 年的 1 万亿澳元。第三，离婚的人越来越多。第四，越来越多的人，特别是妇女，将养老金作为家庭财产的一部分，并承认男性和女性积累养老金利益时普遍存在不平等。第五，妇女继续从事零散的工作，而男子开始更多地参与兼

① Angus S., "Splitting Superannuation on Divorce or Separation," *Bulletin* (*Law Society of South Australia*), vol. 25, no. 2, March 2003, p. 20.

② Sheehan G., Chrzanowski A. and Dewar J., "Superannuation and Divorce in Australia: An Evaluation of Post-reform Practice and Settlement Outcomes," *International Journal of Law, Policy and the Family*, vol. 22, no. 2, August 2008, p. 227.

③ Henn T. and Boujos J., "The Penthouse, the Porsche or the Pension Superannuation and Divorce," *Revenue Law Journal*, vol. 13, January 2003, p. 30.

④ Sheehan G., Chrzanowski A. and Dewar J., "Superannuation and Divorce in Australia: An Evaluation of Post-reform Practice and Settlement Outcomes," *International Journal of Law, Policy and the Family*, vol. 22, no. 2, August 2008, p. 228.

职工作，导致退休储蓄模式的不一致。① 此外，也有学者认为，鉴于养老金担保带来的养老金覆盖率的大幅增长、投资基金的重要性以及婚姻破裂的数量的不断增加，养老金分割很可能变得更加普遍。② 由此可见，养老金覆盖率的扩大、离婚数量的增加均可能使养老金利益的分割日益普遍。

综上所述，笔者认为，第一，在夫妻财产权益调整方面，法律虽然赋予了法官广泛的自由裁量权，但是，该自由裁量权必须受到公平和公正原则的约束。第二，在配偶扶养费方面，配偶扶养费的支付既要考虑支付配偶扶养费一方的支付能力，又要考虑收取配偶扶养费一方的需求，但必须以支付一方有支付能力为前提。第三，在养老金利益的分割方面，无论是现实利益的分割还是期待利益的分割，均体现了财产分割的公平原则。

（二）离婚对未成年子女的法律效力之学者观点

1. 子女权利与父母责任之学者观点

在 1995 年家庭法改革之前，有部分人就抚养权和探视权鼓励父母将自己视为输家或赢家感到担忧。澳大利亚社会科学家凯瑟琳·芬德（Kathleen Funder）认为，父母所有权和对未成年子女的专有控制权的观念似乎是许多棘手的未成年子女纠纷的核心，而 1995 年家庭法改革试图消除父母权利的观念。③ 西悉尼大学法学院副教授苏珊·阿姆斯特朗（Susan M. Armstrong）也认为，1995 年联邦《家庭法改革法》在子女抚养方面的改革旨在建立一种“离婚或分居后处理子女的新方法”，这种方法强调子女权利和父母责

---

① Henn T. and Boujos J., “The Penthouse, the Porsche or the Pension Superannuation and Divorce,” *Revenue Law Journal*, vol. 13, January 2003, pp. 31-32.

② Angus S., “Splitting Superannuation on Divorce or Separation,” *Bulletin* (*Law Society of South Australia*), vol. 25, no. 2, March 2003, p. 19.

③ Funder K., “Australian Family Law Reform Act 1995 and Public Attitudes to Parental Responsibility,” *International Journal of Law, Policy, and the Family*, vol. 12, no. 1, April 1998, p. 49.

任，其目的是“确保子女得到充分和适当的养育”，并确保父母履行其义务。这些目的体现的原则包括子女知情权和被照顾权以及与父母的持续交往权；父母应共同承担责任，并对子女将来的抚养达成一致。[①] 但是，在改革后的初期，对律师和顾问的访谈和调查表明，改革在实践中没有真正起到作用。大多数受访者认为，在分居或离婚后，母亲继续承担大部分照顾责任，许多父亲仍然不能一如既往地照顾未成年子女。并且，部分法律职业者仍然使用改革之前的法律术语。[②]

此外，澳大利亚家庭法院法官理查德·奇斯霍尔姆（Richard Chisholm）认为，1995 年家庭法改革将儿童“福利”为首要考虑因素修改为儿童“最大利益”为首要考虑因素，这有利于与联合国《儿童权利公约》使用的术语保持一致。[③] 但是，也有学者认为，儿童的“最大利益”的定义含混不清，不确定性较大。[④]

2. 共同父母责任之学者观点

2006 年家庭法改革被称为“代表家庭法的世代交替，旨在实现分居或离婚后管理方式理念的转变：从诉讼转向合作抚养。[⑤] 有学者认为，在父母离婚的情况下，应当保护子女的利益。婚姻无效、分居或者离婚不会改变父母对其子女的责任，我们不再接受父母之间的同居关系结束意味着子女应当和父母一方居住，和另

---

① Armstrong, S. M., "'We Told You So ...' Women's Legal Groups and the Family Law Reform Act 1995," *Australian Journal of Family Law*, vol. 15, no. 2, 2001, p. 131.

② Rhoades H., Harrison M. and Graycar R., "The Family Law Reform Act 1995: the First Three Years," *Australian Family Lawyer*, vol. 15, no. 1, 2001, p. 1, p. 3.

③ Chisholm R., "Assessing the Impact of the Family Law Reform Act 1995," *Australian Journal of Family Law*, vol. 10, no. 3, December 1996, p. 13.

④ Brown T. and Campbell A., "Parents, Children and Family Relationship Centres: What's Working?" *Children Australia*, vol. 38, no. 4, 2013, p. 192.

⑤ The Parliament of The Commonwealth of Australia, Family Law Amendment (Shared Parental Responsibility) Bill Explanatory Memorandum, 2005, p. 1.

一方分开的传统观念。① 家庭法委员会承认父母离婚或者分居后子女与双方父母保持联系的重要性，以及一方父母长期或者永久不参与子女的生活的不利影响。② 这强调父母即使离婚或者没有结婚而分开，应对子女承担共同的父母责任，合作抚养未成年子女。

美国哥伦比亚大学副教授理查德·加德纳（Richard A. Gardner）认为，共同父母责任试图利用最接近婚姻的生活方式和交往时间安排抚养子女。尽管共同抚养模式可以采取多种形式，但主要原则是父母和子女在子女的居住以及与父母的交往方面具有更大的灵活性。③ 但是，有学者认为，法律制度在回应未成年子女有关其家庭情况的愿望方面的能力有限。法院不能强迫父母与未成年子女交往。即使那是该子女的最大愿望。子女与非共同居住的父母交往的质量而非数量影响未成年子女未来的福利。④

此外，英国布里斯托大学法学教授 Rebecca Bailey-Harris 认为，共同父母责任是一种理想模式，只有当没有与子女一起生活的父母在子女的抚养问题上达成共识时，这种责任才能起作用。⑤

3. 子女抚养费之学者观点

婚姻可以自由地被解除，但亲子关系却不能。⑥ 澳大利亚国立

---

① Lauroba E., "The Effects of Divorce on Children," *International Journal of Legal Information*, vol. 42, no. 1, March 2014, p. 57.

② Family Law Council, *Patterns of Parenting After Separation: Discussion Paper*, 1991, p. 16.

③ See Gardner R. A., "Social, Legal, and Therapeutic Changes That Should Lessen the Traumatic Effects of Divorce on Children," *Journal of the American Academy of Psychoanalysis*, vol. 6, no. 2, April 1978, p. 239.

④ See Barnett C. and Wilson J. C., "Children's 'Wishes' in the Australian Family Court: Are they Wishful Thinking?" *Psychiatry, Psychology, and Law*, vol. 11, no. 1, 2004, p. 78.

⑤ Bailey-Harris R., "The Family Law Reform Act 1995 (Cth): A New Approach to the Parent/ Child Relationship," *Adelaide Law Review*, vol. 18, no. 1, 1996, p. 91.

⑥ Parkinson P. and Cashmore J., "Relocation and the Indissolubility of Parenthood," *Journal of Child Custody*, vol. 15, no. 1, 2018, p. 76.

大学的 Maria Vnuk 博士认为，子女抚养费是指离婚或者分居的父母之间支付的抚养子女的费用，通常由没有与子女共同居住的父亲（non-resident father）支付给与子女共同居住的母亲（resident mother）。[①] 英国法学家威廉·布莱克斯通（Sir William Blackstone）认为，父母为其子女提供抚养费的义务是自然法的原则，生育子女，意味着父母自愿承担抚养该子女的义务。[②] 因此，尽管父母离婚后分开居住，但是他们对其未成年子女仍然负有抚养的基本义务。[③]

在过去的 30 年中，澳大利亚子女抚养费制度取得了一些成绩。正如帕特里克·帕金森教授指出的那样，"该计划成功地促进了社会对儿童抚养义务观念的接受"[④]。与其他国家相比，澳大利亚利用税收制度对子女抚养费进行评估、收取和执行的方法是一种比较创新的做法，这种方法也为其他政策改革铺平了道路。[⑤]

但是，有学者认为，澳大利亚子女抚养费制度仍然存在一些需要解决的问题：

第一，部分应支付子女抚养费的父母故意隐瞒实际收入。澳大利亚迪肯大学的海莉·麦肯齐（Hayley Mckenzie）等认为，部分父母通过隐藏财产，不申报所有收入，将收入或资产列在公司名

---

① Vnuk M.,"Keeping Mum: Characteristics and Family Dynamics of Mothers Who are Liable to Pay Child Support in Australia," *Australian and New Zealand Journal of Family Therapy*, vol. 40, no. 1, 2019, p. 128.

② See Blackstone S. W. and Lewis W. D., *Commentaries on the Laws of England: In Four Books* (Book I), Philadelphia: Rees Welsh & Company, 1915, p. 447.

③ Family Law Act 1975 (Cth), s 66C; Child Support (Assessment) Act 1989 (Cth), s 3.

④ Parkinson P., "The Future of Child Support," *University of Western Australia Law Review*, vol. 33, no. 2, 2007, p. 181.

⑤ Edwards M., "The Child Support Scheme: What Innovative Collaboration Can Achieve," in Luetjens J., Mintrom M. and Hart P. eds., *Successful Public Policy: Lessons from Australia and New Zealand*, Canberra: ANU Press, 2019, pp. 143-145.

下，或从事以现金支付报酬的工作以最大限度地减少子女抚养费。[①] 澳大利亚墨尔本大学法学教授贝琳达·费伯格（Belinda Fehlberg）等认为，逃避支付子女抚养费的自雇者可能会故意减少或者谎报自己的应税收入。[②] 由于子女抚养费是根据最新的纳税申报单进行评估的，当支付子女抚养费的自雇者控制其收入时，这种评估方式的效果并不理想。比如，自雇者为了仅根据最低的工资评估子女抚养费，他们可以给自己发放较低的工资，这可能会导致评估后实际支付的子女抚养费比应支付的子女抚养费低。

第二，部分父母支付子女抚养费不及时，或者不足额支付，有的甚至不支付子女抚养费。这是一个非常棘手的问题，尤其是在父母之间直接支付子女抚养费的情况下。[③] 2013-2014 年度，支付子女抚养费的父母拖欠的子女抚养费超过 14 亿澳元。[④] 有研究表明，子女抚养费改革并没有为子女抚养费的收取（私人收取或者儿童抚养机构收取）带来显著的改善。[⑤]

综上所述，笔者认为，第一，澳大利亚 1995 年的家庭法改革

---

① Mckenzie H. and Cook K., "The Influence of Child Support and Welfare on Single Parent Families," *Just Policy*, no. 45, October 2007, p. 15.

② Fehlberg B. and Maclean M., "Child Support Policy in Australia and the United Kingdom: Changing Priorities but a Similar Tough Deal for Children?" *International Journal of Law, Policy and the Family*, vol. 23, no. 1, 2009, p. 8.

③ Australia Law Reform Commission, available at https://www.alrc.gov.au/publication/family-violence-and-commonwealth-laws-child-support-and-family-assistance-ip-38/child-support-laws/, accessed 3 May 2020.

④ Kidspot, "Kidspot asked single parents about their unpaid child support," available at https://www.kidspot.com.au/parenting/parenthood/divorce-and-separation/kidspot-asked-single-parents-about-their-unpaid-child-support/news-story/1402c7dbc0dd5c589c6877a5ab2db7ec, accessed 3 May 2020.

⑤ Fehlberg B., Kaspiew R., Millbank J., Kelly F., et al., *Australian Family Law: The Contemporary Context* (Second Edition), South Melbourne: Oxford University Press, 2015, pp. 462-464; Smyth B., Rodgers B., Son V., et al., "The Australian Child Support Reforms: A Critical Evaluation," *The Australian Journal of Social Issues*, vol. 50, no. 3, 2015, p. 226.

虽然存在某些不足，但是，此次改革旨在弱化父母权利，强调父母责任与子女权利，这有利于逐渐淡化离婚父母在子女问题上输赢的敌对观念，对重塑父母之间以及父母与子女之间的关系具有积极意义。第二，共同父母责任鼓励父母双方离婚后以合作的方式共同抚养子女，这符合子女的最大利益，也有利于子女的健康成长。但是，并非所有的情况均适合合作抚养子女。因此，对于是否合作抚养，还应具体情况具体分析。第三，澳大利亚学者对子女抚养费制度的评价褒贬不一。但是，不可否认，澳大利亚子女抚养费制度采取行政模式，由专门的行政机构对子女抚养费进行登记、评估、收取和执行、变更，这对于缓解法院工作压力，改善子女抚养费制度具有积极作用。前述学者提出的子女抚养费制度存在的问题是实践中亟待解决的难题，还需进一步探索解决方案。

第四节 澳大利亚离婚的法律效力之评析

从上文可以看出，在澳大利亚，离婚对夫妻双方当事人及子女均会产生重要影响。下文将主要从离婚对当事人的法律效力以及离婚对未成年子女的法律效力两个方面进行评析，并在前述研究的基础上，总结澳大利亚离婚程序之经验与教训。

一、离婚对当事人的法律效力之评析

离婚后，夫妻的身份关系自动解除。关于财产的处理，当事人可以协商处理，也可以向法院提起诉讼，由法院对当事人之间的财产处理作出判决。笔者将从以下几个方面对离婚对当事人的法律效力进行评析：当事人对财产的协议处理、法院对当事人财产权益的调整、配偶扶养费以及养老金利益分割。

（一）当事人对财产的协议处理之评析

澳大利亚家庭法鼓励离婚夫妻在向法院提起诉讼前，自行解

决纠纷。离婚夫妻可以就财产安排自行协商处理，主要有非正式协议、同意令和具有约束力的财产协议三种方式。当事人可以根据自己的情况和需求选择不同的方式，这体现了对当事人意思自治的尊重。

1. 非正式协议之评析

非正式协议对协议的形式没有严格要求，比较适合双方财产较少且能够维持自己生活的夫妻，并且对离婚当事人而言比较方便，可以避免因律师参与而支付的费用。但是，离婚当事人达成非正式协议也存在一定的风险。原因是这些离婚夫妻的一方或双方对法律赋予的权利可能并不了解，不利于保护其应有的权利。例如，部分妇女在离婚时并不知道可以分割养老金，因此她们并没有要求与另一方分割养老金，从而丧失了该利益。[①] 可见，非正式协议既有方便省钱的优点，也有不利于权利保障的缺点。

2. 同意令之评析

离婚当事人就财产分割达成协议后，可以根据协议向法院申请同意令。法院的同意令一旦签发，当事人达成的财产协议就具有与判决同等的法律效力。但必须注意，即便当事人向法院申请同意令时已经达成了协议，法院也须考虑签发的同意令是否是公平和公正的。在哈里斯诉卡勒丁（Harris v. Caladine）案[②]中，澳大利亚高等法院认为，法院在签发同意令之前，必须确保签发的命令是公平和公正的。布伦南法官（Brennan J）认为，同意令需要法院进行审查。这要求法院在签发同意令时，就当事人达成的协议内容进行审查。因此，当事人基于协议向法院申请同意令的，并非都可以获得同意令。

---

① Sheehan G., Chrzanowski A. and Dewar J., "Superannuation and Divorce in Australia: An Evaluation of Post-reform Practice and Settlement Outcomes," *International Journal of Law, Policy and the Family*, vol. 22, no. 2, August 2008, p. 226.

② *Harris v. Caladine* [1991] HCA 9.

3. 有约束力的财产协议之评析

有约束力的财产协议是鼓励离婚夫妻自行解决财产分配问题的一种比较正式的方式。当事人选择达成有约束力的财产协议的原因很多，主要有：

（1）一方当事人可能想要保护或者隔离较大的财产或者负债；

（2）一方当事人预计会得到大量的遗产或礼物；

（3）保护前一段婚姻或事实伴侣关系中子女的利益；

（4）保护第三人的利益，包括公司；

（5）确保婚姻或伴侣关系破裂时的确定性；

（6）避免婚姻或伴侣关系破裂时的诉讼压力和费用；

（7）与联邦《家庭法》相比，可对特殊贡献给予更大的认可。①

双方同意并希望达成协议确立财产分配的，可以达成财产协议。此外，当事人希望在不采取诉讼方式的情况下正式确定其财产安排的，也可以达成有约束力的财产协议。

笔者认为，这三种鼓励离婚当事人自行解决财产分割的方式，既体现了对当事人意思自治的尊重，又能避免离婚当事人因诉讼而处于更加对抗的状态，有利于协议内容的自愿履行。除此之外，有约束力的财产协议与法院的同意令相比，一个重要的优势是，有约束力的财产协议不需要获得法院的批准，也不要求符合“公平和公正”原则，因此不会受到法院的审查。但是，当事人采用有约束的财产协议对财产进行安排，也存在一定的弊端。比如，订立有约束力的财产协议是相对直接且经济的，但是要想摆脱签订的有效的有约束力的财产协议相对而言较为困难。双方终止协议涉及法律或财产咨询建议的额外费用，而单方终止协议则须向

① Young L., Sifris A., Carroll R., and Monahan G., *Family Law in Australia* (Ninth Edition), Chatswood: LexisNexis Butterworths, 2016, p. 948.

法院申请终止协议能够成功。[①] 此外，立法还存在漏洞，很难保证当事人能够达到预期的“确定性”要求。并且准备协议的复杂性和由此产生的费用似乎超出了当事人的预期。[②]

(二) 法院对当事人财产权益的调整之评析

1. 法院对离婚当事人财产权益的调整体现了对公平价值的追求

离婚当事人就财产分割不能达成协议的，可以向法院申请，由法院签发调整财产权益的命令。但是，法院签发调整财产权益的命令时，必须确保签发的命令是公平和公正的，否则不得签发该命令。联邦《家庭法》第 79 条的目的是根据该条第 (4) 款中的考虑因素以及公平和公正原则的要求，在婚姻当事人之间调整财产权益，其目的并非惩罚婚姻一方的不当行为，也不是补偿一方因另一方的行为而导致的经济损失，而是为了实现双方经济上的公平。[③]

2. 贡献是法院调整财产权益时最重要的考虑因素

法院根据联邦《家庭法》第 79 条第 (1) 款的规定调整财产权益的，必须采取以下三个步骤：[④] 第一，在庭审时，法院必须确定婚姻双方各自拥有哪些财产，以及哪些财产是属于破产受托人一方的（如果有）。第二，法院必须确定财产的价值。同时，法院通常会考虑当事人各方的债务。[⑤] 第三，法院必须行使自由裁量权，以确定是否签发命令，以及在需要签发命令的情况下，该签

---

① Fehlberg B., Smyth B., “Binding Pre-Nuptial Agreements in Australia: The First Year,” *International Journal of Law, Policy and the Family*, vol. 16, no. 1, April 2002, p. 133.

② Fehlberg B., Smyth B., “Binding Pre-Nuptial Agreements in Australia: The First Year,” *International Journal of Law, Policy and the Family*, vol. 16, no. 1, April 2002, p. 136.

③ Dickey A., *Family Law* (Sixth Edition), Sydney: Thomson Reuters (Professional) Australia Limited, 2014, p. 537.

④ Dickey A., *Family Law* (Sixth Edition), Sydney: Thomson Reuters (Professional) Australia Limited, 2014, pp. 555-569.

⑤ *Fields v Smith* [2015] FamCAFC 57; *Linder & Linder* [2013] FamCA 988.

发何种命令。

法院在行使自由裁量权时，须考虑该条第（4）款中的法院变更财产权益的考虑因素，即对财产的经济贡献、对财产的非经济贡献、对家庭福利的贡献、拟签发的命令对双方收入能力的影响、联邦《家庭法》第75条第（2）款中涉及的有关事项、其他命令以及子女抚养费。由此可见，离婚当事人申请调整财产权益的，法院在签发命令之前，比较重视双方当事人的贡献，这种贡献包括经济贡献和非经济贡献。并且，家庭法院认为对家庭福利的贡献并不亚于经济贡献。[①] 在菲尔兹诉史密斯（Fields v Smith）案[②]中，夫妻双方的婚姻持续了29年，并育有三个子女。在婚姻关系存续期间，夫妻双方是公司的董事和股东，但妻子承担主要的家务劳动并照顾子女，丈夫则忙于工作。家庭法院扩大庭认为，联邦《家庭法》并不偏向任何形式的贡献，并且所有的贡献都必须根据特定的案件事实进行评估。在本案中，双方在不同的方面作出了同等的贡献：妻子主要为家庭福利做贡献，而丈夫主要作出了经济贡献。由此，法院签发法令，将财产在双方之间进行平均分配，即双方各占财产的50%。

3. 基于对家庭福利的贡献而享有的权利并非只能由作出贡献时双方享有的财产予以满足

法院似乎不支持要求当事人所做的贡献必须是对现有财产或者过去财产所作出的。相反，法院会考虑当事人从同居之日到审判之日的所有贡献。但这并不意味着法院通常会改变当事人在分离后获得的财产利益。在法默与布拉姆雷（Farmer and Bramley）案[③]中，双方于1984年结婚，1995年1月分居，1997年4月离婚。在婚姻初期，丈夫遇到了与毒品有关的问题，并在此期间得到了

---

① Young L., Sifris A., Carroll R., and Monahan G., *Family Law in Australia* (Ninth Edition), Chatswood: LexisNexis Butterworths, 2016, p. 862.

② *Fields v. Smith* [2015] 53 Fam LR 1.

③ *Farmer and Bramley* [2000] FamCA 1615.

妻子在经济和情感上的支持。1996年9月，丈夫购买彩票中奖500万澳元。法官查明，在双方12年的婚姻中，妻子作出了较大的贡献，认为这500万澳元可以在双方之间进行分配，并判决给予妻子75万澳元。丈夫不服该判决，向法院上诉。家庭法院扩大庭驳回了丈夫的上诉请求。格斯特法官（Guest J）认为，初审法官表达的理由虽然不那么详尽和清楚，但是他从500万澳元中判给妻子75万澳元是根据妻子在12年婚姻中的贡献以及《家庭法》第75条第（2）款的考虑因素作出的。并且，第79条第（4）款第（c）项的内容并不能证明存在以下限制：基于对家庭福利的贡献而享有的权利只能由作出贡献时双方享有的财产予以满足。按照目前联邦《家庭法》的规定，第79条第（1）款赋予法院调整配偶财产权益的权限的唯一限制是签发的命令必须是公平和公正的。

由此可见，联邦《家庭法》第79条关于法院调整财产权益的规定，一方面体现了法院对调整财产权益的广泛的自由裁量权，另一方面也有利于对弱者利益的保护，尤其是对家务劳动价值的承认和尊重。但是，该自由裁量权必须受公平和公正原则的约束。

（三）配偶扶养费之评析

1. 配偶扶养费的获得者多为女性。联邦《家庭法》从配偶的扶养义务、配偶扶养费的条件、配偶扶养费的申请时间、法院签发配偶扶养费令的考虑因素、配偶扶养费令的签发以及配偶扶养费的变更和终止等方面对配偶扶养费进行了详细的规定。该法中的配偶扶养费的规定具有“性别中立”的特点，因为这种获得扶养费的权利和支付扶养费的义务平等地适用于夫妻双方。但是，在现实中，配偶扶养费的支付者几乎是男性，而收款者几乎是女性。[①] 有关女性支付扶养费的案例相当少，如在奥兹与克雷斯

---

① Parkinson P., *Australian Family Law in Context: Commentary and Materials* (Seventh Edition), Sydney: Thomson Reuters (Professional) Australia Limited, 2019, p. 426.

(Oates and Crest) 案[①]中，法院确认了一名初审法官的决定，该法官命令一名 65 周岁的司法人员支付临时配偶扶养费，用于扶养她 79 周岁的已分居的丈夫。

2. 签发配偶扶养费令的考虑因素对法院具有指导意义。联邦《家庭法》规定了法院签发配偶扶养费令时须考虑的因素，这些考虑因素可以归纳为如下几个方面：第一，双方当事人的个人情况；[②] 第二，对他人的义务；[③] 第三，过去婚姻的情况；[④] 第四，其他事实或情形。[⑤] 这些考虑因素包含联邦《家庭法》第 74 条（配偶扶养费）以及第 79 条（财产权益的调整）的诉讼程序的考虑事项，也包含支付扶养费一方支付扶养费的能力以及收取扶养费一方收取扶养费的需要的有关事项。[⑥] 以上法定考虑因素对法院签发合理的配偶扶养费令具有重要的指导意义，同时也有利于当事人合法权益的保护。

（四）养老金利益分割之评析

1. 联邦《家庭法》承认养老金利益的可分割性

在 2001 年联邦《家庭法立法修正案（养老金）法》颁布后，养老金作为一种可分割的财产，夫妻双方离婚的，可以申请分割养老金。在澳大利亚，养老金在人们的生活中具有重要作用。有研究表明，在 20 世纪 80 年代和 90 年代早期，与其他资产相比，养老金的重要性有所提高。到 90 年代末期，养老金平均占当事人资产的 25%。[⑦] 因此，人们比较重视其养老金利益。

---

① *Oates and Crest* [2008] FLC 93-365.

② Family Law Act 1975 (Cth), s 75(2)(a)(b)(d)(g)(h)(m).

③ Family Law Act 1975 (Cth), s 75(2)(c)(e)(ha)(l)(n)(na).

④ Family Law Act 1975 (Cth), s 75(2)(j)(k).

⑤ Family Law Act 1975 (Cth), s 75(2)(o).

⑥ *Stein & Stein* [2000] FamCA 102, at 48.

⑦ Dewar J., Sheehan G. and Hughes J., *Superannuation and Divorce in Australia*, Working Paper No. 18, Australian Institute of Family Studies, Melbourne, May 1999, p. 19.

2. 有利于妇女权益的保护

在澳大利亚，女性没有养老金的情况比男性多。在2015-2016年度，大约27.0%的男性没有养老金，而没有养老金的女性却占了32.7%；65-69岁的女性中没有养老金的约占45%。① 澳大利亚承认养老金的既得利益和期待利益均可以由夫妻共享，② 这有利于保护从事家务劳动或者没有养老金的人的利益，而这部分人大部分是妇女，这对妇女权益的保护将起到积极作用。

3. 既彰显了对当事人意思自治的尊重，也体现了国家公权力的适度干预

在澳大利亚，养老金可以由当事人协议分割，也可以由法院判决分割。首先，当事人可以就养老金的分割达成协议，这体现了对离婚当事人意思自治的尊重。其次，离婚当事人也可以向法院申请，由法院对他们的养老金利益进行分割。法院分割养老金的方法包括分割令和标记令，法院可以根据不同的情况签发不同的命令，这体现了国家公权力对家庭关系的适度干预，有利于保障双方的合法权益。

必须注意，虽然法律赋予夫妻在婚姻关系结束后分割养老金既得利益和期待利益的权利，但仍然有部分妇女无法获得法律赋予她们的这项权利，因为她们并不知道离婚时可以分割养老金利益。有学者认为，当夫妻出席澳大利亚家庭关系中心或者儿童抚养机构等提供的服务时，可以向她们宣传如何处理分居或离婚时的养老金的基本信息，以提高她们对养老金的法律知识。③

---

① Clare Ross, *Superannuation Account Balances by Age and Gender*, The Association of Superannuation Funds of Australia Limited (ASFA), Sydney, October 2017, p. 5.

② 陈苇、陈思琴：《澳大利亚夫妻离婚时养老金分割立法及其借鉴》，载《法商研究》2008年第6期，第145页。

③ Sheehan G., Chrzanowski A. and Dewar J., "Superannuation and Divorce in Australia: An Evaluation of Post-reform Practice and Settlement Outcomes," *International Journal of Law, Policy and the Family*, vol. 22, no. 2, August 2008, p. 226.

二、离婚对未成年子女的法律效力之评析

离婚对未成年子女的生活方式和生活环境均会产生较大的影响。子女作为父母离婚中受影响较大的一方，其利益应该受到保护。在澳大利亚，法院签发与子女抚养有关的命令时，儿童的最大利益是首要考虑因素。笔者主要从子女抚养计划、子女抚养令以及子女抚养费这三个方面，就离婚对未成年子女的法律效力进行评析。

（一）子女抚养计划之评析

1. 子女抚养计划体现了对当事人意思自治的尊重

联邦《家庭法》鼓励分居或离婚父母制订子女抚养计划，以自行解决子女抚养问题。有学者认为，鼓励父母制订子女抚养计划解决分居或离婚后的子女安排问题之理念，现已被西方国家调解员普遍接受。[①] 子女抚养计划体现了对当事人意思自治的尊重，有利于离婚父母避免因诉讼带来的冲突与对抗，也有利于离婚父母方便且快速地对子女抚养作出安排，避免法院判决的拖延。

2. 废除子女抚养计划的登记模式具有合理性

目前家庭法院不再对子女抚养计划进行登记，因此，父母作出的子女抚养计划类似于非正式的子女抚养协议，并不具有可强制执行的效力。但是，法院签发子女抚养令时仍然需要考虑当事人之间制订的子女抚养计划。笔者认为，废除子女抚养计划的登记模式具有合理性，一是法院签发的有关子女抚养的同意令完全可以替代登记的子女抚养计划，再对子女抚养计划进行登记已无必要；二是在没有废除子女抚养计划的登记模式之前，登记子女抚养计划的情况较少，人们更倾向于向法院申请子女抚养令。第三，废除登记模式有利于节约司法资源。

---

① Parkinson P., *Family Law and the Indissolubility of Parenthood*, New York: Cambridge University, 2011, p. 48.

（二）子女抚养令之评析

1. 子女扶养令的内容较为全面

夫妻离婚时，必须对未成年子女的照护、福利以及发展作出适当安排，否则离婚令不发生效力。对于子女的适当安排，当事人可以选择制订子女抚养计划，也可以向法院申请子女抚养令，即通过国家公权力保障子女的合法权益。子女抚养令的内容包括子女由谁抚养、子女抚养费、子女的交往，等等，其内容较为全面。

2. 子女抚养令的申请主体广泛

抚养令的申请主体包括父母、子女、祖父母、外祖父母以及与子女的照护、福利或者发展有关的其他人。这照顾到了子女本人及其父母、祖父母、外祖父母及其他相关个人的需要。父母及其子女是离婚受影响最大的主体，应该赋予其申请抚养令的权利。祖父母或者外祖父母也是与子女接触较多的人，并且具有血缘关系。允许祖父母或者外祖父母申请与未成年子女会面交往，这既照顾到了未成年子女的情感需要，又有利于未成年子女的健康成长，值得我国借鉴。

3. 体现了对儿童最大利益的贯彻和执行

联邦《家庭法》规定法院签发子女抚养令应以儿童最大利益为首要考虑因素，并且明确了法院确定儿童最大利益的两个层次的考虑因素，即首要考虑因素和次要考虑因素。首要考虑因素包括两个方面，一是父母子女之间建立有意义的关系对子女的益处，二是保护子女免受虐待、遗弃或者家庭暴力造成的生理或心理伤害的必要性。次要考虑因素主要包括子女的意见、子女与他人的关系、父母履行抚养义务的程度、居住环境变化的影响、父母子女交往的困难与成本、父母及他人满足自己需求的能力、子女的生活方式、文化传统等。也就是说，该法就法院签发子女抚养令规定了两个层次的考虑因素。将这些考虑因素分为两个层次的目的是提高主要考虑因素的重要性，使法院更好地将注意力集中在该法第60B条规定的目的上，即确保儿童的最大利益的实现。[①] 但在某些情况下，次要考虑因素可能比主要考虑因素重要。[②] 这些规定有利于指导法院作出符合子女最大利益的判决。

必须注意，对未成年子女问题的处理，应当考察子女的意愿，这越来越受到澳大利亚法律的重视。联邦《家庭法》要求法院在决定是否签发抚养令时，应考虑子女表达的意见。[③] 1988年新南威尔士州《儿童与青少年（照顾与保护）法》第9条规定，无论儿童或青少年能否就其安全、福利和健康问题形成自己的意见，都必须给予其自由表达意见的机会，并且应根据该儿童或青少年的发展状况及所处环境，对其意见给予应有的重视。

（三）子女抚养费之评析

1. 子女抚养费制度的优点

（1）在子女抚养费的评估方面，子女抚养费的评估公式涉及的因素比较综合。该评估公式除了包括父母双方的应税收入，还包括子女人数、子女的年龄（分为0-13岁和13-18岁两个年龄段）以及和父母共处的时间。首先，明确了用于计算子女抚养费的收入是应税收入；其次，考虑到了未与子女共同居住一方与子女共处的时间和经济成本；再次，将子女分为不同的年龄阶段计算子女抚养费，照顾到了不同阶段子女抚养费的不同，并且有利于降低当事人申请变更子女抚养费的情况。最后，子女抚养费的评估有官方的子女抚养费计算器网站，[④] 当事人只需输入父母双方的应税收入、子女的人数以及子女和父母共处的时间，即可快速

---

① Parliament of Australia, House of Representatives, *Family Law Amendment* (*Shared Parental Responsibility*) *Bill* 2005 (Cth), Explanatory Memorandum, at [48].

② Parliament of Australia, House of Representatives, *Family Law Amendment* (*Shared Parental Responsibility*) *Bill* 2005 (Cth), Explanatory Memorandum, at [50].

③ Family Law Act 1975 (Cth), s 60CC(3)(a).

④ Child Support Australia, "Child Support Calculator/Estimator," available at https://childsupportaustralia.com/calculator-estimator/, accessed 11 December 2020.

得出父母双方谁应支付子女抚养费以及子女抚养费的数额，此操作较为简单。

（2）在子女抚养费的收取和执行方面，子女抚养费的收取和执行取得了良好的效果。在澳大利亚，子女抚养费的评估、收取和执行，以及变更主要由澳大利亚民政服务部负责。在子女抚养费计划实行之初，儿童抚养机构被安置在澳大利亚税务局（Australian Taxation Office）内，这有利于儿童抚养机构获得应支付子女抚养费一方的税收记录、应税收入以及拦截退税等。[①] 尽管儿童抚养机构后来被移出了澳大利亚税务局，成为一个独立的行政机构，但是，其与澳大利亚税务局仍然保持着紧密的联系。目前，为了支持子女抚养费的收取，澳大利亚税务局拦截应支付抚养费的父母的退税，并且向澳大利亚民政服务部提供有关的信息等服务。澳大利亚民政服务部和税务局建立了良好的合作关系，这对子女抚养费的收取和执行具有积极作用。

（3）由政府机构负责子女抚养费的评估、收取和执行，以及变更，具有重要意义。有学者认为，这可以避免法院判决的拖延，并且可以减少诉讼程序的对抗性，同时还可以节约诉讼成本。[②] 除此之外，由行政机构负责子女抚养费事项，比法院更具有灵活性，因当事人的工资发生变化等，由行政机构对抚养费进行调整也相对简单。[③] 如前所述，在 2019-2020 年度，澳大利亚民政服务部收到超过 15000 份变更申请，45.74%的申请获得了通过。

2. 子女抚养费制度存在的问题

（1）支付子女抚养费的父母的实际收入难以确定，尤其是自

---

① Mills E. and Ebejer M., *Family Law*(Sixth Edition), Chatswood: LexisNexis Butterworths, 2015, p. 286.

② Young L., Sifris A., Carroll R., and Monahan G., *Family Law in Australia*(Ninth Edition), Chatswood: LexisNexis Butterworths, 2016, pp. 742-743.

③ See Finlay H. A., Bailey-Harris R. and Otlowski M. F. A., *Family Law in Australia*(Fifth Edition), Sydney: Butterworths, 1997, p. 203.

雇者的实际收入。确定支付子女抚养费的父母的实际收入是准确评估子女抚养费的关键。但是，有部分父母为了逃避支付子女抚养费，隐瞒自己的实际收入，不向税务局如实申报其收入，将收入或者财产计入公司名下，或者从事以现金支付报酬的工作。在这种情况下，澳大利亚民政服务部无法采用雇主扣留雇员工资的方式获得子女抚养费。

（2）支付子女抚养费的父母不足额或不及时支付子女抚养费。1988 年联邦《子女抚养费（登记与收取）法》规定，该法的主要目的包括：确保子女能够从父母处获得经济上的抚养；定期支付子女抚养费的，确保子女抚养费能够定期和及时地被支付。① 父母不足额、不及时支付子女抚养费的，违背了该法的立法目的。

综上所述，澳大利亚子女抚养费制度已经从法院模式转变为政府模式，其关于子女抚养费的评估、收取和执行，以及变更，澳大利亚民政服务部与税务局之间的合作等有益经验，值得其他国家学习和借鉴。但是，儿童抚养费制度也存在一些亟待解决的问题。

三、小结：澳大利亚离婚的法律效力之经验与教训

第一，配偶一方及未成年子女的安全应当优先考虑。澳大利亚越来越重视配偶一方及未成年子女的安全。1995 年家庭法改革首次承认将暴力行为作为分居或离婚后确定未成年子女事务需要考虑的事项，并将家庭暴力作为判断儿童最大利益的考虑因素，家庭法院审理案件还应遵循考虑免受家庭暴力的需要之原则。此外，2006 年联邦《家庭法修正案（共同父母责任）法》在第七章中增加第 12A 节，规定法院在与未成年子女有关的诉讼中行使权力和履行职责或者就进行与未成年子女有关的诉讼作出其他决定的，应当确保：第一，子女免受虐待、遗弃和家庭暴力；第二，

① Child Support (Registration and Collection) Act 1988, s 3(1).

诉讼当事人免受家庭暴力。[①]

2019 年 4 月 10 日，澳大利亚法律改革委员会发布的名为《未来的家庭法：家庭法制度的调查》的最终报告中，附录 E“讨论稿建议及问题”中提到，建议将联邦《家庭法》第 60CA 条规定的在作出有关未成年子女的决定时以儿童的“最大利益”为首要考虑修改为以儿童的“安全和最大利益”为首要考虑。[②] 此报告指出，随着家庭法制度的发展，保障未成年子女及家庭成员的福利和安全、减少家庭暴力和其他影响未成年子女及家庭成员的风险成为家庭法制度新的责任。[③]

笔者认为，我国在处理离婚问题时，应高度重视当事人及未成年子女的安全问题。尤其是在有家庭暴力、虐待、遗弃和夫妻矛盾比较激烈的情况下，应当采取有利于保护当事人人身安全的方式处理离婚纠纷，相关的工作人员应具有保护配偶一方及未成年子女的安全意识。

第二，夫妻间财产的处理在遵守公平原则的前提下尽量寻求实现当事人之间“彻底决裂”的方法。在澳大利亚，夫妻离婚注重财产的公平处理，同时也兼顾彻底决裂原则。澳大利亚昆士兰大学教授帕特里克·帕金森（Patrick Parkinson）认为，在采用公平分配财产的司法管辖区中，将大部分财产分配给未成年子女的主要照顾者（几乎总是母亲）以实现彻底决裂，而父亲只保留少数财产。[④] 在澳大利亚，法律赋予法官较大的自由裁量权。在法院认为适当的情况下，可以分配当事人的所有财产，而不局限于婚

① Family Law Act 1975 (Cth), s 69ZN(5).

② Australian Law Reform Commission, *Family Lawfor the Future — An Inquiry into the Family Law System*(Final Report), March 2019, p. 491.

③ Australian Law Reform Commission, *Family Lawfor the Future — An Inquiry into the Family Law System*(Final Report), March 2019, pp. 36-37.

④ Parkinson P., *Family Law and the Indissolubility of Parenthood*, New York: Cambridge University Press, 2011, p. 27.

姻关系存续期间的所得。[①] 在实行共同财产制的司法管辖区，通常的做法是分配婚姻期间的所得。考虑到照顾子女对当事人产生的不利影响，单独分配财产不太可能实现财产的公平分配，一些司法管辖区会通过其他形式解决离婚造成的不平等。[②]

对于养老金利益的分配范围，澳大利亚不仅允许分割养老金的现实利益，还可以分割养老金的期待利益，这体现了财产的公平分配原则。此外，在养老金分割方式方面，澳大利亚法院更倾向于采取彻底决裂法，因此，法院一般不采用签发标记令的方式分割养老金利益。

笔者认为，我国在分割夫妻财产的过程中，既要考虑财产的公平分配，也要考虑当事人经济上的彻底决裂。在离婚财产分割时，养老金的期待利益也应该进行分割。此外，彻底决裂是为了实现离婚当事人之间的完全了断，使当事人摆脱过去的阴影，从而开始新的生活。只有子女的抚养义务作为持续义务得以履行，这也是亲子关系的持续性之要求。

第三，在不存在家庭暴力等严重冲突的情况下，尽量采取父母合作的方式共同抚养子女，鼓励双方父母共同参与到子女的生活中。1995 年联邦《家庭法改革法》的一个重要理念是，父母不因关系破裂而失去父母责任。[③]澳大利亚鼓励父母通过合作的方式承担父母责任。澳大利亚 2006 年通过了《家庭法（共同父母责任）修正案》，出现了共同养育的重大立法改革。有学者认为，联邦《家庭法》第 60B 条表达的思想之一是共同抚养模式，父母责任应当共同承担，且不受父母关系是否破裂或是否存在的影响，

---

① Parkinson P.,"The Yardstick of Equality: Assessing Contributions in Australia and England," *International Journal of Law, Policy, and the Family*, vol. 19, no. 2, 2005, p. 165.

② Parkinson, Patrick, *Family Law and the Indissolubility of Parenthood*, New York: Cambridge University Press, 2011, p. 30.

③ Bailey-Harris R.,"The Family Law Reform Act 1995 (Cth): A New Approach to the Parent/ Child Relationship," *Adelaide Law Review*, vol. 18, no. 1, 1996, p. 89.

并且子女与父母双方保持交往符合儿童的利益。[①] 不仅仅是澳大利亚，其他国家也有鼓励离婚父母共同抚养子女的。例如，在捷克共和国，自 1998 年以来，将共同抚养（shared custody）写进立法，尽管之前的立法并未明确将其排除在外。在此之后，司法实践中出现了一些判决父母共同抚养的案例。2016 年，根据该国法院作出的离婚判决情况，父母离婚后由母亲直接抚养的未成年子女占 77%，由父亲直接抚养的占 7%，由父母共同抚养的占 16%。[②] 此外，共同抚养模式在一些北欧国家也越来越受欢迎。在 20 世纪 80 年代，瑞典只有 1%的未成年子女由离婚父母共同抚养，在 21 世纪初期，这一比例上升到 20%，到 2014 年该比例上升到 35%。[③]

虽然有些父亲在离婚后仍然对其子女有较大的投入，但是，父亲退出子女生活或者对子女的投入较少的情况更为普遍。[④] 因此，在没有家庭暴力、虐待或者剧烈冲突的情况下，鼓励父母在分开后合作共同承担子女抚养责任，更多地参与到子女的生活中。这既有利于增进父母子女之间的感情，又有利于子女的健康成长。

第四，我国子女抚养费制度的完善不能盲目照搬澳大利亚模式。澳大利亚子女抚养费制度之所以能够取得良好的效果，一方面得益于其抚养费模式已由诉讼模式转为行政模式，由专门的行政机构对子女抚养费进行登记、评估、收取、执行和变更。这可以避免法院判决的拖延，减少诉讼的对抗性并节约诉讼成本。另一方面还依赖于澳大利亚税务局与民政服务部的合作，从而使澳

---

① Bailey-Harris R. , "The Family Law Reform Act 1995 (Cth): A New Approach to the Parent/Child Relationship," *Adelaide Law Review*, vol. 18, no. 1, 1996, p. 84.

② Mortelmans D. , ed. , *Divorce in Europe: New Insights in Trends, Causes and Consequences of Relation Break-ups*, Cham: Springer, 2020, p. 257.

③ Johansson T. and Andreasson J. , *Fatherhood in Transition: Masculinity, Identity and Everyday Life*, London : Palgrave Macmillan, 2017, p. 121.

④ Parkinson P. , "Forty Years of Family Law: A Retrospective," *Victoria University of Wellington Law Review*, vol. 46, no. 3, 2015, p. 619.

大利亚民政服务部可以方便获取应支付抚养费一方的税收记录，采取由雇主扣除子女抚养费、拦截退税等方式强制收取子女抚养费。而我国并不存在这样的制度基础。因此。对我国子女抚养费制度的改进，更多的是在我国目前的制度基础上，吸收澳大利亚子女抚养费制度的有益经验进行完善。

第五，重视未成年子女与祖父母、外祖父母、兄弟姐妹之间的关系。在澳大利亚，未成年子女与祖父母、外祖父母的关系被包含在儿童最大利益的考虑因素中。[1]并且，在有关交往等方面的立法中明确提及要考虑孙子女、外孙子女与其祖父母、外祖父母的关系。这有利于保持并促进祖孙之间的亲情关系。笔者认为，我国作为一个注重亲情伦理的礼仪之邦，在探望权制度中也应明确祖父母、外祖父母与孙子女、外孙子女之间有相互探望之权利，兄弟姐妹之间有相互探望之权利。

---

① Caruana C., "'Shared Parental Responsibility' and the Reshaping of Family Law: Amendments to the Family Law Act 1975 Made Law," *Family Matters*, no. 74, 2006, p. 58.

第五章　澳大利亚离婚制度对我国之启示

澳大利亚离婚制度的发展与其国家的历史发展密不可分。自澳大利亚成为一个独立的联邦制国家以来，离婚制度逐渐摆脱了英国法律的约束和影响，形成了具有本国特色的法律制度。笔者结合前文对澳大利亚离婚制度的考察与评析，分析澳大利亚离婚制度之功能及我国对其有益经验的借鉴理由，然后从离婚法定理由、离婚程序以及离婚的法律效力三个方面对我国离婚制度进行考察，分析其优点与不足，并对中澳离婚制度进行比较。最后针对我国离婚制度中存在的不足，在吸取前人研究成果，结合我国实际，借鉴澳大利亚有益经验的基础上，提出补充完善我国“民法典婚姻家庭编”离婚制度之参考建议。

第一节　澳大利亚离婚制度之功能及借鉴理由

在本节中，笔者将对澳大利亚离婚制度的功能以及我国对澳大利亚离婚制度的借鉴理由进行分析和总结。

一、澳大利亚离婚制度之功能

（一）防止轻率离婚，维护家庭稳定

1. 鼓励和解服务和信息的获得

澳大利亚鼓励有意离婚的夫妻就纠纷达成和解，防止婚姻当

事人轻率离婚，维护家庭稳定。联邦《家庭法》第 12A 条规定，要确保正在考虑分居或者离婚的已婚夫妇被告知获得（在夫妻双方可能达成协议的情况下）旨在帮助他们达成和解的服务；确保可能受到分居或者离婚影响的人被告知其他纠纷解决方法。[①]可见，法律鼓励有意分居或者离婚的夫妻获得有关和解的服务和信息，尽可能帮助他们达成和解。

2. 鼓励当事人在诉前、诉中以及诉后离婚令生效前达成和解

第一，诉前。在诉前，鼓励夫妻利用非诉纠纷解决机制解决自己的纠纷。对于结婚未满两年的婚姻，原则上不准离婚，但是当事人在家庭咨询师等特定人员的帮助下考虑和解并获得其出具的考虑和解的证明，或者存在特殊情况的，可以离婚。其目的在于，在当事人申请离婚之前，在家庭咨询师等特定人员的帮助下化解夫妻的婚姻危机，帮助婚姻没有完全破裂的夫妻修复婚姻关系，从而达到防止轻率离婚，维护家庭稳定之目的。

第二，诉中。在诉中，法院审理离婚申请时，应当随时考虑当事人和解的可能性，如果法院认为申请离婚的当事人有和解的可能性，应当中止诉讼，并建议当事人参加家庭咨询等服务。

第三，诉后。在诉后，即使法院已经签发了离婚令，离婚令也不会立即生效。在当事人对未成年子女的抚养作出合理安排的情况下，离婚令也需待期满一个月后才能生效。因此，当事人在这一个月的期限内，可以考虑和解。当事人和解后须向法院申请撤销离婚令。

由此可见，澳大利亚家庭法鼓励有意离婚的夫妻在诉前、诉中和诉后离婚令生效前达成和解，降低当事人冲动离婚的可能性，从而实现防止轻率离婚，维护家庭稳定之目的。

---

① 陈苇等译：《澳大利亚家庭法（2008 年修正）》，群众出版社 2009 年版，第 64-65 页。

（二）解除死亡婚姻，保障离婚自由

1．历史演进角度

从澳大利亚离婚制度的历史演进来看，离婚法经历了从禁止离婚主义到过错离婚主义再到无过错离婚主义的发展阶段，这是一个从禁止离婚到限制离婚再到自由离婚的日趋自由化的过程。19世纪中后期，澳大利亚各殖民地逐渐根据1857年英国《婚姻诉讼法》制定了离婚法，实行过错离婚主义，冲破了婚姻不可解除之禁锢。直到联邦《家庭法》实施后，澳大利亚才实现了无过错离婚。澳大利亚离婚制度的发展历程，是一个争取离婚自由的过程，体现了人们渴望解除死亡婚姻，追求个人幸福的美好憧憬。

2．离婚法定理由角度

从澳大利亚离婚法定理由来看，联邦《家庭法》以婚姻已无可挽回地破裂作为离婚的唯一法定理由，摒弃了1959年联邦《婚姻诉讼法》中的过错离婚主义，采取无过错离婚主义，使离婚更加自由。立法意旨是：当夫妻之间的婚姻已无可挽回地破裂的，即婚姻已经死亡的，应当解除该死亡婚姻。此外，该法仅以分居已满12个月作为婚姻已无可挽回地破裂的判断依据，彻底摈弃了过错事由。因此，不能因当事人存在过错而限制离婚，最大限度地保障离婚自由。

（三）保障离婚当事人的合法权益

1．离婚法定理由方面

澳大利亚离婚制度采取无过错离婚主义，以婚姻已无可挽回地破裂作为唯一的离婚法定理由，当事人能否离婚与过错无关，这有利于保障当事人自由离婚的权利。

2．离婚程序方面

澳大利亚规定了灵活多样的家庭纠纷解决机制，为当事人离婚、财产处理、子女抚养提供不同的纠纷解决方法，这既有利于节约当事人的时间和金钱，又有利于促进纠纷的及时解决。即使当事人采取非诉家庭纠纷解决方法未能解决纠纷，也可以向法院提起诉讼。此外，澳大利亚设立了家庭关系中心，为已经分居或离婚、正打算分居或离婚的父母提供信息、建议、家庭纠纷解决、案件评估、推荐合适的服务和组织以及协助制订子女抚养计划等。这些措施使当事人能够获得相关服务，有利于保障当事人的合法权益。

3. 离婚的法律效力方面

澳大利亚离婚制度重视对当事人财产权益的保护。法院对当事人财产权益的变更具有广泛的自由裁量权，并且法院签发的调整财产权益的命令须符合公平和公正原则。除此之外，一方有权要求分割另一方的养老金利益（包括期待利益），不足以维持自己生活的一方也可以要求有负担能力的一方支付配偶扶养费。这不仅有利于维护当事人的合法权益，而且对保护家务劳动者的利益也有重要意义。

（四）保护未成年子女的健康成长

1. 离婚的限制性规定方面

离婚时当事人需对未成年子女的照护、福利以及发展作出适当的安排，否则法院签发的离婚令不发生效力。这是为了保护未成年子女的健康成长，法律对当事人自由离婚的权利进行了一定的限制。

2. 离婚程序方面

联邦《家庭法》规定了强制性家庭纠纷解决，即有关未成年子女抚养问题的纠纷，申请人在向法院提出申请之前，应先参加家庭纠纷解决，尽力解决该纠纷，并获得家庭纠纷调解从业员出具的家庭纠纷解决证明，否则法院不得审理联邦《家庭法》第七章与子女有关命令的申请，但存在诉讼一方虐待子女、实施家庭暴力等情形的除外。该强制性规定有利于尽可能促进双方就子女抚养问题达成协议，避免因子女抚养问题使双方处于诉讼的敌对状态，给未成年子女造成不良的心理压力。

3. 抚养子女方面

2006 年联邦《家庭法修正案（共同父母责任）法》鼓励当事

人在分居或离婚后继续以合作的形式对子女承担共同的抚养责任，并将当事人分居或离婚后纠纷解决的方式从法院诉讼转向私人解决。“共同父母责任”不仅符合当事人合作抚养子女的愿望，也有利于子女在父母离婚后继续从父母双方获得同等的关爱和照顾，有助于子女的健康成长。

4. 子女与他人交往方面

为保障未成年子女的健康成长，促进离婚父母一方及其他亲属与子女的交往，联邦《家庭法》对子女抚养令中与子女交往有关的内容进行了规定。该法规定申请交往的主体范围较广，包括父母、子女本人、祖父母、外祖父母以及与子女的照护、福利或者发展有关的其他人。将子女也作为申请与他人交往的主体，考虑到了子女的需求。澳大利亚是一个重视儿童权益保护的国家，保护未成年子女的健康成长是离婚制度的重要功能。

二、我国对澳大利亚离婚制度的借鉴理由

研究澳大利亚的离婚制度，其目的除了填补理论研究专著的空白，丰富国外家庭法之英美法系国家离婚制度研究的理论成果，为国内离婚制度的理论研究提供更多的国外法参考资料之外，笔者还期望在立法上，针对我国离婚制度之不足，为我国“民法典婚姻家庭编”离婚制度之完善提供参考建议，并且在司法实践方面，为我国家事审判改革提供有益的借鉴。对澳大利亚离婚制度的借鉴理由，笔者从以下三个方面进行分析和总结：离婚制度的价值追求相同、立法理念相通；具体的制度设计具有某些优点；全球化和我国家事改革的需要。

（一）离婚制度的价值追求相同、立法理念相通

1. 离婚制度的价值追求相同

（1）追求自由的价值取向。

①澳大利亚。首先，从离婚制度的历史演进来看，澳大利亚离婚制度从禁止离婚主义、过错离婚主义再到无过错离婚主义，

是一个离婚日趋自由化的过程。其次，从离婚法定理由来看，澳大利亚现行的离婚制度以“婚姻已无可挽回地破裂”作为离婚法定理由，即采取破裂原则，以最大限度地保障当事人的离婚自由。

②中国。首先，我国离婚制度经历了古代男性的专权离婚、近代的限制离婚和现代的自由离婚。[①] 两国离婚制度的发展都是一个离婚日趋自由化的过程。其次，从离婚法定理由来看，我国现行的离婚制度以“夫妻感情确已破裂”作为离婚法定理由。[②] 两国均采取破裂原则。

可见，离婚自由是两国离婚制度共同的价值追求。

（2）追求公平的价值取向。

①澳大利亚。首先，在财产的分配方面，澳大利亚虽然实行分别财产制，但为了保障离婚或分居后财产的公平分配，法院享有对当事人财产权益进行调整的自由裁量权，以矫正当事人财产分配的不公。法院不仅须考虑夫妻一方或双方对家庭福利、对双方或一方财产的获得、保管或增加所做的经济和非经济贡献，还要确保签发的财产调整令符合公平和公正原则。其次，在配偶扶养费方面，离婚的一方不足以维持自己生活的，可以请求有支付能力的另一方给付配偶扶养费。该制度有利于保护婚姻关系中弱者的利益，实现法律的公平正义，维护社会稳定，减轻社会负担。[③]

②中国。我国离婚救济制度体现的是法律追求公平正义的价值理念。[④] 例如，在离婚经济补偿制度中，夫妻一方因抚育子女、照顾老年人、协助另一方工作等负担较多义务的，离婚时有权向

---

① 李琼英：《从我国离婚制度的发展看女性地位的变迁》，载《安徽师范大学学报》（人文社会科学版）2008 年第 6 期，第 723 页。

② 我国《民法典》第 1079 条。

③ 夏吟兰：《离婚衡平机制研究》，载《中华女子学院学报》2004 年第 5 期，第 35 页。

④ 孙若军：《离婚救济制度立法研究》，载《法学家》2018 年第 6 期，第 161 页。

另一方请求补偿，另一方应当给予补偿。[①] 我国《民法典》将离婚经济补偿制度的适用范围扩大到适用共同财产制的夫妻，承认了家务劳动的价值及其对双方人力资本及预期利益的影响，实现了实质平等与公平正义的人权理念。[②]

综上所述，两国的离婚制度均体现了对公平价值的追求。

（3）追求平等的价值取向。

①澳大利亚。在澳大利亚，无论在夫妻财产权益的调整、配偶扶养费的支付还是未成年子女的抚养方面，夫妻均被视为平等的主体。例如，联邦《家庭法》规定的配偶扶养费具有“性别中立”的特点，因为获得扶养费的权利和支付扶养费的义务平等地适用于男方或女方。[③] 此外，澳大利亚家庭法主张离婚或者分居的父母对未成年子女承担共同抚养责任。[④] 因此，在计算子女抚养费时，父母双方的应税收入、双方对子女的照顾均应平等地计算在内，而非仅计算未与子女共同居住一方的应税收入。[⑤]

②中国。男女平等是我国婚姻家庭法的基本原则之一，[⑥] 夫妻在家庭中地位平等，[⑦] 对未成年子女抚养、教育和保护享有平等的权利并承担平等的义务。[⑧] 男女平等原则是新中国成立 70 余年来婚姻家庭立法的重要价值理念，并逐渐从法律上的形式平等发展

---

① 我国《民法典》第 1088 条。

② 夏吟兰：《民法典离婚家务劳动经济补偿制度完善的人权内涵》，载《人权研究》2020 年第 2 期，第 30 页。

③ Parkinson P., *Australian Family Law in Context: Commentary and Materials* (Seventh Edition), Sydney: Thomson Reuters (Professional) Australia Limited, 2019, p. 426.

但不可否认，在现实社会中，配偶扶养费的支付者多为男性，而收取者多为女性。

④ Family Law Amendment (Shared Parental Responsibility) Act 2006.

⑤ Child Support Australia, "Child Support Calculator/Estimator," available at https://childsupportaustralia.com/calculator-estimator/, accessed 11 December 2020.

⑥ 我国《民法典》第 1041 条。

⑦ 我国《民法典》第 1055 条，

⑧ 我国《民法典》第 1058 条。

为关注与实现实质平等。[①]

综上所述，平等价值也是两国离婚制度共同的价值取向。

（4）追求秩序的价值取向

①澳大利亚。澳大利亚的离婚制度在追求离婚自由的同时，也对离婚自由进行了一定的限制，以防止轻率离婚。例如，当事人结婚不满两年的，原则上不准离婚，除非出具在特定人员的帮助下进行和解的证明，或者有特殊情况。其目的在于促成当事人之间达成和解，避免轻率离婚，维护家庭稳定。

②中国。在登记离婚中，我国《民法典》新增了离婚冷静期制度；在诉讼离婚中，将调解作为诉讼离婚的必经程序。这些制度设计，目的在于避免轻率离婚，维护家庭稳定。

由此可见，两国的离婚制度彰显了维护家庭和社会秩序的价值取向。

2. 离婚制度的立法理念相通

（1）彰显对弱者利益保护的立法理念。

①澳大利亚。在澳大利亚，一方因照顾未成年子女，因年龄、身体或精神上的缺陷没有能力从事适当有偿工作，或者有其他适当的理由不足以维持自己的生活时，有权请求另一方给付配偶扶养费，当然另一方给付扶养费的前提是其有扶养能力。该配偶扶养费制度是对弱势一方的经济帮助，体现了对弱者利益的保护。

②中国。在我国，离婚救济制度是为消除离婚当事人中经济状况处于弱势地位一方的生活顾虑，保障其在离婚后能够维持与离婚前相应的生活之目的而设立的专项救济制度。[②] 自1950年《婚姻法》颁布以来，我国的离婚制度就一直在保障离婚自由与保障

---

① 夏吟兰：《〈民法典·婚姻家庭编〉男女平等原则之发展与思考》，载《中华女子学院学报》2020年第4期，第36页。

② 马忆南：《离婚救济制度的评价与选择》，载《中外法学》2005年第2期，第226页。

弱势一方（主要是女方）利益之间寻求平衡。[①] 我国《民法典》对离婚救济制度进行了进一步的完善，有利于更好地保障弱者的利益。

可见，在立法理念上，无论是澳大利亚还是中国，在离婚制度中都彰显了对弱者利益的保护。

（2）彰显对未成年子女利益保护的立法理念。

①澳大利亚。根据联邦《家庭法》的规定，法院在签发子女抚养令时，应遵循儿童最大利益原则，并具体规定了法院确定儿童最大利益的考虑因素。此外，子女抚养纠纷应先进行家庭纠纷解决、夫妻离婚须对未成年子女作出适当的安排，设立了独立儿童律师制度等，这些规定都有利于未成年子女利益的保护。

②中国。我国《民法典》第 1084 条增加了法院在判决处理未成年子女抚养问题时，应当遵守最有利于未成年子女原则和尊重已满八周岁的未成年子女的真实意愿原则。此外，在判决分割离婚财产方面，我国《民法典》第 1087 条规定了照顾子女权益的原则。

由此可见，在立法理念上，两国的离婚制度均彰显了对未成年子女利益的保护。

（二）具体的制度设计具有某些优点

1. 离婚法定理由之优点

（1）彻底摒弃过错离婚。澳大利亚以“婚姻已无可挽回地破裂”作为离婚法定理由，仅以分居不少于 12 个月作为判断婚姻已无可挽回地破裂的依据，彻底摒弃了过错离婚主义。而英国、加拿大、日本、中国等国家，在离婚法定理由上虽然采取了破裂原

---

① 夏吟兰：《〈民法典·婚姻家庭编〉男女平等原则之发展与思考》，载《中华女子学院学报》2020 年第 4 期，第 34 页。

则，但仍然以过错事由作为判断破裂原则的依据。①

（2）规定了保护未成年子女利益之苛刻条款。在澳大利亚，有未成年子女的父母离婚的，父母须对未成年子女作出适当安排，否则离婚令不发生效力。我国诉讼离婚中没有类似的苛刻条款。我国有学者建议增加诉讼离婚的苛刻条款，以保护处于严重困境的一方当事人和未成年子女的利益。②

2. 离婚程序之优点

（1）专门的家庭法院。澳大利亚设立了专门的家庭法院审理离婚案件，1975年联邦《家庭法》第四章“澳大利亚家庭法院”对家庭法院法官的选任、罢免和辞职等做了详细的规定。专门的家庭法院的设立，对于处理离婚财产分割、子女抚养等家庭案件更具有针对性和专门性。

（2）独立的程序法规范。澳大利亚的婚姻诉讼有别于一般民事诉讼程序的法律规范，如2004年联邦《家庭法实施细则》、2001年《联邦巡回法院实施细则》。③此外，联邦《家庭法》中也有部分程序法规范。由于家事纠纷是基于身份产生的，家事案件具有浓厚的伦理性，因此，澳大利亚的家庭案件适用独立的家事诉讼规范，这有利于家事案件的审理。

（3）灵活多样的家庭纠纷解决机制。澳大利亚的家庭纠纷解决机制灵活多样，包括庭外和庭内纠纷解决机制，并且在涉及未

---

① 《日本民法典》第770条；英国1973年《婚姻诉讼法》第1条；加拿大《离婚法》第8条；我国《民法典》第1079条。

② 即婚姻已经破裂，但一方坚决不同意离婚的，如果判决离婚对未成年子女有明显不利，或者对不同意离婚一方将造成严重伤害的，法院可以判决不准离婚。夏吟兰：《民法分则婚姻家庭编立法研究》，载《中国法学》2017年第3期，第84页。

③ 2004年联邦《家庭法实施细则》第三章为家庭法院审理离婚案件的诉讼程序；2001年《联邦巡回法院实施细则》第二十五节为联邦巡回法院审理离婚案件的诉讼程序。澳大利亚的离婚案件主要由这两类法院进行审理。

成年子女和财产处理方面，[①] 将非诉家庭纠纷解决机制作为法院判决的前置程序。

（4）隐私保护的重视。澳大利亚的非诉纠纷解决机制比较注重对当事人隐私的保护。例如，家庭咨询、家庭纠纷解决、仲裁、调解会议等纠纷解决方式都重视对当事人隐私的保护。必须注意，当事人向家庭顾问提供的信息不是保密的，因此，家庭顾问对此不负有保密义务。

（5）独立儿童律师。澳大利亚设立了独立儿童律师制度。独立儿童律师代表儿童利益，确保在诉讼中子女表达的任何与诉讼有关的意见均能全部向法院传达，从而使法院作出有利于子女利益的法令。

3. 离婚的法律效力之优点

（1）法院具有公平调整财产的权利。在财产分配方面，为矫正财产分配的不公，法律赋予法官对双方财产权益进行调整的权利，并且规定了法院调整财产权益的考虑因素，最后签发的财产调整令必须符合公平和公正原则。其目的是实现夫妻双方利益的平衡和公平价值的实现。

（2）儿童最大利益原则的贯彻较为彻底。未成年子女的抚养、抚养费和交往等均应以儿童最大利益为首要考虑因素，并且为法院确定儿童的最大利益制定了相应的考虑因素，以指导法官判案。

（3）建立了行政模式的子女抚养费制度。在子女抚养费方面，除了有专门的法律规定以外，[②] 澳大利亚还形成了基于行政模式的抚养费制度。在抚养费的评估、收取与执行、变更方面形成了一

---

① 此处关于财产处理的前置程序是指在家庭法院审理有关财产案件时，当事人先参加诉前程序，而联邦巡回法院没有对诉前程序作出严格要求，因此在联邦巡回法院审理财产处理案件的，非诉纠纷解决机制不属于前置程序。

② Child Support (Registration and Collection) Act 1988 (Cth), Child Support (Assessment) Act 1989 (Cth), Child Support (Assessment) Regulations 2018 (Cth), Child Support (Registration and Collection) Regulations 2018 (Cth).

套完整的制度体系。此外，澳大利亚民政服务部与澳大利亚税务局建立了良好的合作关系，这对子女抚养费的收取和执行具有积极作用。

（三）全球化和我国家事审判改革的需要

1. 适应全球化的需要

随着全球化的推进与加速，全球化渗透到人们生活的方方面面，如经济、政治、文化、法律等方面。法律全球化的进程中，法律趋同化从私法领域慢慢扩大到了公法领域。[①] 不同国家、不同地区之间法律制度的相互借鉴、相互模仿是彼此相长的活动。在经济全球化背景下，法律移植的需求尤为强烈，法律移植是发展中国家实现后发优势、奋起直追的必经途径，也是一个国家或地区完善本国法律的途径之一。[②] 全球竞争已经逐渐从传统的经济领域向法律领域蔓延，各国和各地区的法律相互交流、相互融合，已经逐步形成一个全球法律大市场。[③] 在全球化的大背景下，借鉴他国有益的经验，既是发展和完善本国法律的需要，也符合时代发展的要求。

2. 我国家事审判改革的需要

2016 年 4 月 21 日，我国最高人民法院发布的《家事审判改革试点意见》提到，家事审判改革的基本原则之一是“坚持从本国国情出发与吸收域外经验相结合。家事审判方式和工作机制改革要立足我国国情，从中国特色社会主义司法制度和经济社会发展的实际出发，借鉴其他国家和地区的有益经验，推进我国家事审判方式和工作机制改革。”澳大利亚作为一个判例法国家，其在家

① 马旭霞：《论全球化背景下法律趋同化与差异化》，载《新疆师范大学学报》（哲学社会科学版）2017 年第 6 期，第 141 页。

② 张丽、宋宏飞：《法律移植及本土化研究》，中国人民公安大学出版社 2010 年版，第 259-260 页。

③ 杜涛、肖永平：《全球化时代的中国民法典：属地主义之超越》，载《法制与社会发展》2017 年第 3 期，第 78 页。

事审判方面的经验具有某些特色，如灵活多样的纠纷解决机制。此外，我国家事审判改革也为借鉴他国有益经验提供了契机。

综上所述，借鉴他国有益经验是发展和完善本国法律的途径之一。但是，借鉴并不是全盘接受和完全移植，而应立足本国的实际需要，对他国的经验进行必要的改良。法律的权威最终有赖于法律的妥当性，人们对法律最大的预期是法律能衡平各种值得追求的社会价值。① 因此，借鉴澳大利亚有益的法律经验必须立足我国实际，进行本土化的改良。

第二节　澳大利亚离婚制度对我国离婚法定理由之启示

我国 2020 年的离婚人数超过 400 万对，离婚率仍然偏高。笔者将对我国的离婚状况和离婚法定理由进行考察，并分析离婚法定理由的优点与不足，在比较中澳离婚法定理由的基础上，吸取前人的研究成果，从我国实际出发，并借鉴澳大利亚离婚法定理由的有益经验，提出我国离婚法定理由之完善的参考建议。

一、我国的离婚状况

2003 年 7 月 30 日，国务院通过了《婚姻登记条例》，并于同年 10 月 1 日开始实施。2004 年 4 月 3 日，中华人民共和国民政部（以下简称民政部）发布《2003 年民政事业发展统计公报》。该公报指出，新修订的《婚姻登记条例》的实施，简化了婚姻登记手续，提高了工作效率。2020 年 9 月 8 日，民政部发布《2019 年民政事业发展统计公报》。该公报指出，2019 年我国依法办理离婚手

① 陈传法：《法律移植简论——从发展的观点看》，载何勤华主编：《法的移植与法的本土化》，法律出版社 2001 年版，第 9 页。

续470.1万对，比上年增长5.4%。其中，民政部登记离婚404.7万对；法院判决、调解离婚65.3万对。粗离婚率为3.4‰，比上年增长0.2个千分点。[①]

从2002年到2019年的离婚人数来看，我国的离婚人数从2002年的117.7万对增加到2019年的470.1万对，2019年的离婚人数是2002年的4倍，增长了352.4万对（见图2）。从2002年到2019年这18年的粗离婚率来看，粗离婚率从0.9‰增长到3.4‰，增长了2.5个千分点。这18年间，除2017年和2018年持平外，其余年份我国的粗离婚率均呈增长趋势（见图3）。2019年我国的离婚人数又创新高，登记离婚是法院判决、调解离婚的6倍。夏吟兰教授指出，离婚率上升会带来一定的负面效应，主要有：第一，离婚妇女及其抚养的子女生活的贫困化；第二，离婚不利于未成年子女身心健康；第三，离婚率与犯罪率有正相关关系，未成年人犯罪比例持续上升与离婚率的升高密切相关；第四，高离婚率影响公众对婚姻的信心。[②]

---

① 民政部：《2019年民政事业发展统计公报》，引自 http://images3.mca.gov.cn/www2017/file/202009/1601261242921.pdf，最后访问日期：2020年11月2日。

② 夏吟兰：《对离婚率上升的社会成本分析》，载《甘肃社会科学》2008年第1期，第25-26页。

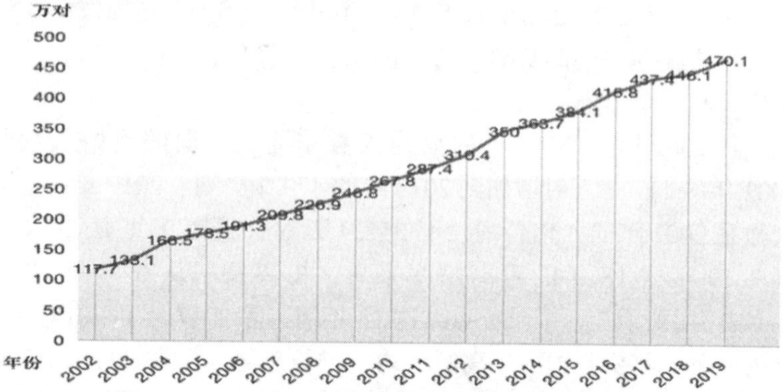

图 2　2002-2019 年中国的离婚人数①

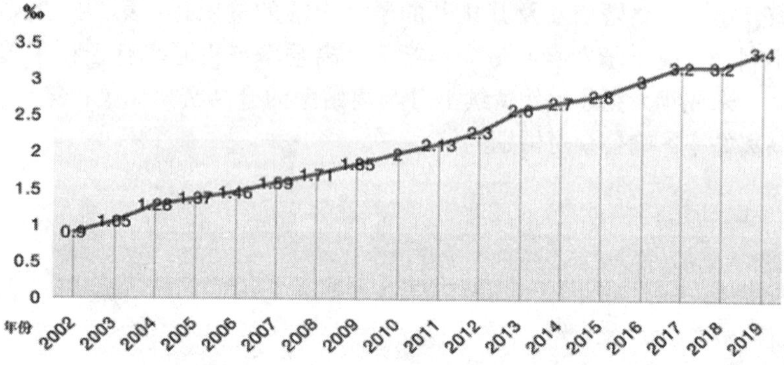

图 3　2002-2019 年中国的粗离婚率②

① 数据来源：国家统计局：《历年离婚办理情况》，引自 http://www.stats.gov.cn/ztjc/ztsj/hstjnj/sh2009/201209/t20120904_72954.html，最后访问日期：2020 年 11 月 2 日；民政部：《统计公报》，http://www.mca.gov.cn/article/sj/tjgb/，最后访问日期：2020 年 11 月 2 日。

② 数据来源：国家统计局：《历年离婚办理情况》，引自 http://www.stats.gov.cn/ztjc/ztsj/hstjnj/sh2009/201209/t20120904_72954.html，最后访问日期：2020 年 11 月 2 日；民政部：《统计公报》，引自 http://www.mca.gov.cn/article/sj/tjgb/，最后访问日期：2020 年 11 月 2 日。

二、我国离婚法定理由

（一）我国离婚法定理由之规定

判决离婚理由是一国离婚立法的核心内容之一，反映一国离婚制度的立法宗旨和其所采取的立法主义。[①] 我国《民法典》第1079条规定，判决离婚的法定理由为“感情确已破裂”。人民法院审理离婚案件，应当进行调解；感情确已破裂，调解无效的，应当准予离婚。该条规定经调解无效，准予离婚的情形包括：[②]

（1）重婚或者与他人同居；

（2）实施家庭暴力或者虐待、遗弃家庭成员；

（3）有赌博、吸毒等恶习屡教不改；

（4）因感情不和分居满二年；

（5）其他导致夫妻感情破裂的情形。

此外，一方被宣告失踪，另一方提起离婚诉讼；或者经人民法院判决不准离婚后，双方又分居满一年，一方再次提起离婚诉讼的，应当准予离婚。

针对离婚诉讼中出现的“久调不判”问题，我国《民法典》第1079条将我国司法解释中法院判决不准离婚后分居一年再次提起离婚的相关内容纳入民法典之中，将司法实践的内容上升为立法，更利于民众知法守法。[③]

---

① 陈明侠、薛宁兰：《关于离婚自由与我国裁判离婚标准的几点思考》，载《妇女研究论丛》1998年第4期，第18页。

② 必须注意，当法官调解无效时，夫妻一方的法定过错，是法官推定夫妻感情是否确已破裂的事实和法律依据，而非法官认定不准过错方离婚的理由或依据。薛宁兰：《与立法相伴前行：七十年来的婚姻家庭法学研究》，载《暨南学报》（哲学社会科学版）2019年第10期，第27页。

③ 我国1989年《最高人民法院关于人民法院审理离婚案件如何认定夫妻感情确已破裂的若干具体意见》（已失效）第7条规定，因感情不和分居已满3年，确无和好可能的，或者经人民法院判决不准离婚后又分居满1年，互不履行夫妻义务的，视为夫妻感情确已破裂。一方坚决要求离婚，经调解无效，可依法判决准予离婚。

综上所述，我国判决离婚法定理由为“夫妻感情确已破裂”。即我国在离婚法定理由上采取破裂原则，同时以过错事由和无过错事由作为判断夫妻感情确已破裂的依据。正如有学者指出，我国现行法定离婚理由，有无过错原则精神，也有过错主义的影子，更像是两种立法主义的折中价值观。[①]

（二）我国离婚之限制性规定

1. 我国登记离婚之限制

为防止轻率离婚，维护家庭稳定，我国《民法典》增设了离婚冷静期制度。根据我国《民法典》第1077条的规定，离婚冷静期的期限为自登记机关收到离婚登记之日起30日。不愿意离婚的当事人还可以向登记机关撤回离婚登记申请。[②] 1994年《婚姻登记管理条例》（已失效）规定了一个月的离婚审查期。[③] 有学者认为，离婚冷静期与离婚审查期存在以下区别：[④]

①价值取向不同。离婚审查期长短的设置是特定时期行政效率化的结果，离婚冷静期则是出于稳定家庭的考量。

②指向主体不同。离婚审查期是对婚姻登记机关而言，可由其决定办理时限的长短，具有不确定性；离婚冷静期则是对婚姻当事人的要求，不得任意变更。

③义务内容不同。在离婚审查期内，婚姻登记机关应当对当

---

① 蒋月：《论我国现行法定离婚理由立法主义》，载《东方法学》2009年第4期，第22页。

② 我国《民法典》第1077条规定：“自婚姻登记机关收到离婚登记申请之日起三十日内，任何一方不愿意离婚的，可以向婚姻登记机关撤回离婚登记申请。前款规定期限届满后三十日内，双方应当亲自到婚姻登记机关申请发给离婚证；未申请的，视为撤回离婚登记申请。”

③ 该条例第16条规定：“婚姻登记管理机关对当事人的离婚申请进行审查，自受理申请之日起一个月内，对符合离婚条件的，应当予以登记，发给离婚证，注销结婚证。当事人从取得离婚证起，解除夫妻关系。”

④ 夏沁：《民法典登记离婚冷静期条款的解释论》，载《法学家》2020年第5期，第26页。

事人是否满足离婚条件的形式和内容进行审查；离婚冷静期则是冻结一段时间，促使当事人冷静地思考是否离婚。

必须注意，离婚审查期也可能为当事人带来冷静的效果。

2. 我国诉讼离婚之限制

（1）诉讼离婚中对现役军人的配偶之限制。我国《民法典》规定，非军人一方要求与现役军人离婚，应当征得现役军人的同意，除非军人一方有重大过错。[①] 如果现役军人一方不同意，且无重婚或者与他人同居等重大过错导致夫妻感情破裂的情形时，[②] 在调解中应多做非军人一方的工作，若调解无效，一般应判决不准离婚。但是，现役军人一方有重大过错的，即使其不同意离婚，在符合其他离婚条件时，法院也应准予离婚。该规定的目的是保护现役军人的婚姻，使现役军人有稳定的婚姻和完整的家庭，这有利于其安心服役，也符合我国的立法传统。

（2）诉讼离婚中对男方提出离婚之限制。我国《民法典》规定，女方在怀孕期间、分娩后一年内或者终止妊娠后六个月内，男方不得提出离婚。[③] 这只是暂时限制男方的离婚诉权，待限制期限届满后，男方的离婚诉权得以恢复。但是，对男方离婚诉权的限制不是绝对的，若在此期间女方提出离婚，或者法院认为确有

---

① 我国《民法典》第1081条规定："现役军人的配偶要求离婚，应当征得军人同意，但是军人一方有重大过错的除外。"

② 我国2020年12月29日发布的《最高人民法院关于适用〈中华人民共和国民法典〉婚姻家庭编的解释（一）》［以下简称我国2020年《民法典婚姻家庭编解释（一）》］第64条规定："民法典第一千零八十一条所称的'军人一方有重大过错'，可以依据民法典第一千零七十九条第三款前三项规定及军人有其他重大过错导致夫妻感情破裂的情形予以判断。"我国《民法典》第1079条第（3）款规定："有下列情形之一，调解无效的，应当准予离婚：（一）重婚或者与他人同居；（二）实施家庭暴力或者虐待、遗弃家庭成员；（三）有赌博、吸毒等恶习屡教不改；（四）因感情不和分居满二年；（五）其他导致夫妻感情破裂的情形。"

③ 我国《民法典》第1082条规定："女方在怀孕期间、分娩后一年内或者终止妊娠后六个月内，男方不得提出离婚；但是，女方提出离婚或者人民法院认为确有必要受理男方离婚请求的除外。"

必要受理男方离婚请求的，男方可以提出离婚。这里的“确有必要”包括两种情况：一是夫妻矛盾十分尖锐。在此种情况下若不受理男方的离婚请求，可能会激化夫妻矛盾，危及女方及胎儿或婴儿的安全。第二，女方怀孕和分娩的婴儿是与他人的非法两性关系所为。[①] 本条规定体现了对女方的特殊保护，符合我国保护妇女的合法权益之原则。[②]

三、我国离婚法定理由之优点与不足

（一）我国离婚法定理由之优点

1. 以夫妻感情确已破裂为离婚法定理由之优点

我国判决离婚法定理由为“夫妻感情确已破裂”，在立法主张上采取破裂原则，同时以过错事由和无过错事由作为判断夫妻感情确已破裂的依据。在立法技术上，采取概括与列举相结合的方法。笔者认为，这些规定具有一定的优点，主要体现在以下两个方面。

（1）彰显了社会主义核心价值观。弘扬社会主义核心价值观是《民法典》的立法目的之一。[③] 这也是我国社会主义立法史上的一个创举，体现了坚持依法治国与以德治国相结合的鲜明的中国特色。[④] “自由、平等、公正、法治”是从社会层面对社会主义核心价值观基本理念的凝练，也是对美好社会的生动表述。

我国离婚法定理由彰显了社会主义核心价值观，这主要体现在：

---

① 陈苇主编：《婚姻家庭继承法学》（第三版），群众出版社 2017 年版，第 211 页。

② 我国《民法典》第 1041 条规定：“保护妇女、未成年人、老年人、残疾人的合法权益。”

③ 我国《民法典》第 1 条。

④ 石先钰：《〈民法典〉彰显社会主义核心价值观》，引自 http://opinion.people.com.cn/n1/2020/0806/c1003-31813220.html，最后访问日期：2020 年 12 月 11 日。

第一，在立法主张上采取破裂原则，体现了保障离婚自由的指导思想。这既是婚姻本质的要求，也有利于保障当事人自由离婚的权利。

第二，以过错事由和无过错事由作为判断依据，体现了我国的社会主义核心价值观。判决离婚理由立法，深受一国传统文化和社会观念的影响，也反映了一国的婚姻文化和价值取向。[①] 1980年《中华人民共和国婚姻法》（以下简称我国1980年《婚姻法》）总结新中国成立30年来的离婚问题和司法实践经验，根据马克思主义婚姻观，确立了“感情确已破裂”的离婚法定理由，首次将破裂原则引入我国的离婚法。[②] 我国2001年修正的《婚姻法》以及我国《民法典》继续沿用这一离婚法定理由。此外，我国《民法典》规定，因一方实施家庭暴力或者虐待、遗弃家庭成员等，经调解无效，应当准予离婚。这在保护离婚自由的同时，有利于维护社会的公平与正义，保护弱势配偶的合法权益，彰显了社会主义核心价值观。

（2）有利于灵活应对社会发展变化的需要和维护司法公正。采取概括与列举相结合的立法技术，有利于灵活地适应社会发展的需要和维护司法公正。

首先，“夫妻感情确已破裂”这一抽象概括的离婚理由能灵活地适应社会发展变化，应对离婚案件中出现的新情况、新问题，保障当事人的离婚自由。[③]

其次，列举认定夫妻感情确已破裂的情形，对法官的自由裁量权进行了一定程度的限制。这一方面有利于避免法院审判不一造成司法不公，另一方面又便于指导法官在个案中判断夫妻感情

---

① 马忆南、罗玲：《裁判离婚理由立法研究》，载《法学论坛》2014年第4期，第34页。

② 张云：《中国当代离婚问题研究》，云南科技出版社2009年版，第91页。

③ 樊丽君：《论民法典法定离婚理由的设计及残疾人权益保护》，载《法学杂志》2020年第2期，第60页。

是否确已破裂。

2. 离婚的限制性规定之优点

（1）登记离婚的限制性规定之优点。登记离婚中离婚冷静期的设置具有以下优点：

第一，有利于防止轻率离婚，维护家庭稳定。我国《民法典》新增了离婚冷静期。离婚冷静期的主要功能在于防止轻率地登记离婚。①

第二，对制度的变动较小，极少增加婚姻登记机关的成本。②此外，给予当事人30日的冷静期，对于冲动离婚的当事人，在30日届满后可能不再要求离婚，这节约了在无离婚冷静期的情况下行政机关对当事人进行审查和登记（发证）的时间和资源。

（2）诉讼离婚的限制性规定之优点。

第一，对现役军人的配偶离婚进行限制具有重要意义：一是有利于现役军人安心服役。二是有利于现役军人婚姻的稳定和家庭的完整。三是符合我国的立法传统，体现了党和国家对现役军人的关心。

第二，女方在怀孕期间、分娩后一年内或者终止妊娠后六个月内，男方不得提出离婚。出于对特殊时期女方的保护，法律对男方离婚诉权进行了暂时性限制，符合我国保护妇女的合法权益的原则。

（二）我国离婚法定理由之不足

1. 以夫妻感情确已破裂为离婚法定理由之不足

我国以夫妻感情确已破裂作为判决离婚的法定理由，即采取“感情破裂论”。澳大利亚以婚姻已无可挽回地破裂作为法定离婚

---

① 马忆南：《离婚冷静期是对轻率离婚的限制和约束》，载《妇女研究论丛》2020年第4期，第107页；夏沁：《民法典登记离婚冷静期条款的解释论》，载《法学家》2020年第5期，第27页。

② 马忆南：《离婚冷静期是对轻率离婚的限制和约束》，载《妇女研究论丛》2020年第4期，第106页。

理由，即采取“婚姻关系破裂论”。“感情破裂论”和“婚姻关系破裂论”是我国学术界关于离婚法定理由的争议焦点。

(1) “婚姻关系破裂论”。不少学者赞成“婚姻关系破裂论”。[①] 主要理由如下：

①可操作性更强。无论是从法律逻辑来看，还是从司法实践来看，“关系破裂论”较之“感情破裂论”更具可操作性，更客观，也更可预期。[②] 仅以“感情确已破裂”作为离婚的法定理由，难以准确客观地加以认定，主观随意性较大，造成有些执法者在审理案件时不实在适用法律，而是在创造法律。[③]

②在破裂主义立法主张下，法律关注后果而非原因。离婚是对事实上已经死亡的婚姻的记录或宣告。离婚理由为这种记录或宣告提供法律上的理由和依据。但是，在不同的离婚理由立法主张下，法律在提供理由和依据时，所关注的角度和层次不同。在过错主义的立法主张下，法律所关注的是可能引起婚姻死亡的原因，如重婚、通奸、遗弃、虐待，等等；在破裂主义的立法主张下，法律所关注的是后果而非原因，是婚姻已经死亡的事实，即婚姻破裂。而感情破裂没有准确地解释破裂主义的内涵。[④]

③法律用语更加规范。用“婚姻关系确已破裂”代替“夫妻感情确已破裂”能使法律规定更加规范。导致夫妻离异的原因有主观原因和客观原因，很难用感情破裂予以概括。但这些离婚原因会导致一个共同的结果，即夫妻无法继续共同生活，夫妻权利

---

① 余华：《我国离婚法定理由制度之不足及完善》，载《法学杂志》2010年第8期，第113页。

② 马忆南、罗玲：《裁判离婚理由立法研究》，载《法学论坛》2014年第4期，第44页。

③ 张贤钰：《婚姻破裂原则应成为离婚的法定理由》，载李银河、马忆南主编：《婚姻法修改论争》，光明日报出版社1999年版，第134页。

④ 樊丽君：《中德离婚法定理由比较》，载《法律科学》2005年第5期，第86页。

义务均受阻碍，客观上婚姻关系已经破裂。①

④感情不是法律调整的对象。从法律的调整对象看，任何法律均以一定的社会关系为立法对象，而感情是一种主观的心理学范畴，不是法律调整的对象，以感情破裂判决当事人是否离婚并不科学。②

⑤部分夫妻之间不存在感情，但存在婚姻关系。从前提来看，婚姻关系破裂以婚姻关系的存在为前提，离婚是对这种婚姻关系的解除。而感情破裂应以夫妻感情为前提，但在现实生活中，许多夫妻从未有过夫妻感情，以感情破裂作为离婚标准不符合逻辑。③ 此外，我国法定结婚条件只规定男女双方必须完全自愿，没有也不可能规定结婚必须以感情为基础。④

⑥夫妻感情不是夫妻关系的全部内容。婚姻是男女两性精神生活、性生活与物质生活的共同体。感情的交流只是夫妻精神生活的内容，它并不等于也不能代替构成婚姻本质的另外两个方面即性生活与物质生活。婚姻的破裂并不只是感情的消失，只有上述三方面的内容都遭到了破坏，才意味着婚姻死亡。感情不等于婚姻，感情破裂也就不等于婚姻破裂。⑤

⑦感情的主观性和隐秘性将导致感情破裂认定困难。夫妻感情具有浓厚的个性化主观色彩和深层的隐秘性，即使当事人自身也

---

① 陈明侠、薛宁兰：《关于离婚自由与我国裁判离婚标准的几点思考》，载《妇女研究论丛》1998 年第 4 期，第 22 页。

② 李红玲：《婚姻破裂原则与感情破裂原则的比较》，载《比较法研究》1991 年第 11 期，第 37 页。

③ 李红玲：《婚姻破裂原则与感情破裂原则的比较》，载《比较法研究》1991 年第 11 期，第 36-37 页。

④ 张贤钰：《婚姻破裂原则应成为离婚的法定理由》，载李银河、马忆南主编：《婚姻法修改论争》，光明日报出版社 1999 年版，第 132 页。

⑤ 张思沛：《离婚理由的比较分析》，载《中国法学》1989 年第 1 期，第 75 页；张贤钰：《婚姻破裂原则应成为离婚的法定理由》，载李银河、马忆南主编：《婚姻法修改论争》，光明日报出版社 1999 年版，第 132 页。

往往只能意会不能言传。若将夫妻感情作为判决离婚的依据，不仅使当事人自己陷入认定困境，亦使法院难以作出准确判断；此外，由于个体的素质差异和情感体验与要求不同，同一表征事实在归入感情认定时必然会发生分歧，这会增加离婚诉讼结果的随意性和盲目性。①

（2）“感情破裂论”。“感情破裂论”提倡以夫妻感情存续与否作为判断是否离婚的原则，凡夫妻感情破裂，调解无效，就应当准予离婚。② 有少数学者坚持“感情破裂论”，理由主要在于，“感情破裂论”符合离婚只能是婚姻内部本质崩溃的记录的观点。婚姻的内部本质，是夫妻之间的思想感情联系。夫妻感情是婚姻关系存续的基础，夫妻感情的消失是婚姻关系解除的依据。③ 并且我国1980年《婚姻法》规定的离婚理由已被广大群众所熟知和接受，完全没有必要进行修改。④ 此外，我国1980年《婚姻法》总结了30年的经验教训，明确规定把“感情确已破裂”作为判决离婚的理由，对巩固社会主义的婚姻家庭制度起到了巨大的作用；马克思关于离婚的基本观点是将感情看作婚姻的“内部”，其存在与否是判断婚姻是否“死亡”的基本准则，而婚姻关系仅仅是一种形式，且马克思的这一观点并没有过时。⑤

笔者认为，我国以夫妻感情确已破裂为判决离婚的法定理由，在某种程度上反映了人们对婚姻本质的认同和对美好婚姻的向往

① 曹诗权：《海峡两岸裁判离婚标准的比较研究》，载《法商研究》1998年第1期，第13页。

② 蒋月：《改革开放三十年中国离婚法研究回顾与展望》，载《法学家》2009年第1期，第64页。

③ 李忠芳：《论我国法定离婚理由的依据及其领先性》，载《吉林大学社会科学学报》1990年第2期，第75页。

④ 李忠芳：《评析我国婚姻法修正的得与失——寻求婚姻家庭立法发展的新起点》，载《金陵法律评论》2006年第1期，第18页。

⑤ 夏珍：《“感情破裂”作为判决离婚的理由不容置疑》，载李银河、马忆南主编：《婚姻法修改论争》，光明日报出版社1999年版，第162-167页。

和追求，即婚姻应当建立在感情的基础上。因此，从这个层面上看，以感情破裂作为判决离婚的法定理由符合人们对婚姻的期望。但是，从现实层面来看，并非所有的婚姻都有感情基础，更何况感情的主观性太强，法官只能借助外部情况进行判断。虽然在司法实践中，法官称“夫妻感情破裂”是判决离婚的依据，但是法官的逻辑思路却是从客观层面出发的。与其说法官是以“夫妻感情破裂”作为判断依据，不如说是以“夫妻关系破裂”作为判断依据。[①] 因此，笔者认为，我国判决离婚的法定理由之规定应当摒弃主观性的表达，采取“婚姻关系破裂论”。

2. 离婚的限制性规定之不足

（1）登记离婚中欠缺不适用或者缩短离婚冷静期的规定。针对登记离婚，我国《民法典》新增了离婚冷静期制度。这对于防止冲动离婚，维护家庭稳定具有积极作用。笔者认为，离婚冷静期的初衷是防止轻率离婚，但并非所有向婚姻登记机关申请离婚的当事人都存在轻率离婚的情况，申请离婚的原因也不尽相同，在存在家庭暴力、虐待、遗弃等情况下，离婚冷静期并不一定对当事人有利，反而可能增加受害者继续受到伤害的概率。因此，我国应当增设不适用或者缩短离婚冷静期的条款。

（2）诉讼离婚中是否设置离婚冷静期之思考。我国没有对诉讼离婚设置离婚冷静期。有学者建议，在诉讼离婚中也应当设立离婚冷静期，[②] 但也有学者认为，离婚冷静期仅适用于登记离婚，不适用于诉讼离婚。原因在于，诉讼离婚总有一方不同意离婚，或者存在其他争议而不能达成一致意见，因而向法院起诉离婚，

---

① 罗玲：《裁判离婚理由影响因素实证研究——以2010—2011年河南省的部分离婚纠纷案件判决文书为样本》，载《中华女子学院学报》2016年第1期，第22-23页。

② 郭剑平：《我国离婚冷静期制度构建的法理学思考》，载《社会科学家》2018年第7期，第26-34页；姜大伟：《离婚冷静期：由经验到逻辑——〈民法典〉第1077条评析》，载《华侨大学学报》（哲学社会科学版）2020年第4期，第132页。

不存在当事人两愿离婚这种意义上的冷静问题。[1]

笔者认为，我国目前的诉讼离婚可以不设置离婚冷静期。我国诉讼离婚中设置了调解制度，并且调解是诉讼离婚的必经程序，法院进行调解的过程也给了当事人冷静思考的时间。因此，若能充分发挥诉中调解的作用，那么也能达到冷静离婚之目的。

四、中澳离婚法定理由之比较

结合前文对中国和澳大利亚离婚法定理由的考察和研究，笔者将从中澳离婚法定理由的相同点与不同点两个方面对中澳离婚制度进行比较。

（一）中澳离婚法定理由之相同点

1. 两国在立法主张上均采取破裂原则

我国以“夫妻感情确已破裂”为离婚法定理由；澳大利亚以“婚姻已无可挽回地破裂”为离婚法定理由。两国均采取破裂原则。一方面，这有利于最大限度地保障离婚自由；另一方面，这种抽象概括的规定有利于灵活地适应社会发展变化中出现的新情况和新问题。

2. 两国对离婚均设置了限制性规定

（1）中国。第一，为防止轻率离婚，维护家庭稳定，我国在登记离婚中设置了 30 日的离婚冷静期。第二，为保护军婚，对现役军人的配偶离婚进行了限制。第三，为保护妇女权益，女方在怀孕期间、分娩后一年内或者终止妊娠后六个月内，男方不得提出离婚；女方提出离婚或者人民法院认为确有必要受理男方离婚请求的除外。

（2）澳大利亚。第一，澳大利亚对结婚未满两年的婚姻，原则上不得离婚，除非出具双方在特定人员的帮助下已考虑过和解

---

① 杨立新、蒋晓华：《对民法典婚姻家庭编草案规定离婚冷静期的立法评估》，在《河南社会科学》2019 年第 6 期，第 36 页。

的证明，或者存在准予离婚的特殊情形。第二，为保护未成年子女的利益，澳大利亚要求当事人有未满 18 周岁的子女的，在离婚令生效前，应当对未成年子女的照护、福利和发展作出适当安排，否则离婚令不发生效力，但存在离婚令应当生效的情形除外。

（二）中澳离婚法定理由之不同点

1. 判断破裂的依据不同

（1）中国。我国离婚法定理由，在立法主张上采取破裂原则，但在离婚的情形中仍然包含过错因素。如夫妻一方或双方实施家庭暴力、遗弃或虐待等过错行为，经调解无效，可以离婚。

（2）澳大利亚。澳大利亚已经彻底摒弃了过错因素，在破裂原则的基础上，仅以分居不少于 12 个月作为判断婚姻已无可挽回地破裂的依据。一方面，即使当事人存在过错，也不能成为是否离婚的判断依据。另一方面，方便法官对当事人是否离婚作出判断，在一定程度上降低了判断的难度。

2. 离婚的限制性规定保护的主体不同

（1）中国。为保护军人婚姻，我国对现役军人的配偶离婚进行了限制；为保护妇女权益，妇女在怀孕期间、分娩后一年内或者终止妊娠后六个月内，对男方的离婚诉权进行了限制。即保护主体为军人和处于怀孕期间、分娩后一年内或者终止妊娠后六个月内的妇女。

（2）澳大利亚。为保护未成年子女的利益，澳大利亚要求当事人为未满 18 周岁的子女作出适当安排。即保护主体为未成年子女。

五、澳大利亚离婚制度对我国离婚法定理由之启示

针对我国判决离婚法定理由，在吸取前人研究成果，结合我国实际，借鉴澳大利亚有益的立法经验的基础上，笔者提出补充完善立法的如下参考建议：

（一）以“婚姻确已破裂”作为离婚法定理由

第一，建议我国修改离婚法定理由的法律用语，以“婚姻确已破裂”替代“感情确已破裂”。即将我国《民法典》第1079条第（2）款修改为：“人民法院审理离婚案件，应当进行调解；婚姻确已破裂，调解无效的，应当准予离婚。”

第二，对于判断婚姻关系确已破裂的依据，笔者认为，在我国现阶段，一方或者双方存在过错，在调解无效的情况下，仍然可以作为婚姻确已破裂的判断依据。[①]

（二）增设缩短或者免除离婚冷静期的情形

1. 增设缩短或者免除离婚冷静期的情形

笔者建议，存在家庭暴力、虐待、遗弃等情形的，可以适当缩短或者免除离婚冷静期的适用。

2. 主要原因

（1）离婚冷静期的目的是防止轻率离婚，但并非所有向婚姻登记机关申请离婚的当事人都存在轻率离婚的情况，申请离婚的原因也不尽相同，在存在家庭暴力、虐待、遗弃等情况下，离婚冷静期并不一定对当事人有利，反而可能增加受害者继续受到伤害的概率。

（2）一些国家对离婚冷静期或者具有冷静离婚的制度的使用规定了除外条款。例如，澳大利亚规定结婚不满两年的，原则上不得离婚。这相当于对离婚设置了“冷静期”。但是，若当事人出具双方在特定人员的帮助下考虑过和解的证明，或者当事人虽未参加和解程序，但有特殊情况的，可不受该冷静期的限制。韩国自2008年开始，在协议离婚中实施离婚冷静期制度，[②] 并规定了

① 主要原因在本文第二章第四节“澳大利亚离婚法定理由之评析”中的“小结：澳大利亚离婚法定理由之经验与教训”部分已经进行了梳理，故此处不再赘述。

② Shim H., Choi I., and Ocker B. L., “Divorce in South Korea: An Introduction to Demographic Trends, Culture, and Law,” *Family Court Review*, vol. 51, no. 4, October 2013, p. 587.

缩短或者免除离婚冷静期的条款。[①] 有学者建议，我国可以借鉴韩国关于离婚冷静期缩短或者免除条款的规定，[②] 笔者赞同此观点。

（3）根据我国《民法典》第 1079 条关于诉讼离婚的规定，“实施家庭暴力或者虐待、遗弃家庭成员”的，经调解无效，应当准予离婚。笔者在本章第三节已建议将家庭纠纷解决服务作为登记离婚的前置程序。因此，笔者认为，存在家庭暴力、虐待、遗弃等情形，接受家庭纠纷解决服务后仍然申请离婚的，此情形如同诉讼离婚中“经调解无效，应当准予离婚”，那么，在登记离婚中则可以适当缩短或者免除 30 日离婚冷静期的适用。

第三节　澳大利亚离婚制度对我国离婚程序之启示

“程序是法律的中心”，法律秩序的首要目的和主要效能是规则性和公平，而非实质正义。[③] 法律程序不仅可以充分保障实体法律规范的实际落实，还可以通过程序正义最大限度地实现实体正义或者实质正义。[④] 法官可以以正当的法律程序为依据，最大限度地寻求对当事人权利的保护。[⑤] 我国的离婚程序对保护当事人的合

① 《韩国民法典》第 836b 条规定，当事人协议离婚的，若有需要抚养的人（包括胎内的子女），离婚冷静期为 3 个月；若无需要抚养的人，离婚冷静期为 1 个月。但是，若存在“因暴力将会对当事人一方造成无法忍受的痛苦等应予离婚的紧急情形”，家庭法院可以缩短或者免除离婚冷静期之规定。《韩国民法典 朝鲜民法》，金玉珍译，北京大学出版社 2009 年版，第 129 页。

② 马忆南：《离婚冷静期是对轻率离婚的限制和约束》，载《妇女研究论丛》2020 年第 4 期，第 107 页。

③ ［美］诺内特、塞尔兹尼克：《转变中的法律与社会迈向回应型法》，张志铭译，中国政法大学出版社 1994 年版，第 60 页。

④ 侯纯、武红羽主编：《法学原理》，中国铁道出版社 2011 年版，第 125 页。

⑤ 常怡主编：《比较民事诉讼法》，中国政法大学出版社 2002 年版，第 110 页。

法权利有重要作用。笔者将对我国离婚程序进行考察，并分析其优点与不足，在比较中澳离婚程序的基础上，吸取前人的研究成果，从我国实际出发，并借鉴澳大利亚离婚法定理由的有益经验，提出我国离婚程序之完善的参考建议。

一、我国离婚程序的制度概况

根据我国法律的规定，夫妻双方离婚的，在程序上可以采取两种途径：登记离婚和诉讼离婚。笔者将从这两个方面对我国离婚程序进行考察。

（一）登记离婚程序

1. 登记离婚的条件

我国《民法典》[①]、2004 年《婚姻登记条例》以及《民政部关于印发〈婚姻登记工作规范〉的通知》（2015 年修订）（以下简称我国 2015 年《婚姻登记工作规范通知》）[②] 对登记离婚的条件做了规定。具体而言，内地居民办理登记离婚的条件主要包括：

（1）双方当事人具有合法的婚姻关系。离婚应当以合法有效的婚姻关系存在为前提，若当事人之间不存在合法有效的婚姻关系，则不存在离婚问题。[③]

（2）双方当事人具有完全民事行为能力[④]。夫妻双方自愿离婚的，应“亲自”到婚姻登记机关申请离婚登记。我国《民法典》在 2001 年修正的《婚姻法》的基础上，新增了“亲自”二字，这说明登记离婚不能由第三人代理，只能由具有完全民事行为能力的双方当事人亲自申请登记离婚。

---

① 我国《民法典》第 1076 条规定：“夫妻双方自愿离婚的，应当签订书面离婚协议，并亲自到婚姻登记机关申请离婚登记。离婚协议应当载明双方自愿离婚的意思表示和对子女抚养、财产以及债务处理等事项协商一致的意见。”

② 我国 2015 年《婚姻登记工作规范通知》第 55 条。

③ 张云：《中国当代离婚问题研究》，云南科技出版社 2009 年版，第 60 页。

④ 我国 2015 年《婚姻登记工作规范通知》第 55 条。

（3）双方当事人须自愿离婚。双方当事人须具有离婚的合意。这是对当事人意思自治的尊重，也符合离婚自由的价值理念。此外，我国《民法典》新增要求离婚协议必须载明夫妻双方自愿离婚的意思表示。

（4）双方当事人须对子女抚养、财产以及债务处理等事项协商一致。具体而言，双方当事人须对子女随何方生活；另一方是否支付子女抚养费，子女抚养费的数额和支付方式；另一方探望子女的时间和方式等达成一致，夫妻共同财产的分割以及共同债务的清偿等问题达成协议。

（5）双方当事人须签订书面离婚协议。我国《民法典》细化了登记离婚的规定，明确要求离婚双方必须签订书面的离婚协议。离婚协议必须载明双方自愿离婚的意思表示和对子女抚养、财产以及债务处理等事项协商一致的意见。

2. 登记离婚的程序

2020年11月24日，民政部发布《关于贯彻落实〈中华人民共和国民法典〉中有关婚姻登记规定的通知》（以下简称民政部《贯彻落实民法典有关婚姻登记的通知》）。该通知于2021年1月1日生效。民政部《贯彻落实民法典有关婚姻登记的通知》将我国居民离婚登记的程序调整为申请、受理、冷静期、审查和登记（发证）。[①] 具体内容如下：

（1）申请。夫妻双方自愿离婚的，应当签订书面离婚协议，共同到有管辖权的婚姻登记机关提出离婚申请，并提供以下证件和证明材料：一是内地婚姻登记机关或者中国驻外使（领）馆颁发的结婚证；二是有效的身份证件；三是在婚姻登记机关现场填写的《离婚登记申请书》。办理登记离婚的机关是县级人民政府民政部门或者乡（镇）人民政府，省、自治区、直辖市人民政府可

---

① 即在我国2015年《婚姻登记工作规范通知》规定的程序的基础上，增加了冷静期作为登记离婚的程序。我国2015年《婚姻登记工作规范通知》第54条。

以按照便民原则确定农村居民办理婚姻登记的具体机关。[①]

（2）受理。婚姻登记员按照《婚姻登记工作规范》有关规定对当事人提交的上述材料进行初审。[②] 婚姻登记员对当事人提交的证件和证明材料初审无误后，发给《离婚登记申请受理回执单》。不符合离婚登记申请条件的，不予受理。当事人要求出具《不予受理离婚登记申请告知书》的，应当出具。

（3）冷静期。自婚姻登记机关收到离婚登记申请并向当事人发放《离婚登记申请受理回执单》之日起30日内，任何一方不愿意离婚的，可以持本人有效身份证件和《离婚登记申请受理回执单》，[③] 向受理离婚登记申请的婚姻登记机关撤回离婚登记申请，并亲自填写《撤回离婚登记申请书》。经婚姻登记机关核实无误后，发给《撤回离婚登记申请确认单》，并将《离婚登记申请书》《撤回离婚登记申请书》与《撤回离婚登记申请确认单（存根联）》一并存档。自离婚冷静期届满后30日内，双方未共同到婚姻登记机关申请发给离婚证的，视为撤回离婚登记申请。

（4）审查。自离婚冷静期届满后30日内，[④] 双方当事人应持有离婚协议书、结婚证、法定有效身份证件，并提交2张2寸单人近期半身免冠照片，共同到婚姻登记机关申请发给离婚证。婚姻登记员应分开询问当事人的离婚意愿，和对离婚协议内容的意愿，并对当事人提交的材料进行审查。婚姻登记机关对不符合离婚登记条件的，不予办理。当事人要求出具《不予办理离婚登记告知

---

① 我国《婚姻登记条例》第2条。该法第10条规定，内地居民自愿离婚的，男女双方应当共同到一方当事人常住户口所在地的婚姻登记机关办理离婚登记。

② 民政部《贯彻落实民法典有关婚姻登记的通知》规定，申请办理离婚登记的当事人有一本结婚证丢失的，当事人应当书面声明遗失，婚姻登记员可以根据另一本结婚证受理离婚登记申请；申请办理离婚登记的当事人两本结婚证都丢失的，当事人应当书面声明结婚证遗失并提供加盖查档专用章的结婚登记档案复印件，婚姻登记员可根据当事人提供的上述材料受理离婚登记申请。

③ 遗失的可不提供，但须书面说明情况。

④ 期限届满的最后一日是节假日的，以节假日后的第一日为期限届满的日期。

书》的，应当出具。

（5）登记（发证）。婚姻登记机关对符合离婚条件的，予以登记，发给离婚证。离婚协议书一式三份，男女双方各一份并自行保存，婚姻登记处存档一份。

（二）诉讼离婚程序

1. 诉讼离婚的条件

我国诉讼离婚的条件主要有：（1）当事人具有合法的婚姻关系。这是申请诉讼离婚的前提条件。（2）夫妻一方要求离婚。夫妻一方要求离婚，另一方不同意或者双方同意但是对离婚后的子女抚养、财产处理等无法达成协议后，夫妻一方单独向法院提起离婚请求。（3）由具有管辖权的法院受理离婚诉讼。①

2. 诉讼离婚的程序

（1）起诉与受理。要求离婚的一方须向有管辖权的人民法院提交离婚起诉状及其副本。人民法院经审查，起诉状有明确的原被告和住址、职业，有明确的离婚诉讼请求及事实和理由，予以立案受理，并将起诉状副本送达被告人，要求其在15日内提交答辩状。

（2）调解。根据我国《民法典》的规定，人民法院审理离婚案件，应当进行调解。② 即调解是法院判决离婚的必经程序。人民

---

① 根据我国现行《民事诉讼法》第21条的规定，要求离婚的一方，须向另一方住所地的人民法院起诉。另一方住所地与经常居住地不一致的，由经常居住地人民法院管辖。

② 我国《民法典》第1079条规定："夫妻一方要求离婚的，可以由有关组织进行调解或者直接向人民法院提起离婚诉讼。人民法院审理离婚案件，应当进行调解；如果感情确已破裂，调解无效的，应当准予离婚。"

法院调解后，可能出现三种结果：调解和好[①]、调解离婚[②]以及调解无效[③]。

（3）审理和判决。调解未达成协议或者调解书送达前一方反悔的，人民法院应当及时判决。[④] 离婚案件有诉讼代理人的，本人除不能表达意思以外，应当出庭；确因特殊情况无法出庭的，必须向人民法院提交书面意见。[⑤] 对于当事人申请不公开审理的离婚案件，法院可以不公开审理。[⑥]

此外，根据我国《民法典》第1079条的规定，我国的调解分为两种，一种是诉中调解，是法定必经程序。这是在法院审判人员的主持下，由双方自愿协商达成协议，解决纠纷。另一种是诉前调解，不是必经程序，由当事人自由选择。这两种调解主要有以下不同：

①调解的性质不同，诉前调解不是诉讼离婚的必经程序，而诉中调解是离婚的必经程序。

②主持调解的主体不同。诉前调解由有关组织主持，而诉中调解由法院主持。

③调解的时间不同。诉前调解是夫妻一方要求离婚，在向人民法院起诉前，由有关组织进行调解，也可以称为诉讼外调解。诉中调解是夫妻一方要求离婚，且已经向法院起诉，法院在审理过程中进行的调解。

---

① 对于调解和好的离婚案件，人民法院可以不制作调解书，对不需要制作调解书的协议，应当记入笔录，由双方当事人、审判人员、书记员签名或者盖章后，即具有法律效力。调解和好的离婚案件，没有新情况、新理由，原告在六个月内又起诉的，不予受理。我国现行《民事诉讼法》第98条，第124条。

② 人民法院调解成功，双方同意离婚并对子女抚养、财产处理等达成协议的，由人民法院制作离婚调解书。离婚调解书经双方当事人签署后发生法律效力。

③ 对于调解无效，又不能达成离婚协议的，法官应当在继续审理后作出判决。

④ 我国现行《民事诉讼法》第99条。

⑤ 我国现行《民事诉讼法》第62条。

⑥ 我国现行《民事诉讼法》第134条。

3. 我国家事审判改革

（1）我国家事审判改革的背景。2014 年，党的十八届四中全会审议通过的《中共中央关于全面推进依法治国若干重大问题的决定》要求坚持走中国特色社会主义法治道路，建设中国特色社会主义法治体系。2016 年 4 月 21 日，我国最高人民法院发布的《家事审判改革试点意见》，要求自 2016 年 6 月 1 日起开展为期两年的家事审判方式和工作机制改革试点工作。[①] 其改革目标是"通过家事审判方式和工作机制改革试点，转变家事审判理念，推进家事审判方式和工作机制创新，加强家事审判队伍及硬件设施建设，探索家事诉讼程序制度……弘扬社会主义核心价值观，促进社会建设健康和谐发展"。我国最高人民法院推动和指导全国 118 家法院开展家事审判改革试点工作，经过两年的实践，取得了显著的成效。

（2）我国家事审判改革试点工作取得的成效。杜万华大法官指出，试点工作取得的主要成效主要有：[②] ①多元化纠纷解决机制

① 早在我国最高人民法院启动家事审判改革试点工作之前，有部分法院已经开始了改革。例如，在 2011 年 3 月 3 日，江苏徐州贾汪法院组建"家事审判合议庭"正式开启了家事审判方式和工作机制改革创新的步伐；经徐州市贾汪区机构编制委员会批准，正式设立全国第一家独立编制的家事审判庭。2014 年 10 月，新建 1100 平方米的家事司法中心，作为专门的家事审判场所，司法中心设妇联工作室、心理疏导室、反家暴临时庇护所、幸福家庭学校等。徐州市中级人民法院：《〈江苏法制报〉4 月 7 日-"贾汪模式"可复制的家事审判实践样本——对话徐州贾汪法院院长李徐州》，引自 http://xzzy.chinacourt.gov.cn/article/detail/2017/04/id/2740120.shtml，最后访问日期：2020 年 12 月 10 日。

② 杜万华：《弘扬核心价值观 促进家风家庭建设》，载《西南政法大学学报》2018 年第 1 期，第 20-21 页。

建设进展较快。[①] ②机构和队伍专业化建设发展迅速。[②] ③家事审判工作规则制定比较及时。[③] ④物质保障比较到位。[④] ⑤家事审判工作机制不断创新。[⑤] 由此可见，我国家事审判改革试点工作取得了良好的效果，这为我国家事审判改革的深化奠定了较好的基础。

（3）我国家事审判改革的深化。2018 年 7 月 18 日，最高人民法院发布了 2018 年《深化家事审判改革意见》，对进一步深化家事审判方式和工作机制改革从总体要求、家事调解、家事调查、心理疏导、审理规程、队伍建设六个方面提出了意见。这些规定对于进一步深化我国家事审判方式和工作机制改革具有重要的指导意义。

二、我国离婚程序之优点与不足

（一）我国离婚程序之优点

1. 登记离婚制度之优点

登记离婚的离婚成本相对较低。虽然我国《民法典》新增了 30 日的离婚冷静期，但是离婚的时间成本仍然相对较低。登记离婚的金钱成本也较低。根据 2003 年《婚姻登记条例》第 21 条的规定，离婚登记只需要交纳工本费。此外，我国采取登记离婚与

---

① 许多试点法院与当地民政部门、妇联、社区服务中心等部门创建了形式多样的合作方式，超过 80%的试点法院与相关部门建立了联席会议机制或者达成了合作事项。

② 绝大多数法院都成立了专门机构，配备了较为专业的家事审判法官和司法辅助人员。近 90%的试点法院成立了专门的家事审判机构，其中独立建制的家事审判庭和少年家事庭占 70% 。

③ 70%的试点法院出台了规范性文件，结合本地家事审判的特点和具体情况制定了相应的审判规则。

④ 各试点法院为家事审判工作提供必要的人力物力财力保障，80%的试点法院布置符合家事审判特点的审判庭，配置家事调解室，沙盘分析室、单面镜观察室、心理辅导室等，完善了符合家事审判特点的硬件设施，为家事审判改革提供了强有力的物质装备保障。

⑤ 试点法院探索建立家事审判多元化纠纷解决机制，建立健全家事案件心理辅导干预、家事调查、婚姻冷静期、诉前调解、案后回访等制度成效良好。

诉讼离婚并行模式，与仅采取诉讼离婚模式的国家相比，我国的双轨制模式给当事人提供了更多的选择。

2. 诉讼离婚之优点

笔者主要介绍我国诉讼离婚中调解制度的优点，主要有以下几点：

（1）有利于修复婚姻关系，避免轻率离婚，维护家庭稳定。调解程序具有良好的调整人际关系的功能。[①] 调解作为我国诉讼离婚的必经程序，有利于修复当事人之间的婚姻关系，避免轻率离婚。

（2）缓和当事人之间的对立状态，促进纠纷解决。英国大量的家庭纠纷都是通过调解方式解决的。[②] 对离婚案件进行调解，不仅可以缓和夫妻双方感情上的对立，也有利于促进子女抚养及财产分割问题的协商解决。

（3）通过调解解决离婚纠纷，重视人文关怀，有利于充分弘扬文明进步的婚姻家庭伦理观念，推进家风和家庭美德的建设，践行社会主义核心价值观。

（二）我国离婚程序之不足

1. 登记离婚未设置家庭纠纷解决服务

调解是判决离婚的必经程序，但是在登记离婚中，没有为当事人设立咨询、调解等家庭纠纷解决服务。部分当事人由于一时冲动，向婚姻登记机关申请离婚。正如有学者指出，在双方的同意下共同申请离婚，可能极大地诱使人们仓促行事。暂时的争吵或意见分歧可能导致婚姻破裂，对整个家庭造成不可挽回的后

① 蒋月：《构建婚姻家庭诉讼司法调解制度》，载《甘肃社会科学》2008 年第 1 期，第 38 页。

② 陈莉、向前：《英国家事审判制度及其启示》，载《法律适用》2016 年第 11 期，第 118 页。

果。[①] 在向婚姻登记机关申请登记离婚之前，若当事人得到有关组织或者个人提供的咨询和调解等家庭纠纷解决服务，帮助化解家庭纠纷，这可能会挽救一部分婚姻。

2. 诉讼离婚中调解制度之功能未得到有效发挥

调解制度是我国司法实践的有益经验，在解决家庭纠纷中备受重视，但我国调解制度还存在某些不足：

(1) 诉前调解之不足。我国的诉前调解并非诉讼离婚的必经程序，由当事人自行选择；并且因为选择诉前调解的家庭越来越少，人民调解委员会也不愿意主动介入他人的家庭生活，导致诉前调解的功能没有得到有效发挥。[②]

(2) 诉中调解之不足。就诉中调解而言，离婚诉讼调解被夹杂在普通民事调解之中，且多流于形式，并未发挥纠纷解决之功能。例如，某些法院仅仅简单询问当事人是否愿意调解，若当事人不同意调解，便随即要求书记员在笔录上载明"当事人不同意调解"，即视为已遵循调解程序。[③] 此外，我国的调解制度还存在调解人员供给不足和调解人员缺乏专业训练的问题。[④]

3. 缺乏未成年子女的诉讼代表人制度

在离婚诉讼中，未成年子女一般由父母代理。[⑤] 但是，在离婚

---

① Friedmann W., *Law in A Changing Society* (Second Edition), London: Stevens & Sons Ltd, 1972, p. 241.

② 陈晋、黄筱蓉：《离婚诉讼外调解制度研究——基于浙鄂川三省的实地调研》，载《江西社会科学》2014年第1期，第172页。

③ 方俊：《家事审判改革的实践困境与改进路径》，载《广西民族大学学报》（哲学社会科学版）2019年第5期，第186页。

④ 汤鸣：《家事纠纷法院调解实证研究》，载《当代法学》2016年第1期，第145-146页。

⑤ 我国《民法典》第19条规定："八周岁以上的未成年人为限制民事行为能力人，实施民事法律行为由其法定代理人代理或者经其法定代理人同意、追认；但是，可以独立实施纯获利益的民事法律行为或者与其年龄、智力相适应的民事法律行为。"该法第20条规定："不满八周岁的未成年人为无民事行为能力人，由其法定代理人代理实施民事法律行为。"

诉讼中，父母可能因急于离婚而忽略子女的利益。因此，在离婚诉讼中，为保障未成年子女的最大利益，使未成年子女的意见能够准确地传达给法院，最好由与父母子女无利害关系的人代表未成年子女参加诉讼。

4. 家事审判改革有待深化

我国家事审判改革中形成的有益经验还未体系化和制度化。此外，我国欠缺单独的家事诉讼法，大一统的《民事诉讼法》也没有为家事案件作出特别规定。长期以来，民事审判工作根据《民事诉讼法》形成了一套完整的理念和程序，但是，从实践来看，仅有《民事诉讼法》是不够的，婚姻家庭涉及身份关系、伦理关系和情感因素等，用涉及财产案件的审理模式审理婚姻家庭问题，效果往往不太理想。① 不少学者主张我国建立独立的家事诉讼法。② 国外许多国家也制定了专门的家事诉讼法。③ 也有人认为，我国《民事诉讼法》中无家事诉讼程序的单独章节，建议待条件成熟时，在《民事诉讼法》中增加专门的家事诉讼程序章节，即不制定单独的家事诉讼法。④ 笔者认为，基于家事案件与普通民事

① 杜万华：《弘扬核心价值观 促进家风家庭建设》，载《西南政法大学学报》2018年第1期，第18页。

② 刘敏：《论新时代中国家事诉讼法学的建立和发展》，载《法治现代化研究》2018年第4期；陈苇、董思远：《家事审判改革视野下祖国大陆家事审判程序立法完善研究》，载《西南政法大学学报》2018年第1期；张艳丽：《中国家事审判改革及家事审判立法——兼谈对台湾地区“家事事件法”的借鉴》，载《政法论丛》2019年第5期。

③ 日本于1947年制定并于2011年修订了《家事审判法》，德国于2008年将有关家事事件的内容从《德国民事诉讼法》中独立出来，与《非诉事件法》放在一起制定了《家事事件与非诉事件程序法》。新加坡于2014年制定了《家事司法法》，并根据该法制定了《家事司法规则》。韩国于1990年制定了《家事诉讼法》，并于2015年公布了该法的修正案草案，对《家事诉讼法》进行了较为全面的修正。刘敏：《论新时代中国家事诉讼法学的建立和发展》，载《法治现代化研究》2018年第4期，第138页。

④ 杨临萍、龙飞：《德国家事审判改革及其对我国的启示》，载《法律适用》2016年第4期，第61页。

案件之特殊性，[①] 国外许多国家的有益经验，如日本、德国、韩国、澳大利亚、英国，以及我国家事审判改革的要求等，有必要制定专门的家事诉讼法。

三、中澳离婚程序之比较

结合前文对中国和澳大利亚离婚程序的考察和研究，笔者将从中澳离婚程序的相同点与不同点两个方面对中澳离婚制度进行比较。

（一）中澳离婚程序之相同点

1. 两国离婚程序均有防止轻率离婚、维护家庭稳定之目的

无论是我国诉讼离婚中的诉前调解和诉中调解，还是澳大利亚诉讼离婚中灵活多样的纠纷解决机制，都有诊断、修复和治疗婚姻关系、防止轻率离婚、维护家庭稳定之目的。

2. 两国均重视调解在解决离婚纠纷中的适用

（1）中国。我国最高人民法院 2019 年 4 月印发的《五五改革纲要》[②] 第 26 条要求加大对专业调解工作的指导力度，完善多方参与的调解机制，健全完善律师调解机制，进一步发挥专业调解作用。第 27 条要求完善先行调解、委派调解工作机制。此外，

---

① 我国现行的民事审判机制忽略了家事案件的特殊性，这不利于家事纠纷的有效解决。有人认为，我国家事案件的特殊性主要包括：（1）家事案件纠纷是基于身份关系而产生的；（2）家事案件具有浓厚的人伦、情感与习俗色彩；（3）家事案件具有私密性和隐匿性；（4）家事案件关涉社会公益；（5）家事案件赋予了法官更大的自由裁量权；（6）家事案件审理体现了对私权的尊重，并更加注重保护弱者利益。曹思婕：《我国家事审判改革路径之探析》，载《法学论坛》2016 年第 5 期，第 121-123 页。

② 《关于贯彻实施〈关于深化人民法院司法体制综合配套改革的意见——人民法院第五个五年改革纲要（2019-2023）〉的分工方案》的通知。

2018年《深化家事审判改革意见》对家事调解做了相关规定。[①] 完善家事案件调解与和解程序，整合社会资源参与纠纷化解，是家事司法的未来走向。[②]

（2）澳大利亚。澳大利亚家庭纠纷解决机制灵活多样，包括家庭纠纷解决、咨询、家庭顾问、协商、案件评估等，并且这些家庭纠纷解决制度还被规定在法律之中。

（二）中澳离婚程序之不同点

1. 双轨制与单轨制

（1）中国。我国离婚程序包括登记离婚和诉讼离婚，属于双轨制模式。

（2）澳大利亚。澳大利亚仅采取诉讼离婚，属于单轨制模式。

2. 是否有专门的家庭法院

（1）中国。虽然我国某些地方设立了家事审判庭，如江苏徐州市贾汪法院设立了全国第一家独立编制的家事审判庭，但我国还没有专门的家庭法院。[③]

（2）澳大利亚。澳大利亚设立了专门审理家事案件的家庭法院，如澳大利亚家庭法院、西澳大利亚州家庭法院。

3. 是否有区别于普通民事诉讼的家事诉讼法

（1）我国没有专门的家事诉讼法，法院对离婚案件的审理仍

---

① 2018年《深化家事审判改革意见》第9条规定："对适宜调解的纠纷，登记立案前，经当事人同意或者当事人虽未提出调解申请但人民法院认为有必要调解的，可以委派给特邀调解组织或者特邀调解员进行调解。当事人情绪或心理受到严重困扰，无法正常发表意见，情况紧急需要尽快启动有关诉讼程序的案件，除双方当事人申请外，不得进行立案登记前委派调解。"第10条规定："对适宜调解的纠纷，登记立案后，人民法院可以自行调解，也可以委托给特邀调解组织或者特邀调解员进行调解。"

② 王琦：《聚焦我国家事审判改革的几个面向》，载《政法论丛》2018年第1期，第108页。

③ 徐州市中级人民法院：《〈江苏法制报〉4月7日-"贾汪模式"可复制的家事审判实践样本——对话徐州贾汪法院院长李徐州》，引自 http://xzzy.chinacourt.gov.cn/article/detail/2017/04/id/2740120.shtml，最后访问日期：2020年12月10日。

然适用《民事诉讼法》的规定。

(2) 澳大利亚家事案件的审理适用区别于普通民事诉讼的家事诉讼法。对离婚案件的审理，澳大利亚主要适用联邦《家庭法》中有关离婚程序的规定，① 以及2004年联邦《家庭法实施细则》、2001年《联邦巡回法院实施细则》中有关离婚程序的规定。

4. 合并之诉与分离之诉

(1) 中国。我国的离婚与财产分割、子女抚养一起处理，属于合并之诉。

(2) 澳大利亚。联邦《家庭法》的一项创新是将离婚与子女安排、财产纠纷等分开处理，因此，离婚不是签发与家庭有关的其他命令的前提条件。② 在澳大利亚，离婚和子女抚养、财产处理是分离之诉。

5. 调解与非诉家庭纠纷解决机制

我国离婚诉讼中的调解制度与澳大利亚的非诉家庭纠纷解决机制虽然都有调解功能，但是存在诸多不同：

(1) 性质不同。在我国诉讼离婚中，诉前调解不是离婚的必经程序，诉中调解是离婚的必经程序；在澳大利亚，未满两年的婚姻、未成年子女的抚养纠纷以及家庭法院审理的财产纠纷，须先采取非诉家庭纠纷解决机制解决纠纷。

(2) 达成的调解协议之效力不同。我国离婚调解达成的协议须经人民法院的批准和认可，发给离婚调解书后才发生法律效力。在澳大利亚，当事人参加非诉家庭纠纷解决后达成的协议，可以向法院申请同意令，同意令一旦签发，即具有与法院判决相同的效力。

(3) 隐私的保护程度不同。在澳大利亚，家庭咨询、家庭纠

---

① 联邦《家庭法》中既有实体法规定，也有程序法规定。

② Harrison M., "Grounds for Divorce in Australia and England," *Family Matters*, no. 42, 1995, p. 34.

纷解决、仲裁、调解会议都注重保护当事人的隐私。① 我国《民法典》对离婚诉讼的调解程序，目前还没有明确规定隐私保护。不过，保护当事人的隐私是我国家事审判改革的要求，② 有待在以后我国的调解等非诉纠纷解决程序中予以明确规定。

四、澳大利亚离婚制度对我国离婚程序之启示

针对我国离婚程序中存在的不足，在吸取前人研究成果，结合我国实际，借鉴澳大利亚有益的立法经验的基础上，笔者提出补充完善立法的如下参考建议：

1. 增设家庭纠纷解决服务作为登记离婚的前置程序

澳大利亚在当事人向法院提起离婚诉讼之前，为他们提供了灵活多样的家庭纠纷解决机制。对于未满两年的婚姻的离婚、未成年子女的抚养纠纷以及家庭法院审理的财产纠纷，须先采取非诉纠纷解决机制进行解决。第一，对于未满两年的婚姻，当事人申请离婚前必须在特定人员的帮助下参加和解，并获得证明。第二，有关未成年子女抚养的纠纷，当事人向法院提起诉讼前，应先参加家庭纠纷解决，除非有特殊情况。第三，有关财产的纠纷，当事人在向家庭法院起诉前，须先尝试解决纠纷，即诉前程序。这种前置的调解程序一方面有利于促进当事人和解，解决家庭纠纷，另一方面又对防止轻率离婚，维护家庭稳定，保护当事人以及未成年子女的利益具有积极意义。

我国的登记离婚制度由于离婚程序相对简单快捷，可能出现

---

① 必须注意，在一般情况下，当事人向家庭顾问提供的信息不是保密的，家庭顾问对此不负有保密义务。Family Law Act 1975 (Cth), s 11C.

② 我国 2018 年《深化家事审判改革意见》第 2 条规定：“牢固树立人性化的审判理念……保护当事人的隐私，注重人文关怀……”第 12 条规定：“家事案件的调解过程不公开，但当事人均同意公开的除外。主持调解以及参与调解的人员，对调解过程以及调解过程中获悉的国家秘密、商业秘密、个人隐私和其他不宜公开的信息，应当保守秘密。调解人员违反保密义务给当事人造成损害的，应当承担相应法律责任。”

轻率离婚的情况。此外，韩国在协议离婚中规定，欲协议离婚者应得到家庭法院提供的离婚咨询，必要时家庭法院可劝告当事人，接受具有专业知识和经验的咨询员的咨询。[①] 这实际上将离婚咨询作为协议离婚的前置程序。

针对我国登记离婚之不足，笔者建议：我国应增设家庭纠纷解决服务作为登记离婚的前置程序，由有关组织或者个人提供咨询、调解等服务，从而为当事人提供有关离婚、子女抚养、家庭暴力等方面的知识，尽可能帮助化解当事人之间的纠纷。同时，有关组织或者个人对纠纷解决过程中所获的信息应当保密，但有关家庭暴力、虐待、遗弃等不利于当事人人身安全的信息除外。

2. 完善调解制度

澳大利亚的家庭纠纷解决机制灵活多样，贯穿了诉前和诉讼的各个阶段。有些家庭纠纷解决制度侧重于解决财产问题，如案件评估、调解会议；有的侧重于解决子女抚养问题，如家庭纠纷解决。离婚当事人可以根据自己的需要选择适合的纠纷解决方式。其制度设计不仅为当事人提供了灵活多样的纠纷解决途径，而且还鼓励当事人使用非诉家庭纠纷解决机制解决纠纷。此外，对于未满两年的婚姻的离婚、未成年子女的抚养纠纷以及家庭法院审理的财产纠纷，须先采取非诉家庭纠纷解决机制进行解决，即将非诉家庭纠纷解决机制作为诉讼的前置程序。这些措施有以下意义：缓和当事人之间的矛盾，促进当事人之间纠纷的解决；节约司法资源；节约当事人的时间和成本；更有利于当事人直接达成协议的执行。

针对我国诉讼离婚中调解制度存在的不足，笔者建议：

（1）将诉前调解作为诉讼离婚的前置程序。

（2）借助我国家事审判改革的契机，逐步完善我国多元化家

---

① 《韩国民法典》第836b条。《韩国民法典 朝鲜民法》，金玉珍译，北京大学出版社2009年版，第129页。

庭纠纷解决方式，为诉前调解提供灵活多样的解决途径。

（3）增加调解人员的数量并对调解人员进行专业化培训。

3. 增设未成年子女的诉讼代表人制度

在澳大利亚的离婚诉讼或者其他有关未成年人的诉讼中，独立儿童律师不仅是未成年子女利益的代表，也是未成年子女意愿的传达者。独立儿童律师须认真听取儿童的声音，并确保这些声音被法院知晓。独立儿童律师的主要作用是实现儿童的最大利益，在最大程度上帮助法官解决全面了解儿童的问题，因此在多数案件中，独立儿童律师的案件处理建议会被法官采纳。① 这有利于未成年子女最大利益的保护。②

在我国的离婚诉讼中，未成年子女主要由父母进行代理。由于离婚诉讼中当事人之间处于对立状态，子女的利益和意愿可能被忽视。有学者认为，只要儿童有意思能力，对与其自身有关的事务就有表意的权利和自由，法院或法官有义务进行听取，并可根据其年龄大小或成熟程度予以权衡。③

笔者认为，可以借鉴澳大利亚的经验，在我国判决离婚中，设立未成年子女的诉讼代表人制度，并在立法中予以确定。法律不仅应使未成年子女有机会在所有影响他们的决定中直接或间接

---

① 韩晶晶：《澳大利亚儿童保护制度研究》，法律出版社 2012 年版，第 119 页；在隆卡与科迪（Loncar & Cody）案中，由于未成年子女的母亲有虐待子女的行为，该案中的独立儿童律师建议该未成年子女由其父亲直接抚养，父亲对该未成年子女承担单独父母责任，家庭法院采纳了独立儿童律师的建议。参见 *Loncar & Cody* [2020] FamCA 977.

② 1989 年联合国《儿童权利公约》第 12 条规定："缔约国应确保有主见能力的儿童有权对影响到其本人的一切事项自由发表自己的意见，对儿童的意见应按照其年龄和成熟程度给以适当的看待。为此目的，儿童特别应有机会在影响到儿童的任何司法和行政诉讼中，以符合国家法律的诉讼规则的方式，直接或通过代表或适当机构陈述意见。"

③ 陈爱武：《家事诉讼与儿童利益保护》，载《北方法学》2016 年第 6 期，第 130 页。

地表达意见，而且还应以适合其年龄的方式向他们提供所有相关信息，以便他们能够很好地形成自己的意见。[①] 但是，未成年子女的诉讼代表人不应对未成年子女进行过度采访，更不应在未与未成年子女会面交流和未真正了解其意愿的情况下代表未成年子女参加诉讼。法院可以依法为未成年子女指定诉讼代表人。必须说明，这里的诉讼代表人是除父母以外的与父母子女无利害关系的个人，也可以是组织。

4. 完善家事审判制度

（1）认真总结我国最高人民法院自 2016 年在全国试点法院进行家事审判改革的经验，把行之有效的经验体系化和制度化，在必要时可上升为立法。例如，把社区、妇联等民间机构离婚纠纷的调解作为离婚问题处理的前置程序，通过调解前置程序，调解人员向有意离婚的当事人宣传离婚、子女抚养、财产处理等基本法律知识，提高申请离婚当事人的法律意识和父母责任意识。

（2）建议家事审判与普通民事审判分离，主要可以从以下方面着手：

①在审判机构方面，设立专门的家事法院或在普通法院内部设立专门的家事审判庭。[②]

②在审判人员方面，由擅长家事案件的专业法官主持审判，

---

① See Parkes A., *Children and International Human Rights Law: The Right of the Child to Be Heard*, London: Routledge, 2013, p. 92.

② 建立专门的家庭法院的国家不只有澳大利亚，其他许多国家也有家庭法院，如英国根据 2013 年生效的《法院和犯罪法案》的规定，于 2014 年 4 月设立了专门的家事法院。家事法院是独立于治安法院和郡法院的专职处理家事案件的审判机构，对全国范围内的家事案件拥有管辖权。陈莉、向前：《英国家事审判制度及其启示》，载《法律适用》2016 年第 11 期，第 116 页。

此外，审判人员还应掌握一定的心理学、儿童学等方面的知识。[①]

③在审判的法律程序方面，在条件成熟时制定专门的家事诉讼法。我国有学者认为，家事案件与家事审判的特殊性决定了我国有必要制定有别于普通民事诉讼程序的家事诉讼法。[②]

第四节 澳大利亚离婚制度对我国离婚的法律效力之启示

夫妻解除婚姻关系对双方当事人及其未成年子女均会产生较大的影响。笔者将对我国离婚的法律效力进行考察，并分析其优点与不足，在比较中澳离婚的法律效力的基础上，吸取前人的研究成果，从我国实际出发，并借鉴澳大利亚离婚法律效力的有益经验，提出我国离婚的法律效力之完善的参考建议。

一、我国离婚的法律效力的制度概况

笔者将从离婚对当事人的法律效力和离婚对未成年子女的法律效力两个方面，对我国离婚的法律效力进行考察。

（一）离婚对当事人的法律效力

1. 离婚对夫妻人身关系的法律效力

双方当事人离婚后，对夫妻人身关系主要会产生如下法律后

① 家事案件具有伦理道德与法律规定、人身关系与财产关系、诉讼与非诉讼相互交叉等特殊性，家事案件的审理需要特殊的技巧，这对审理家事案件的法官提出了更专业的要求，其除了要具备一般案件审理的技巧，还应当在婚姻家庭方面具有一定的社会经验，除了具备法律专业知识，还应当掌握心理学、儿童学等方面的知识，同时，其应当避免激进和偏激的理念，才能保证案件审理的公正性和客观性。张艳丽：《中国家事审判改革及家事审判立法》，载《政法论丛》2019 年第 5 期，第 17 页。

② 刘敏：《论新时代中国家事诉讼法学的建立和发展》，载《法治现代化研究》2018 年第 4 期，第 143 页。

果：第一，夫妻身份解除，当事人享有再婚的权利；① 第二，同居义务终止；第三，日常代理权消灭；第四，夫妻相互继承权丧失。②

2. 离婚对夫妻财产关系的法律效力

双方当事人离婚后，对夫妻的财产会产生一系列的法律后果，如财产分割、债务清偿、夫妻间的扶养义务的终止。根据我国《民法典》第1062条、第1063条的规定，我国的法定财产制为婚后所得共同制。夫妻要求离婚的，须对夫妻共同财产进行分割。③笔者主要从离婚财产处理、离婚救济制度和养老金分割三个方面进行考察。

（1）离婚财产处理。根据我国《民法典》第1087条的规定，先由双方当事人协议处理财产问题，协议不成的，由人民法院判决。该条规定的人民法院判决财产处理的原则为：照顾子女、女方和无过错方权益的原则。我国《民法典》在2001年修正的《婚姻法》的基础上，新增了照顾无过错方的原则。体现了在财产分

---

① 我国古代法律虽未严格禁止再嫁，但却对女性再嫁设置了身份限制：一是官宦之家的女性禁止再嫁；二是特定情境的女性禁止再嫁；三是受封命妇禁止再嫁。这些限制大多是出于男尊女卑的观念，剥夺了相关女性的再嫁权利。王歌雅：《社会排挤与女性婚姻家庭权益的法律保障》，黑龙江人民出版社2019年版，第24页。

② 参见夏吟兰主编：《婚姻家庭继承法》，中国政法大学出版社2012年版，第126-127页。

③ 我国《民法典》第1062条规定，我国的夫妻共同财产有：工资、奖金、劳务报酬；生产、经营、投资的收益；知识产权的收益；继承或者受赠的财产，但遗嘱或者赠与合同中确定只归一方的财产除外；其他应当归共同所有的财产。我国2020年《民法典婚姻家庭编解释（一）》第25条规定："婚姻关系存续期间，下列财产属于民法典第一千零六十二条规定的'其他应当归共同所有的财产'：（一）一方以个人财产投资取得的收益；（二）男女双方实际取得或者应当取得的住房补贴、住房公积金；（三）男女双方实际取得或者应当取得的基本养老金、破产安置补偿费。"此外，我国《民法典》第1063条规定，夫妻个人财产主要有：一方的婚前财产；一方因受到人身损害获得的赔偿或者补偿；遗嘱或者赠与合同中确定只归一方的财产；一方专用的生活用品；其他应当归一方的财产。

割时对无过错方的照顾。此外，离婚时，夫妻共同债务应当共同偿还。共同财产不足以清偿或者财产归各自所有的，由双方协议清偿；若协议不成，由人民法院判决。[①]

（2）离婚救济制度。我国的离婚救济制度包括离婚经济补偿制度、离婚经济帮助制度和离婚损害赔偿制度。

①离婚经济补偿制度。我国《民法典》第1088条规定："夫妻一方因抚育子女、照料老年人、协助另一方工作等负担较多义务的，离婚时有权向另一方请求补偿，另一方应当给予补偿。具体办法由双方协议；协议不成的，由人民法院判决。"这一规定体现了对家务劳动价值的重视和承认。2001年修正的《婚姻法》将该制度的适用范围仅限于实行分别财产制的夫妻，[②] 由于其适用的范围过窄，导致该制度在司法实践中很少被适用，不能实现其预设的价值目标。[③] 我国《民法典》扩大了该制度的适用范围，即不论是实行共同财产制还是实行分别财产制的夫妻，均有适用本条规定的可能。这有利于彰显家务劳动的价值，矫正离婚时分割夫妻共同财产存在的不公。[④]

②离婚经济帮助制度。我国《民法典》第1090条规定："离婚时，如果一方生活困难，有负担能力的另一方应当给予适当帮助。具体办法由双方协议；协议不成的，由人民法院判决。"与

---

① 我国《民法典》第1089条。

② 我国2001年修正的《婚姻法》第40条规定："夫妻书面约定婚姻关系存续期间所得的财产归各自所有，一方因抚育子女、照料老人、协助另一方工作等付出较多义务的，离婚时有权向另一方请求补偿，另一方应当予以补偿。"

③ 陈苇、何文骏：《我国离婚救济制度司法实践之实证调查研究——以重庆市某基层人民法院2010—2012年被抽样调查的离婚案件为对象》，载《河北法学》2014年第7期，第29-30页。

④ 王歌雅：《变异与矫正：离婚制度的公正抉择》，载《中华女子学院学报》2017年第5期，第16页。

2001年修正的《婚姻法》第42条的规定相比，[①] 我国《民法典》做了两处修改：第一，要求提供离婚经济帮助的另一方需“有负担能力”；第二，取消“从其住房等个人财产中”给予适当帮助的例举性规定，笼统地规定为“给予适当帮助”。

③离婚损害赔偿制度。我国《民法典》第1091条规定：“有下列情形之一，导致离婚的，无过错方有权请求损害赔偿：（一）重婚；（二）与他人同居；（三）实施家庭暴力；（四）虐待、遗弃家庭成员；（五）有其他重大过错。”这在我国2001年修正的《婚姻法》的基础上，新增了第（五）项“有其他重大过错”，作为兜底条款，扩大了该制度的适用范围。在我国《民法典》颁布之前，有研究表明，离婚损害赔偿制度被适用的比例低、获赔率低，从而使该制度填补损害、精神抚慰及制裁、预防违法行为的功能没有得到充分发挥。[②] 我国《民法典》对离婚救济制度的修改有利于扩大其适用范围，发挥制度功能，也有利于保障当事人的权利。

（3）养老金分割。我国《民法典》没有对养老金作出规定。根据我国2020年《民法典婚姻家庭编解释（一）》第25条的规定，男女双方实际取得或者应当取得的基本养老金属于夫妻共同财产，因此夫妻离婚时可以进行分割。该司法解释第80条规定：“离婚时夫妻一方尚未退休、不符合领取基本养老金条件，另一方请求按照夫妻共同财产分割基本养老金的，人民法院不予支持；婚后以夫妻共同财产缴纳基本养老保险费，离婚时一方主张将养老金账户中婚姻关系存续期间个人实际缴纳部分及利息作为夫妻

---

① 我国2001年修正的《婚姻法》第42条规定：“离婚时，如一方生活困难，另一方应从其住房等个人财产中给予适当帮助。具体办法由双方协议；协议不成时，由人民法院判决。”

② 陈苇、何文骏：《我国离婚救济制度司法实践之实证调查研究——以重庆市某基层人民法院2010—2012年被抽样调查的离婚案件为对象》，载《河北法学》2014年第7期，第29页。

共同财产分割的，人民法院应予支持。”也就是说，我国承认实际取得或者应当取得的基本养老金以及养老金账户中婚姻关系存续期间实际缴纳的部分及利息可以进行分割。

（二）离婚对未成年子女的法律效力

1. 未成年子女的抚养权

婚姻可以自由解除，但是亲子关系不能。① 根据我国《民法典》第1084条的规定，② 与2001年修正的《婚姻法》第36条相比，我国《民法典》增补了离婚时处理子女抚养问题规则，由此确立了子女抚养问题的四项规则：③

（1）两周岁以下的子女以由母亲直接抚养为原则；

（2）已满两周岁的子女抚养问题由父母协商处理；

（3）人民法院判决处理子女抚养问题应当按照最有利于未成年子女的原则；

（4）子女已满八周岁的应当尊重其真实意愿。

这些规定有利于父母离婚时对子女抚养问题的妥善处理，促进未成年子女利益的保护。

2. 未成年子女的抚养费

未成年子女的抚养费，主要被规定在我国《民法典》以及2020年《民法典婚姻家庭编解释（一）》中。与2001年修正的《婚姻法》第37条相比，我国《民法典》用“抚养费”代替了

---

① Parkinson P. and Cashmore J., “Relocation and the Indissolubility of Parenthood,” *Journal of Child Custody*, vol. 15, no. 1, 2018, p. 76.

② 我国《民法典》第1084条规定：“父母与子女间的关系，不因父母离婚而消除。离婚后，子女无论由父或者母直接抚养，仍是父母双方的子女。离婚后，父母对于子女仍有抚养、教育、保护的权利和义务。离婚后，不满两周岁的子女，以由母亲直接抚养为原则。已满两周岁的子女，父母双方对抚养问题协议不成的，由人民法院根据双方的具体情况，按照最有利于未成年子女的原则判决。子女已满八周岁的，应当尊重其真实意愿。”

③ 陈苇、贺海燕：《论中国民法典婚姻家庭编的立法理念与制度新规》，载《河北法学》2021年第1期，第31页。

"生活费和教育费"，在用语上更加概括和准确。[①] 当事人可以就子女抚养费达成协议；协议不成时，由法院作出判决。

（1）子女抚养费的计算。

①子女抚养费的计算方式。我国关于子女抚养费的计算，主要有两种方式：一是由当事人自愿协商。负担费用的多少和期限的长短，由双方协议。二是法院判决确定。若父母对子女抚养无法达成协议，则可由人民法院判决。

②子女抚养费的计算方法。对于由法院判决确定抚养费的，我国2020年《民法典婚姻家庭编解释（一）》规定了计算方法。其计算基础为父母的"月总收入"。同时，在子女抚养费的具体确定上，需根据子女的实际需要，父母双方的负担能力和当地的实际生活水平确定。[②]

③司法实践中存在的问题。在司法实践中，抚养费的计算主要存在以下问题：

A. 法官对"抚养费"范围的理解存在分歧。我国2020年《民法典婚姻家庭编解释（一）》第42条明确了"抚养费"范围为子女生活费、教育费、医疗费等。但是在司法实践中，有的案件抚养费包括医疗费和教育费[③]；有的案件中抚养费没有包括医疗

---

① 我国《民法典》第1085条规定："离婚后，子女由一方直接抚养的，另一方应当负担部分或者全部抚养费。负担费用的多少和期限的长短，由双方协议；协议不成的，由人民法院判决。前款规定的协议或者判决，不妨碍子女在必要时向父母任何一方提出超过协议或者判决原定数额的合理要求。"

② 2020年《民法典婚姻家庭编解释（一）》第49条规定："抚养费的数额，可以根据子女的实际需要、父母双方的负担能力和当地的实际生活水平确定。有固定收入的，抚养费一般可以按其月总收入的百分之二十至三十的比例给付。负担两个以上子女抚养费的，比例可以适当提高，但一般不得超过月总收入的百分之五十。无固定收入的，抚养费的数额可以依据当年总收入或者同行业平均收入，参照上述比例确定。有特殊情况的，可以适当提高或者降低上述比例。"

③ （2019）吉01民终5449号；（2019）豫0324民初2163号；（2019）晋0932民初119号。

费和教育费，而是由父母根据实际的花费平分分摊[①]。如今随着医疗费用和教育费的上涨，只根据夫妻一方的工资计算出包含医疗费和教育费的抚养费无法满足未成年子女的实际需要。近年来单独起诉要求支付医疗费和教育费的案件逐渐增加。[②]

B. 法官对计算抚养费的收入是税前收入还是税后收入认识不一致。第一，有的法院以税前收入计算子女抚养费，如（2019）京0108民初1038号。该案中法院查明被告2018年度总收入合计236206.8元，每月收入19684元。因此法院判决被告于2019年1月1日起每月向原告（被告之子）支付抚养费5000元直至2022年7月止。[③] 此外，以税前收入作为抚养费计算标准的有（2015）张民终字第122号。该案一审法院查明，被告扣除五险一金自付部分后的税前收入为145862.84元（每月12155元），根据被告的收入，并结合原告所在地的消费水平情况，原审法院判决被告每月支付原告抚养费2200元。二审法院支持该抚养费判决。[④] 第二，有的法院以税后收入计算子女抚养费，如（2019）赣02民终434号。该案一审法院认为，陈某2018年可计入抚养费计算基数的月均收入应按其住房公积金缴存基数12833.33元扣除已缴个人所得税1022.04元来确定，即12833.33元-1022.04元=11811.29元。二审法院维持原判。[⑤]

C. 查明父母的实际收入困难。目前我国职业日趋多元化，部分父母的收入并非仅有工资这一项。父母隐瞒实际收入，导致子

---

① （2019）粤0803民初2328号；（2019）苏0611民初3344号；（2019）豫0223民初4709号。

② 孟斌：《抚养费外应否另行负担子女的教育医疗费用》，载《人民法院报》2014年8月28日，第7版，第1-2页。

③ （2019）京0108民初1038号。

④ （2015）张民终字第122号。

⑤ （2019）赣02民终434号；以税后收入作为抚养费计算标准的案例还有如（2017）内0102民初695号。

女抚养费比实际偏低。

（2）子女抚养费的收取和执行。

①子女抚养费的收取。根据2020年《民法典婚姻家庭编解释（一）》第50条的规定，子女抚养费可以定期收取，也可以一次性收取。[①]

②子女抚养费的执行。我国2020年《民法典婚姻家庭编解释（一）》第61条规定，对拒不履行或者妨害他人履行生效判决、裁定、调解书中有关子女抚养义务的当事人或者其他人，人民法院可依照《民事诉讼法》第一百一十一条的规定采取强制措施。因此，对于拒不履行抚养费判决或裁定的，当事人可以向法院申请强制执行。

③司法实践中存在的问题。在司法实践中，法院会采取查询被执行人的银行存款、房产、车辆、股票、银行理财产品、股权分红、公积金存款、证券、保险、理财等可供执行的财产[②]；限制高消费、[③] 纳入失信被执行人名单[④]、冻结银行存款[⑤]、扣划银行存款[⑥]等措施。

但是，许多案件在采取上述措施后，因当事人无可供执行的

---

① 2020年《民法典婚姻家庭编解释（一）》第50条规定，子女抚养费可以定期给付，也可以一次性给付。

② （2019）辽1303执736号；（2014）朝民二终字第00764号；（2019）黑1224执696号；（2019）湘1126执2476号；（2019）辽0504执1961号；（2014）朝民二终字第00764号；（2019）黑1224执696号。

③ （2020）津0112执169号；（2019）黑1224执696号；（2019）吉0112执1113号；（2019）苏0924执875号。

④ （2019）川0182执1863号；（2019）黑1224执696号；（2019）苏0924执875号；（2019）苏0682执5277号。

⑤ （2020）鲁1402执296-4号；（2020）豫1722执165号之二；（2019）豫0326执636号之五；（2019）川1181执952号；（2019）川1523执865号；（2019）苏0723执2991号。

⑥ （2019）川1181执952号；（2019）川1523执865号；（2019）辽0214执3734号；（2019）豫0326执636号之五。

财产而无法强制执行子女抚养费，被迫终结执行程序。[①]

（3）子女抚养费的变更。

①子女抚养费变更的情形。我国《民法典》规定，已达成的子女抚养费的协议或者作出的判决，不妨碍子女在必要时向父母任何一方提出超出协议或者判决原定数额的合理要求。我国2020年《民法典婚姻家庭编解释（一）》第58条规定，子女要求增加抚养费的情形包括以下三种：第一，原定抚养费数额不足以维持当地实际生活水平；第二，因子女患病、上学，实际需要已超过原定数额；第三，有其他正当理由应当增加。

②司法实践中具体的变更原因有以下三种。

第一，当事人要求增加抚养费的原因主要有：子女上学、升学，生活费教育费增加；[②] 物价上涨，生活水平提高；[③] 患病、就医；[④] 子女年龄增长导致各项费用增加；[⑤] 由此导致原确定的抚养费不能满足原告的基本生活和教育需求。

第二，法院不支持增加抚养费的原因主要有：未提供证据证明原告产生了高额生活、医疗和教育费用；[⑥] 未达到原定抚养费数

---

① （2019）黑1224执696号；（2019）吉0821执1099号；（2019）吉0721执436号；（2019）苏0831执945号之一；（2019）吉0821执754号；（2019）黑1282执1302号；（2019）苏0682执5277号；（2019）湘1126执2476号；（2019）苏0706执4395号；（2019）湘1225执350号之三；（2019）豫1221执1147号；（2019）川0182执1863号；（2019）吉0284执1282号；（2019）苏0723执2991号；（2019）云0302执4191号；（2019）宁0521执2045号。

② （2017）赣0321民初126号；（2017）辽0211民初6739号；（2016）鲁0283民初6710号；（2016）皖0207民初1681号。

③ （2017）赣0321民初126号；（2017）赣1121民初1870号；（2017）陕0125民初2859号；（2017）豫1325民初字第1071号；（2016）云0423民初40号；（2016）川0781民初3244号；（2016）鲁1102民初4210号（2016）鄂0303民初113号。

④ （2016）渝0101民初6380号；（2016）辽0602民初635号；（2015）图民初字第454号。

⑤ （2017）赣1121民初1870号；（2016）辽02民终4388号。

⑥ （2019）甘0105民初1690号。

额不足以维持当地实际生活水平的程度;[①] 原被告双方的实际情况、原告的实际需求和被告的负担能力;[②] 未举证证明日常生活费发生较大变化或被告的负担能力或未举证证明确有增加抚养费的必要或未举证证明有变更抚养费的法定事由;[③] 要求变更抚养费的间隔时间较短（一年以内）[④] 等。

第三，不支持减少抚养费的原因主要有：原告未提供充分的证据证明其无能力支付抚养费;[⑤] 原离婚协议中已对抚养费进行了约定;[⑥] 诉讼双方协议离婚的时间较短或上次抚养费确定的时间较短;[⑦] 没有举证证明患病对劳动能力、收入造成严重影响[⑧]；等等。

3. 父母对未成年子女的探望权

根据我国《民法典》[⑨] 及 2020 年《民法典婚姻家庭编解释（一）》的规定，我国未成年子女探望的内容主要包括：

（1）探望权的主体。离婚后探望权的主体为不直接抚养子女的父亲或者母亲，直接抚养子女一方有协助另一方探望子女的义务。

---

① （2019）豫 0883 民初 1175 号。

② （2019）吉 0721 民初 2468 号；（2017）川 0116 民初 6236 号；（2016）鲁 1002 民初 3443 号。

③ （2019）京 0115 民初 11488 号；（2017）川 0116 民初 6236 号；（2016）鲁 14 民终 2984 号；（2016）辽 1204 民初 596 号；（2016）豫 0502 民初 1337 号；（2016）桂 0721 民初 1433 号。

④ （2015）杭经开民初字第 1131 号；（2016）冀 1126 民初 940 号。

⑤ （2019）京 0115 民初 22482 号。

⑥ （2017）赣 1121 民初 1993 号。

⑦ （2016）新 23 民终 1916 号；（2016）吉 0802 民初 3078 号；（2016）粤 0605 民初 14039 号。

⑧ （2016）浙 1021 民初 2948 号。

⑨ 我国《民法典》第 1086 条规定："离婚后，不直接抚养子女的父或者母，有探望子女的权利，另一方有协助的义务。行使探望权利的方式、时间由当事人协议；协议不成的，由人民法院判决。父或者母探望子女，不利于子女身心健康的，由人民法院依法中止探望；中止的事由消失后，应当恢复探望。"

（2）探望权的行使。我国《民法典》第1086条规定："行使探望权利的方式、时间由当事人协议；协议不成的，由人民法院判决。"因此，享有探望权的一方，应当按照协议或者人民法院确定的时间、地点、探望方式探望子女。

（3）探望权的中止

①申请主体。申请中止探望权的主体为以下三类：未成年子女；直接抚养子女的父亲或者母亲；其他对未成年子女负担抚养、教育、保护义务的法定监护人。[①]

②中止事由。探望权中止的事由为父母探望子女，不利于子女的身心健康。[②] 这包括探望权人患有严重传染病，不宜探望子女；探望权人不按照协议或者判决确定的探望方式、时间、地点探望，严重影响子女生活、学习；等等。[③]

（4）探望权的恢复。中止探望的情形消失后，人民法院应当根据当事人的请求书面通知其恢复探望。[④]当事人可以就探望权问题单独提起诉讼。[⑤]

（5）探望权的强制执行。对于拒不协助另一方行使探望权的有关个人或者组织，可以由人民法院依法采取拘留、罚款等强制措施。但是，人民法院不能对子女的人身、探望行为进行强制执行。[⑥]

---

① 我国2020年《民法典婚姻家庭编解释（一）》第67条。

② 我国《民法典》第1086条第3款。

③ 陈苇：《婚姻家庭继承法学》（第三版），群众出版社2017年版，第245页。

④ 我国《民法典》第1086条第3款；我国2020年《民法典婚姻家庭编解释（一）》第66条。

⑤ 我国2020年《民法典婚姻家庭编解释（一）》第65条。

⑥ 我国2020年《民法典婚姻家庭编解释（一）》第68条。

二、我国离婚的法律效力之优点与不足

（一）我国离婚的法律效力之优点

1. 尊重当事人的意思自治，保障离婚自由

我国离婚制度鼓励双方当事人先就子女抚养、财产及债务处理自行达成协议，在协议不成的情况下，再向人民法院提起诉讼。①在国家公权力还没有介入之前，这些事项的处理由当事人之间自由协商和安排，这有利于充分尊重当事人的意思自治，保障离婚自由。

有学者认为，法律应当给予离婚夫妻达成协议的权利，这会带来很多优点：②

（1）夫妻自行解决离婚造成的后果而非诉诸法院，可以节省大量资金。

（2）可以避免正式对抗制诉讼程序带来的痛苦。

（3）当事人通过协商达成协议可以使他们避免诉讼的风险和不确定性，因为诉讼可能会带来全无或全有的结果。

（4）由于有争议的司法程序往往存在严重拖延，当事人协商解决可以节约时间。

（5）双方同意的解决方案比法院判决的结果更有可能与每个配偶的想法保持一致，并且随着时间的推移更容易被接受。

2. 重视保护未成年子女、女方和无过错方的权益

（1）对未成年子女权益的保护。

①在判决分割离婚财产方面，我国《民法典》第 1087 条规定了照顾子女权益的原则。

②在子女抚养方面，我国《民法典》第 1084 条增补了离婚时

---

① 我国《民法典》第 1076 条；第 1078 条；第 1084 条。

② Mnookin R. H. and Kornhauser L.,"Robert H. Mnookin and Lewis Kornhauser," *The Yale Law Journal*, vol. 88, no. 5, April 1979, pp. 956-957.

处理子女抚养问题的规则，如最有利于未成年子女的原则，应当尊重其真实意愿等，这有利于对未成年子女权益的保护。

（2）对女方权益的保护。

①在离婚财产分割方面，我国《民法典》第 1087 条规定了照顾女方权益原则。

②在离婚救济制度方面，离婚救济制度的目的是保障离婚自由并实现保护弱者利益的社会正义。[①] 我国有学者对北京、上海、哈尔滨的调查发现，请求离婚救济的主体多为女性，这主要表现在家务劳动者以女性为主；请求经济帮助者以女性为主；请求离婚损害赔偿者以女性为主。[②] 此外，由于我国《民法典》扩大了离婚经济补偿制度和离婚损害赔偿制度的适用范围，这更有利于对女方权益的保护。

（3）对无过错方权益的保护。

①在夫妻离婚财产分割方面，我国《民法典》第 1087 条在 2001 年修正的《婚姻法》的基础上，新增了照顾无过错方权益的原则。这不仅体现了法律的公平与正义，而且可以缓解当事人双方因价值观冲突产生的敌对与仇视。[③]

②在离婚救济制度方面，对于一方有重婚、与他人同居、实施家庭暴力、虐待、遗弃家庭成员或者有其他重大过错的，无过错方有权请求损害赔偿。我国《民法典》新增了离婚诉讼赔偿制度法定事由的兜底条款，即“有其他重大过错”。2001 年修正的《婚姻法》第 46 条规定的离婚损害赔偿的法定事由采取封闭式列举模式，忽略了一方有其他重大过错行为导致离婚，无过错方请求损害赔偿的情形。我国《民法典》扩大了该制度的适用范围，

---

① 夏吟兰：《离婚衡平机制研究》，载《中华女子学院学报》2004 年第 5 期，第 34 页。

② 王歌雅：《离婚救济的实践隐忧与功能建构》，载《法学杂志》2014 年第 10 期，第 74 页。

③ 孙若军：《离婚救济制度立法研究》，载《法学家》2018 年第 6 期，第 169 页。

更有利于对无过错方的保护。

综上所述，上述规定对法官作出有利于未成年子女、女方和无过错方权益的判决具有指导意义，也体现了我国重视保护未成年子女、女方和无过错方的权益。

（二）我国离婚的法律效力之不足

1. 离婚对当事人的法律效力之不足

（1）养老金分割之不足。我国2020年《民法典婚姻家庭编解释（一）》规定，男女双方实际取得或者应当取得的基本养老金属于夫妻共同财产，但是，若夫妻离婚时一方未退休、不符合领取养老金条件的，另一方只能就养老金账户中婚姻关系存续期间实际缴纳的部分及利息主张分割。在我国司法实践中，若离婚时一方未到退休年龄，则对夫妻关系存续期间该方以夫妻共同财产实际缴纳的保险费进行对半分割。[①] 有的法院虽然承认养老金可以进行分割，但是由于判决时养老金具体金额未明确，因此，没有对养老金进行处理。[②] 有的法院认为双方当事人均有养老金，且双方保险金账户中数额相差不大，判决保险金归各自所有。[③]

因此，从上述规定来看，我国养老金分割之不足主要有：第一，我国实际上将离婚时未实际取得的养老金期待利益排除在夫妻共同财产范围之外，即我国不承认养老金期待利益的可分割性。第二，我国缺乏对养老金分割方法的规定。

我国法定的财产制为婚后所得共同制，工资属于夫妻共同财产，夫妻一方以夫妻共同财产积累的养老金及其期待利益和夫妻

---

① （2019）辽0802民初419号；（2016）沪0101民初20019号；（2016）辽0302民初6374号。

② （2018）沪0115民初84792号。

③ （2019）辽0211民初2545号；（2016）皖0111民初4468号。

一方工作单位为该个人补充缴纳的部分也应当属于夫妻共同财产。[①] 因此，在离婚时当事人可以主张分割养老金及其期待利益。

(2) 离婚财产处理中妇女权益保护不足。在离婚财产的处理中，我国存在妇女权益保护不足的问题。根据我国《民法典》第1087条的规定，人民法院判决财产处理的原则为：照顾子女、女方和无过错方权益的原则。我国《民法典》新增了照顾无过错方的原则。体现了财产分割时对无过错方的照顾。但是，在离婚财产的处理中，存在妇女权益保护不足的问题。根据对部分法院审理离婚案件实证调查的统计数据表明，在被调查法院的离婚判决中，一是夫妻共同财产分割中较少适用照顾女方权益原则；二是离婚时女方放弃嫁妆或个人财产的数量多（占六成半以上）。[②] 这不利于平等保护离婚夫妻双方的合法权益，也不利于维护当事人的离婚自由。而前述澳大利亚离婚制度中，离婚时法院对夫妻就婚姻关系存续期间夫妻各方所得财产具有调整权利，明确了具体的考虑因素，并且要求法院作出的命令符合公平和公正原则。公平地分配夫妻在婚姻关系存续期间所得的财产，这有利于对离婚夫妻双方合法权益的保护。

此外，有研究表明，妇女无论有没有抚养子女，在离婚后收入都会减少，但是，就百分比而言，有抚养子女的妇女比没有抚养子女的妇女收入下降幅度更大。没有与需要抚养的子女一起生活的妇女的家庭平均收入恢复得相对较快，分居六年后，与未分居的妇女相比，收入差距与分居前的差距相似。相反，对于抚养

---

① 陈苇、黎乃忠：《现代婚姻家庭法的立法价值取向——以〈婚姻法解释（三）〉有关夫妻财产关系的规定为对象》，载《吉林大学社会科学学报》2013年第1期，第83-84页。

② 陈苇、张鑫：《诉讼离婚财产清算中妇女财产权益法律保护实证研究——以我国重庆市某基层人民法院2011—2013年审结的离婚案件为对象》，载《河北法学》2016年第8期，第37-40页。

子女的妇女，收入的恢复较慢。[①]

可见，法院判决处理财产时不能忽视照顾女方权益的原则，尤其是对直接抚养子女的女方。

2. 离婚对未成年子女的法律效力之不足

（1）未成年子女的抚养之不足。我国对处理由谁直接抚养子女，存在某些不足：

①存在“父母本位”思想。在确定子女随何方生活的考虑因素中，有的以“父母利益为本位”，如我国2020年《民法典婚姻家庭编解释（一）》第46条规定，对两周岁以上的未成年子女，父母双方均要求随其生活，一方已做绝育手术或因其他原因丧失生育能力的，或者一方无其他子女，而另一方有其他子女的，可予优先考虑。这说明在处理子女由谁直接抚养的问题上存在“父母本位”思想。

②存在未考虑子女最大利益的情况。在司法实践中，离婚时法院判决处理子女抚养时，有的不以“子女最大利益”为首要考虑因素，如对有两个子女的，往往由父母双方各抚养一个子女，征求子女本人意愿的较少。[②]

（2）未成年子女的抚养费之不足。父母离婚的，父子或母子之间的血亲关系依然存在，[③] 父母仍然负有抚养子女的义务。但是，离婚后未直接抚养子女的一方，有的并未尽到抚养子女的责任。在我国，子女抚养费制度还存在某些不足。

①子女抚养费的计算。一是法官对抚养费的范围存在分歧。

① De Vaus D., Gray M., Qu L. and Stanton D., “The Economic Consequences of Divorce in Australia,” *International Journal of Law, Policy, and the Family*, vol. 28, no. 1, April 2014, p. 34.

② 陈苇、张庆林：《离婚诉讼中儿童抚养问题之司法实践及其改进建议——以某县法院2011—2013年审结离婚案件为调查对象》，载《河北法学》2015年第1期，第29-30页。

③ 参见史尚宽：《亲属法论》，中国政法大学出版社2000年版，第505页。

二是法官对计算抚养费的收入是税前收入还是税后收入认识不一致。三是查明父母的实际收入困难。

②子女抚养费的收取与执行。子女抚养费的收取和执行效果并不理想。许多案件由于支付抚养费的一方无可供执行的财产而无法执行。[①]

③子女抚养费的变更。仅规定了子女申请增加抚养费的情形，忽略了支付抚养费的父母也有申请减少抚养费的需求。在司法实践中，某些父母因自身情况需要变更子女抚养费而向法院起诉。[②]

（3）父母对未成年子女的探望权之不足。我国《民法典》仅将探望权赋予未直接抚养子女的父母一方，对探望权的主体范围规定过窄。这不仅忽略了未成年子女的祖父母、外祖父母、兄弟姐妹有探望未成年子女的需求，也忽略了未成年子女要求与祖父母、外祖父母、兄弟姐妹交往的权利，不利于未成年子女与家人之间亲情关系的维持和增进。

三、中澳离婚的法律效力之比较

结合前文对中国和澳大利亚离婚的法律效力的考察和研究，笔者将从中澳离婚的法律效力的相同点与不同点两个方面对中澳离婚制度进行比较。

（一）中澳离婚的法律效力之相同点

1. 两国离婚均会导致夫妻关系终止及与身份有关权利义务的消灭

在对当事人身份上的效力方面，两国离婚均会导致夫妻身份

---

① 例如，（2017）川 0182 执 91 号；（2017）津 0114 执终 1095 号；（2017）辽 0213 执 1894 号；（2017）鄂 0102 执 2379 号；（2016）鄂 1281 执 435 号；（2019）川 0182 执 1863 号；（2019）黑 1224 执 696 号；（2017）渝 0116 执 2004 号；（2019）苏 0831 执 945 号之一。

② （2020）沪 0109 民初 5191 号；（2020）粤 2071 民初 6723 号；（2018）川 1525 民初 597 号；（2020）吉 0802 民初 980 号。

关系的终止，同居义务和夫妻间继承权的丧失，当事人享有再婚权。

2. 两国都尊重当事人意思自治

（1）中国。在我国，登记离婚要求当事人签订离婚协议，对子女抚养、财产和债务问题的处理达成一致；诉讼离婚的，子女的抚养、抚养费和探望权等也由当事人协商，协商不成再申请人民法院判决。

（2）澳大利亚。在澳大利亚，当事人之间可以达成非正式协议、同意令、有约束力的财产协议、子女抚养计划，即在向法院提出申请前，先自行解决上述纠纷。

可见，两国都尊重当事人对子女抚养和财产处理的意思自治，鼓励当事人通过协议解决纠纷。

3. 两国都追求公平分配夫妻的财产权益

（1）中国。我国离婚救济制度是离婚制度的重要组成部分，体现了法律追求公平正义的价值理念。例如，法律确立离婚经济补偿制度，是基于公平原则对婚姻关系存续期间夫妻家事付出不均等予以平衡与救济。[①]

（2）澳大利亚。在澳大利亚，法院在对夫妻的财产权益进行调整时，要考虑当事人的贡献，这包括对家庭福利的贡献、对夫妻一方或双方财产的获得、保管或增加所做的经济或非经济贡献，并且法院最终签发的调整财产的命令必须符合公平和公正原则。

4. 两国都注重对未成年子女权益的保护

（1）中国。我国《民法典》第1084条增加了法院在判决处理未成年子女抚养问题时，应当遵守最有利于未成年子女的原则和尊重已满八周岁的未成年子女的真实意愿。

（2）澳大利亚。在澳大利亚，法院在签发子女抚养令时，应

---

① 薛宁兰：《民法典离婚救济制度的功能定位与理解适用》，载《妇女研究论丛》2020年第4期，第92页。

以儿童的最大利益为首要考虑因素。为保障父母离婚或分居后未成年子女得到抚养，澳大利亚制定了专门的子女抚养费的登记、评估与收取的相关法律，并形成了行政模式的子女抚养费制度。

（二）中澳离婚的法律效力之不同点

1. 养老金期待利益可否分割不同

（1）中国。我国承认实际取得或者应当取得的基本养老金以及婚姻关系存续期间养老金账户中用夫妻共同财产实际缴纳的部分及利息可以进行分割，但是，离婚时一方未退休、不符合领取养老金条件的，法院不支持养老金的分割。①

（2）澳大利亚。在澳大利亚，夫妻的养老金利益（包括期待利益）被视为一种夫妻离婚时可以分割的财产利益，对于涉及婚姻关系存续期间所积累的养老金利益，法院可以签发“分割令”和“标记令”，对养老金进行分割。

2. 儿童最大利益原则的适用范围不同

（1）中国。我国在由谁直接抚养未成年子女方面，法院应遵守最有利于未成年子女原则，但在子女的抚养费、探望权等方面，没有要求遵守最有利于未成年子女原则。

（2）澳大利亚。在澳大利亚，法院签发子女抚养令，包括子女抚养、抚养费和交往等，都应该以儿童最大利益为首要考虑因素，并且对法院如何确定子女的最大利益，规定了相关的考虑因素。②

3. 未成年子女抚养要求不同

（1）中国。父母离婚后，子女一般由父母一方直接抚养，不直接抚养子女的一方享有探望子女的权利。③

（2）澳大利亚。在澳大利亚，法律规定离婚或分居的父母对

---

① 我国 2020 年《民法典婚姻家庭编解释（一）》第 25 条，第 80 条。

② Family Law Act 1975 (Cth), s 60CC(2)(3).

③ 我国《民法典》第 1084 条；第 1086 条。

未成年子女承担共同父母责任，以确保父母双方都能够参与子女的生活。这是2006年澳大利亚联邦《家庭法修正案（共同父母责任）法》的要求。2006年7月至2008年7月进行的子女抚养费计划改革中，将父母对子女的照顾纳入子女抚养费的计算之中，鼓励没有与子女共同居住的父母一方多参与子女的生活，以促进子女的健康成长。

四、澳大利亚离婚制度对我国离婚法律效力之启示

（一）对我国离婚对当事人的法律效力之启示

针对我国离婚对当事人的法律效力之不足，在吸取前人研究成果，结合我国实际，借鉴澳大利亚有益的立法经验的基础上，笔者提出补充完善立法的如下参考建议：

1. 对养老金分割之启示

在澳大利亚，离婚时一方可以就另一方的养老金及其期待利益进行分割，当事人既可以协议分割，也可以申请由法院判决分割。法院可以对养老金作出分割令或者标记令，从而对养老金进行分割。

针对我国养老金分割之不足，笔者提出如下建议：

（1）建议在立法中明确养老金及其期待利益在离婚时可以进行分割。具体可规定为：婚姻关系存续期间，一方以夫妻共同财产缴纳的养老金、工作单位为职工补缴的养老金及其相应的期待利益，属于夫妻共同财产。离婚时，双方当事人可以对婚姻关系存续期间一方或双方所得的养老金利益（包括期待利益）协议处理；协议不成的，由人民法院根据养老金的具体情况，按照照顾子女、女方和无过错方权益的原则判决。

（2）建议明确养老金的分割方法。

①已经实际取得的养老金。

由于该养老保险金数额明确，可以按一般离婚案件中夫妻共同财产的分割方法和分割原则进行分割。

②应当取得的养老金。

第一，若应当取得的养老金数额明确，如符合领取养老金条件，但由于发放养老金的时间未至，或者已按相关政策一次性结算养老金，且结算手续已经办妥，由于相关部门支付的养老金尚未到账等情况，可以参照实际取得养老金的分割方法和分割原则进行分割。

第二，若应当取得的养老金数额不确定或无法预测，如离婚时夫妻一方尚未退休、不符合领取基本养老金条件的，可以采取如下两种方法进行分割：

A. 标记令。另一方可以申请法院作出标记令。标记令作出后，由法院或当事人送交该标记令给养老金管理机构。养老金管理机构在该养老金个人账户上记录其存在标记令的信息。当该养老金到期可以实际领取时，当事人向法院提出申请，由法院裁定撤销该标记令并作出实际分割养老金的判决。

B. 现金或实物等价补偿。对于一方有支付能力并且另一方同意的，可以将养老金账户中婚姻关系存续期间一方和单位实际缴纳部分及利息以及相应的期待利益进行分割。以不破坏个人养老金账户专属性为原则，以婚姻关系存续期间养老金账户金额为依据、以现金或实物进行等价补偿。

2. 对离婚财产处理中妇女权益保护不足之启示

在澳大利亚，法官行使调整夫妻财产权益的自由裁量权时，其自由裁量权会得到有效的控制，[①] 即法官必须根据法律规定的贡献等考虑因素签发命令，并且签发的命令应当符合公平和公正原则。

笔者认为，可以结合我国实际，借鉴澳大利亚有益的立法经验，增设离婚时夫妻共同财产分割之照顾女方权益原则的具体考量因素，以满足“合理生活需要”为基础，以公平补偿家务劳动

---

① 白红平：《中澳婚姻家庭法律制度比较研究》，法律出版社 2012 年版，第 100 页。

价值为指导，明确规定适用照顾女方原则的考量因素，包括：

(1) 婚姻存续期间的长短，对结婚十年以上的，应当照顾多分财产；

(2) 双方的身体健康状况，离婚时年老体弱、健康状况较差的妇女，应适当多分财产；

(3) 考虑双方对财产积累的贡献，承担主要家务劳动，抚养子女、照料老人，协助丈夫工作较多的妇女，如果没有给予离婚经济补偿，应适当多分财产；

(4) 离婚时直接抚养双方共同的未成年子女或病残子女而影响其就业和经济收入的妇女，应适当多分财产；

(5) 其他需要照顾的情形。①

(二) 对我国离婚对未成年子女的法律效力之启示

针对我国离婚对未成年子女的法律效力之不足，在吸取前人研究成果，结合我国实际，借鉴澳大利亚有益的立法经验的基础上，笔者提出补充完善立法的如下参考建议：

1. 摒弃父母本位思想，鼓励共同抚养子女

澳大利亚在处理子女抚养问题时，以子女的最大利益为首要考虑，鼓励离婚父母合作抚养子女，共同承担父母责任。我国有学者认为，在诉讼离婚中，男女双方对子女抚养权的归属一般不太容易达成共识，尤其是独生子女抚养权的归属。② 法院在处理子女抚养权的问题上，仍存在父母本位思想。③

笔者认为，关于子女由何方直接抚养的问题，应当遵循儿童最大利益原则，摒弃父母本位思想。首先，在登记离婚时，婚姻登记机关应当对离婚协议进行实质审查，审查离婚协议中有关未

① 在澳大利亚的财产分割中，法院比较重视夫妻对家庭和财产作出的贡献。*Jabour & Jabour* [2019] FamCAFC 78.

② 李洪祥、武慧星：《诉讼离婚女性权利立法和司法保护研究》，载《人权研究》2020 年第 2 期，第 47 页。

③ 我国 2020 年《民法典婚姻家庭编解释（一）》第 46 条。

成年子女抚养的约定是否违背最有利于未成年子女的原则。若协议中关于未成年子女抚养的约定主要考虑的是父母的利益而忽略未成年子女的利益，应当对协议进行修改。其次，在诉讼离婚中，法官在确定子女的抚养问题时，应落实我国《民法典》规定的尊重已满八周岁的子女的真实意愿以及最有利于未成年子女的原则。此外，在不存在家庭暴力、虐待等不适合合作抚养子女的情况的，可以鼓励父母双方共同参与到子女的生活中，合作抚养子女。

2. 完善子女抚养费制度

澳大利亚子女抚养费的评估、收取和执行以及变更，统一由澳大利亚民政服务部负责，并且配套有专门的法律进行指导。[①] 澳大利亚目前的子女抚养费制度采取行政模式，但不排除法院签发有关子女抚养费的命令。这种模式有利于子女抚养费的评估、收取与执行以及变更。

关于我国的子女抚养费问题，笔者认为，可以借鉴澳大利亚的某些有益经验从子女抚养费的计算、子女抚养费的收取与执行、子女抚养费的变更三个方面进行完善：

（1）子女抚养费的计算。

①建议明确以父母的应税收入计算子女抚养费。

②建议大额的医疗费和教育费不包含在抚养费范围内。原因在于，一般情况下父母一方给付的抚养费数额有限，并不足以支付大额的教育费和医疗费。此外，子女将来是否需要大额医疗费并不确定。[②]

（2）子女抚养费的收取与执行。建议可以设立或者指定相关

① 例如，1988年联邦《子女抚养费（登记与收取）法》、1989年澳大利亚联邦《子女抚养费（评估）法》。

② 在澳大利亚，在*Hogan and Hogan* [2008] FamCA 41案中，丈夫除了每周支付子女抚养费396澳元外，还承担子女的医疗费、学费、书本费以及课外活动的费用。在*In the Marriage of F* [1982] 8 Fam LR 29案中，丈夫除了每周给予两个子女每人35澳元的抚养费外，还负担了子女的医疗费、医疗保险费用。

的组织或者机构代收子女抚养费。原因在于，澳大利亚采取由专门的行政机构对子女抚养费进行评估、收取与执行以及变更，在很大程度上依赖其与澳大利亚税务部门的合作，并且这种合作持续了约30年，已经形成了一种较为默契的合作。但目前我国还不具有这样的基础，因此无法设立一个机构统一对子女抚养费进行评估、收取、执行和变更。但是，设立或者指定组织或者机构代收子女抚养费，暂时仅负责收取工作，能对子女抚养费的收取起到一定的积极作用。

(3) 子女抚养费的变更。建议增加父母变更子女抚养费的情形。我国没有规定父母变更子女抚养费的情形。笔者认为，在司法实践中，父母有申请变更抚养费的需要，可以借鉴澳大利亚的规定以及我国的司法实践，建议父母有疾病、失业、收入大幅度下降、收入能力或者财产等重大变化等正当理由的，可以申请变更子女抚养费。

3. 扩大探望权的主体

在澳大利亚，法院可以签发有关子女交往的命令，申请主体较为广泛，包括父母、子女、祖父母、外祖父母以及与子女的照顾、福利或者发展有关的其他人。这包括他人申请与子女交往以及子女申请与他人交往两个方面的内容。这有利于子女本人与其父母、祖父母、外祖父母及其他相关个人维持感情，也有利于子女的健康成长。

在我国，探望权的主体是离婚时未直接抚养子女的一方，并且仅限于未直接抚养子女的一方探望子女，未考虑子女主动与另一方会面交往的需求，申请主体的范围过窄。

笔者建议，可以借鉴澳大利亚的经验，适当扩大探望权的主体范围，规定父母与子女，祖父母、外祖父母与孙子女、外孙子女，兄弟姐妹之间有相互探望的权利。但探望子女、孙子女、外孙子女、兄弟姐妹，不符合最有利于未成年子女的原则的，由人民法院依法中止探望；中止的事由消失后，应当恢复探望。

参考文献

一、中文类参考文献

(一) 著作及译著类

1. 张贤钰、郝素洁、夏道平等:《婚姻家庭法概论》，浙江人民出版社1986年版。

2. 郑寅达、费佩君:《澳大利亚史》，华东师范大学出版社1991年版。

3. 史尚宽:《亲属法论》，中国政法大学出版社2000年版。

4. 王宇博:《澳大利亚：在移植中再造》，四川人民出版社2000年版。

5. 何勤华主编:《法的移植与法的本土化》，法律出版社2001年版。

6. 杨大文主编:《婚姻家庭法学》，复旦大学出版社2002年版。

7. 常怡主编:《比较民事诉讼法》，中国政法大学出版社2002年版。

8. 何勤华主编:《澳大利亚法律发达史》，法律出版社2004年版。

9. 陈苇主编:《外国婚姻家庭法比较研究》，群众出版社2006年版。

10. 夏吟兰:《离婚自由与限制论》，中国政法大学出版社

2007 年版。

11. 李喜蕊：《英国家庭法历史研究》，知识产权出版社 2009 年版。

12. 张云：《中国当代离婚问题研究》，云南科技出版社 2009 年版。

13. 陈苇：《中国婚姻家庭法立法研究》，群众出版社 2010 年版。

14. 张丽、宋宏飞：《法律移植及本土化研究》，中国人民公安大学出版社 2010 年版。

15. 侯纯、武红羽主编：《法学原理》，中国铁道出版社 2011 年版。

16. 梁慧星：《法学学位论文写作方法》，法律出版社 2012 年版。

17. 夏吟兰主编：《婚姻家庭继承法》，中国政法大学出版社 2012 年版。

18. 韩晶晶：《澳大利亚儿童保护制度研究》，法律出版社 2012 年版。

19. 白红平：《中澳婚姻家庭法律制度比较研究》，法律出版社 2012 年版。

20. 何家弘主编：《外国司法判例制度》，中国法制出版社 2014 年版。

21. 薛波主编：《元照英美法词典》，北京大学出版社 2014 年版。

22. 石雷：《英国现代离婚制度》，群众出版社 2015 年版。

23. 何勤华主编：《外国法制史》（第六版），法律出版社 2016 年版。

24. 卓泽渊：《法的价值论》（第三版），法律出版社 2017 年版。

25. 陈苇主编：《婚姻家庭继承法学》（第三版），群众出版社

2017 年版。

26. 马忆南：《婚姻家庭继承法学》（第四版），北京大学出版社 2019 年版。

27. 许章润、徐平编：《法律：理性与历史——澳大利亚的理念、制度和实践》，中国法制出版社 2000 年版。

28. [美] 诺内特、塞尔兹尼克：《转变中的法律与社会迈向回应型法》，张志铭译，中国政法大学出版社 1994 年版。

29. [澳] 格雷姆·唐纳德·斯诺克斯：《家庭在整体经济中的作用：1788-1990 年澳大利亚长期动态的研究》，尹雪芬等译，中国经济出版社 2001 年版。

30. [澳] 帕瑞克·帕金森：《澳大利亚法律的传统与发展》，陈苇等译，中国政法大学出版社 2011 年版。

31. [澳] 斯图亚特·麦金泰尔：《澳大利亚史》，潘兴明译，东方出版中心 2015 年版。

32. [澳] 帕特里克·帕金森：《永远的父母：家庭法中亲子关系的持续性》，冉启玉主译，法律出版社 2015 年版。

33. [法] 罗伯斯比尔：《革命法制和审判》，赵涵舆译，商务印书馆 2017 年版。

（二）论文类

34. 张传平：《澳大利亚的法律制度》，载《国外法学》1984 年第 4 期。

35. 张思沛：《离婚理由的比较分析》，载《中国法学》1989 年第 1 期。

36. 李忠芳：《论我国法定离婚理由的依据及其领先性》，载《吉林大学社会科学学报》1990 年第 2 期。

37. 李红玲：《婚姻破裂原则与感情破裂原则的比较》，载《比较法研究》1991 年第 11 期。

38. [澳] 夏腊·碧朵芙：《澳大利亚的立法制度》，许章润译，载《行政法学院研究》1995 年第 1 期。

39. 曹诗权：《海峡两岸裁判离婚标准的比较研究》，载《法商研究》1998 年第 1 期。

40. 薛宁兰：《无过错离婚在美国的法律化进程》，载《外国法译评》1998 年第 4 期。

41. 陈明侠、薛宁兰：《关于离婚自由与我国裁判离婚标准的几点思考》，载《妇女研究论丛》1998 年第 4 期。

42. ［澳］彭烙湃·马修、娜丝玛丽·杭特、西拉里·查尔斯沃斯：《法律与历史：黑白之间》，许章润译，载《比较法研究》1998 年第 4 期。

43. 张贤钰：《婚姻破裂原则应成为离婚的法定理由》，载李银河、马忆南主编：《婚姻法修改论争》，光明日报出版社 1999 年版。

44. 夏珍：《“感情破裂”作为判决离婚的理由不容置疑》，载李银河、马忆南主编：《婚姻法修改论争》，光明日报出版社 1999 年版。

45. 顾敏、康王天：《从澳大利亚法律改革看香港普通法的发展方向》，载《法学》2003 年第 1 期。

46. 夏吟兰：《离婚衡平机制研究》，载《中华女子学院学报》2004 年第 5 期。

47. 马忆南：《离婚救济制度的评价与选择》，载《中外法学》2005 年第 2 期。

48. 樊丽君：《中德离婚法定理由比较》，载《法律科学》2005 年第 5 期。

49. 李忠芳：《评析我国婚姻法修正的得与失——寻求婚姻家庭立法发展的新起点》，载《金陵法律评论》2006 年第 1 期。

50. 陈苇、王鹍：《澳大利亚儿童权益保护立法评介及其对我国立法的启示——以家庭法和子女抚养（评估）法为研究对象》，载《甘肃政法学院学报》2007 年第 3 期。

51. 陈苇、胡苷用：《离婚诉讼前处理子女抚养纠纷的一种新机制——澳大利亚“家庭关系中心”评介及其启示》，载《吉林大学社会科学学报》2007 年第 4 期。

52. Taylor A. ：《澳大利亚的女权运动：重要的转变和事件》，徐航译，载《妇女研究论丛》2007 年第 4 期。

53. 夏吟兰：《对离婚率上升的社会成本分析》，载《甘肃社会科学》2008 年第 1 期。

54. 蒋月：《构建婚姻家庭诉讼司法调解制度》，载《甘肃社会科学》2008 年第 1 期。

55. 陈苇、陈思琴：《澳大利亚夫妻离婚时养老金分割立法及其借鉴》，载《法商研究》2008 年第 6 期。

56. 李琼英：《从我国离婚制度的发展看女性地位的变迁》，载《安徽师范大学学报》（人文社会科学版）2008 年第 6 期。

57. 陈苇、来文彬：《论我国家事纠纷人民调解的新机制——以澳大利亚“家庭关系中心”之家事纠纷调解为视角》，载《学术交流》2009 年第 7 期。

58. 蒋月：《论我国现行法定离婚理由立法主义》，载《东方法学》2009 年第 4 期。

59. 蒋月：《改革开放三十年中国离婚法研究回顾与展望》，载《法学家》2009 年第 1 期。

60. 张秋生、罗梦瑶：《从澳大利亚法律看其妇女社会和家庭地位的提高》，载《西华大学学报》（哲学社会科学版）2009 年第 5 期。

61. 余华：《我国离婚法定理由制度之不足及完善》，载《法学杂志》2010 年第 8 期。

62. 陈苇、赵燕：《澳大利亚“子女接触令”实施的改进建议对我国之启示》，载《法治研究》2010 年第 9 期。

63. 汤鸣：《澳大利亚家事调解制度：问题与借鉴》，载《法律适用》2010 年第 10 期。

64. 石雷：《现代英国家事案件审判体制的变迁及其启示》，

载《时代法学》2012 年第 5 期。

65. 陈苇、黎乃忠：《现代婚姻家庭法的立法价值取向——以〈婚姻法解释（三）〉有关夫妻财产关系的规定为对象》，载《吉林大学社会科学学报》2013 年第 1 期。

66. 陈晋、黄筱蓉：《离婚诉讼外调解制度研究——基于浙鄂川三省的实地调研》，载《江西社会科学》2014 年第 1 期。

67. 王歌雅：《离婚救济的实践隐忧与功能建构》，载《法学杂志》2014 年第 10 期。

68. 陈苇、何文骏：《我国离婚救济制度司法实践之实证调查研究——以重庆市某基层人民法院 2010—2012 年被抽样调查的离婚案件为对象》，载《河北法学》2014 年第 7 期。

69. 马忆南、罗玲：《裁判离婚理由立法研究》，载《法学论坛》2014 年第 4 期。

70. 陈苇、张庆林：《离婚诉讼中儿童抚养问题之司法实践及其改进建议——以某县法院 2011—2013 年审结离婚案件为调查对象》，载《河北法学》2015 年第 1 期。

71. 罗玲：《裁判离婚理由影响因素实证研究——以 2010—2011 年河南省的部分离婚纠纷案件判决文书为样本》，载《中华女子学院学报》2016 年第 1 期。

72. 陈苇、石雷、张维仑：《登记离婚制度实施中儿童权益保障情况实证调查研究》，载《西南政法大学学报》2016 年第 1 期。

73. 陈爱武：《家事诉讼与儿童利益保护》，载《北方法学》2016 年第 6 期。

74. 汤鸣：《家事纠纷法院调解实证研究》，载《当代法学》2016 年第 1 期。

75. 陈莉、向前：《英国家事审判制度及其启示》，载《法律适用》2016 年第 11 期。

76. 杨临萍、龙飞：《德国家事审判改革及其对我国的启示》，载《法律适用》2016 年第 4 期。

77. 陈苇、张鑫：《诉讼离婚财产清算中妇女财产权益法律保护实证研究——以我国重庆市某基层人民法院 2011—2013 年审结的离婚案件为对象》，载《河北法学》2016 年第 8 期。

78. 夏吟兰：《民法分则婚姻家庭编立法研究》，载《中国法学》2017 年第 3 期。

79. 王歌雅：《变异与矫正：离婚制度的公正抉择》，载《中华女子学院学报》2017 年第 5 期。

80. 杜涛、肖永平：《全球化时代的中国民法典：属地主义之超越》，载《法制与社会发展》2017 年第 3 期。

81. 马旭霞：《论全球化背景下法律趋同化与差异化》，载《新疆师范大学学报》（哲学社会科学版）2017 年第 6 期。

82. 刘敏：《论新时代中国家事诉讼法学的建立和发展》，载《法治现代化研究》2018 年第 4 期。

83. 杜万华：《弘扬核心价值观 促进家风家庭建设》，载《西南政法大学学报》2018 年第 1 期。

84. 王琦：《聚焦我国家事审判改革的几个面向》，载《政法论丛》2018 年第 1 期。

85. 陈苇、董思远：《家事审判改革视野下祖国大陆家事审判程序立法完善研究》，载《西南政法大学学报》2018 年第 1 期。

86. 郭剑平：《我国离婚冷静期制度构建的法理学思考》，载《社会科学家》2018 年第 7 期。

87. 孙若军：《离婚救济制度立法研究》，载《法学家》2018 年第 6 期。

88. 薛宁兰：《与立法相伴前行：七十年来的婚姻家庭法学研究》，载《暨南学报》（哲学社会科学版）2019 年第 10 期。

89. 杨立新、蒋晓华：《对民法典婚姻家庭编草案规定离婚冷静期的立法评估》，载《河南社会科学》2019 年第 6 期。

90. 张艳丽：《中国家事审判改革及家事审判立法——兼谈对台湾地区“家事事件法”的借鉴》，载《政法论丛》2019 年第

5 期。

91. 方俊：《家事审判改革的实践困境与改进路径》，载《广西民族大学学报》（哲学社会科学版）2019 年第 5 期。

92. 薛宁兰：《民法典离婚救济制度的功能定位与理解适用》，载《妇女研究论丛》2020 年第 4 期。

93. 樊丽君：《论民法典法定离婚理由的设计及残疾人权益保护》，载《法学杂志》2020 年第 2 期。

94. 马忆南：《离婚冷静期是对轻率离婚的限制和约束》，载《妇女研究论丛》2020 年第 4 期。

95. 李洪祥、武慧星：《诉讼离婚女性权利立法和司法保护研究》，载《人权研究》2020 年第 2 期。

96. 夏吟兰：《〈民法典·婚姻家庭编〉男女平等原则之发展与思考》，载《中华女子学院学报》2020 年第 4 期。

97. 夏吟兰：《民法典离婚家务劳动经济补偿制度完善的人权内涵》，载《人权研究》2020 年第 2 期。

98. 夏沁：《民法典登记离婚冷静期条款的解释论》，载《法学家》2020 年第 5 期。

99. 姜大伟：《离婚冷静期：由经验到逻辑——〈民法典〉第 1077 条评析》，载《华侨大学学报》（哲学社会科学版）2020 年第 4 期。

100. 陈苇、贺海燕：《论中国民法典婚姻家庭编的立法理念与制度新规》，载《河北法学》2021 年第 1 期。

（三）中外法典法律法规及司法解释类

101.《中华人民共和国民法典》。

102.《中华人民共和国婚姻法》（2001 年修正）。

103.《中华人民共和国民事诉讼法》（2017 年修正）。

104.《最高人民法院关于适用〈中华人民共和国民法典〉婚姻家庭编的解释（一）》。

105. 2004 年《婚姻登记条例》。

106. 2015年《民政部关于印发〈婚姻登记工作规范〉的通知》(2015年修订)。

107. 2020年《民政部关于贯彻落实〈中华人民共和国民法典〉中有关婚姻登记规定的通知》。

108. 陈苇等译:《澳大利亚家庭法(2008年修正)》,群众出版社2009年版。

109. 金玉珍译:《韩国民法典 朝鲜民法》,北京大学出版社2009年版。

110. 罗结珍译:《法国民法典》,北京大学出版社2010年版。

111. 陈卫佐译注:《德国民法典》(第四版),法律出版社2015年版。

112. 于海涌、赵希璇译:《瑞士民法典》,法律出版社2016年版。

113. 刘士国、牟宪魁、杨瑞贺译:《日本民法典》,中国法制出版社2018年版。

(四)中国法院案例类

114. (2014)朝民二终字第00764号

115. (2015)张民终字第122号

116. (2015)图民初字第454号

117. (2015)杭经开民初字第1131号

118. (2016)辽02民终4388号

119. (2016)鲁1002民初3443号

120. (2016)鲁14民终2984号

121. (2016)辽1204民初596号

122. (2016)豫0502民初1337号

123. (2016)桂0721民初1433号

124. (2016)冀1126民初940号

125. (2016)新23民终1916号

126. (2016)吉0802民初3078号

127.（2016）粤 0605 民初 14039 号
128.（2016）浙 1021 民初 2948 号
129.（2016）鄂 1281 执 435 号
130.（2016）鲁 0283 民初 6710 号
131.（2016）皖 0207 民初 1681 号
132.（2016）云 0423 民初 40 号
133.（2016）川 0781 民初 3244 号
134.（2016）鲁 1102 民初 4210 号
135.（2016）鄂 0303 民初 113 号
136.（2016）渝 0101 民初 6380 号
137.（2016）辽 0602 民初 635 号
138.（2016）沪 0101 民初 20019 号
139.（2016）辽 0302 民初 6374 号
140.（2016）皖 0111 民初 4468 号
141.（2017）渝 0116 执 2004 号
142.（2017）赣 1121 民初 1993 号
143.（2017）川 0182 执 91 号
144.（2017）津 0114 执终 1095 号
145.（2017）辽 0213 执 1894 号
146.（2017）鄂 0102 执 2379 号
147.（2017）内 0102 民初 695 号
148.（2017）川 0116 民初 6236 号
149.（2017）辽 0211 民初 6739 号
150.（2017）赣 0321 民初 126 号
151.（2017）陕 0125 民初 2859 号
152.（2017）豫 1325 民初字第 1071 号
153.（2017）赣 1121 民初 1870 号
154.（2018）川 1525 民初 597 号
155.（2018）沪 0115 民初 84792 号

156.（2019）吉0721民初2468号
157.（2019）辽1303执736号
158.（2019）黑1224执696号
159.（2019）湘1126执2476号
160.（2019）辽0504执1961号
161.（2019）吉0112执1113号
162.（2019）川0182执1863号
163.（2019）苏0682执5277号
164.（2019）豫0326执636号之五
165.（2019）川1181执952号
166.（2019）川1523执865号
167.（2019）苏0723执2991号
168.（2019）辽0214执3734号
169.（2019）甘0105民初1690号
170.（2019）豫0883民初1175号
171.（2019）京0115民初11488号
172.（2019）京0115民初22482号
173.（2019）吉01民终5449号
174.（2019）豫0324民初2163号
175.（2019）晋0932民初119号
176.（2019）粤0803民初2328号
177.（2019）苏0611民初3344号
178.（2019）豫0223民初4709号
179.（2019）苏0831执945号之一
180.（2019）京0108民初1038号
181.（2019）赣02民终434号
182.（2019）吉0821执1099号
183.（2019）吉0721执436号
184.（2019）吉0821执754号

185.（2019）黑1282执1302号

186.（2019）苏0706执4395号

187.（2019）湘1225执350号之三

188.（2019）豫1221执1147号

189.（2019）吉0284执1282号

190.（2019）云0302执4191号

191.（2019）宁0521执2045号

192.（2019）辽0802民初419号

193.（2019）辽0211民初2545号

194.（2020）沪0109民初5191号

195.（2020）粤2071民初6723号

196.（2020）吉0802民初980号

197.（2020）津0112执169号

198.（2020）鲁1402执296-4号

199.（2020）豫1722执165号之二

（五）其他类

200. 习近平总书记在会见第一届全国文明家庭代表时的讲话（2016年12月12日），引自新华网 http://www.xinhuanet.com//politics/2016-12/15/c_1120127183.htm，最后访问日期：2020年12月25日。

201. 马克思：《论离婚法草案》，引自 https://www.marxists.org/chinese/marx-engels/01/027.htm，最后访问日期：2020年5月12日。

202. 云南省高院：《澳大利亚政治体制和家庭法院》，2015年5月3日，引自 http://xyzy.chinacourt.gov.cn/article/detail/2015/05/id/1606903.shtml. 最后访问日期：2020年10月4日。

203. 澳洲生活网，《澳洲婚姻法解析（一）》，引自 https://www.auliving.com.au/201803/76008.html，最后访问日期：2020年9月27日。

204. 民政部：《2003 年民政事业发展统计公报》，引自 http://www. mca. gov. cn/article/sj/tjgb/200801/200801150093819. shtml，最后访问日期：2020 年 11 月 2 日。

205. 民政部：《2019 年民政事业发展统计公报》，引自 http://images3. mca. gov. cn/www2017/file/202009/1601261242921. pdf，最后访问日期：2020 年 11 月 2 日。

206. 国家统计局：《历年离婚办理情况》，http://www. stats. gov. cn/ztjc/ztsj/hstjnj/sh2009/201209/t20120904_72954. html，最后访问日期：2020 年 11 月 2 日。

207. 民政部：《统计公报》，引自 http://www. mca. gov. cn/article/sj/tjgb/，最后访问日期：2020 年 11 月 2 日。

208. 石先钰：《〈民法典〉彰显社会主义核心价值观》，引自 http://opinion. people. com. cn/n1/2020/0806/c1003-31813220. html，最后访问日期：2020 年 12 月 11 日。

209. 徐州市中级人民法院：《〈江苏法制报〉4 月 7 日-“贾汪模式”可复制的家事审判实践样本——对话徐州贾汪法院院长李徐州》，引自 http://xzzy. chinacourt. gov. cn/article/detail/2017/04/id/2740120. shtml，最后访问日期：2020 年 12 月 10 日。

210. 孟斌：《抚养费外应否另行负担子女的教育医疗费用》，载《人民法院报》2014 年 8 月 28 日，第 007 版。

二、外文类参考文献

（一）著作类

211. Howard G. E., *A History of Matrimonial Institutions* (vol 2), Chicago: The University of Chicago Press, 1904.

212. Blackstone S. W. and Lewis W. D., *Commentaries on the Laws of England: In Four Books* (Book I), Philadelphia: Rees Welsh & Company, 1915.

213. Friedmann, Wolfgang, *Law in A Changing Society* (Second

Edition), London: Stevens & Sons Ltd, 1972.

214. McDonald P. F., *Marriage in Australia: Age at First Marriage and Proportions Marrying*, 1860–1971, Canberra: The Australian National University, 1974.

215. Castles A. C., *An Australian Legal History*, Sydney: The Law Company Limited, 1982.

216. Golder H., *Divorce in 19th Century New South Wales*, Sydney: New South Wales University Press, 1985.

217. Bullough V. L., Shelton B. and Slavin S., *The Subordinated Sex: A History of Attitudes toward Women* (Revised Edition), London: University of Georgia Press, 1988.

218. Stone L., *Road to Divorce: England* 1530–1987, Oxford: Oxford University Press, 1990.

219. Riessman, C. K., *Divorce Talk: Women and Men Make Sense of Personal Relationships*, New Brunswick and London: Rutgers University Press, 1990.

220. Sawer M. and Simms M., *A Woman's Place: Women and Politics in Australia*, Sydney: Allen & Unwin, 1993.

221. Borrie W. D., The European Peopling of Australia: A Demographic History 1788–1988, Canberra: Demography Program, Research School of Social Sciences, The Australian National University, 1994.

222. Finlay H. A., Bailey–Harris R. and Otlowski M. F. A., *Family Law in Australia* (Fifth Edition), Sydney: Butterworths, 1997.

223. Astor H. and Chinkin C., *Dispute Resolution in Australia*, Sydney: LexisNexis Butterworths, 2002.

224. Cretney S. M., *Family Law in the Twentieth Century: A History*, New York: Oxford University Press, 2003.

225. Outshoorn J., *The Politics of Prostitution: Women's Movements, Democratic States and the Globalisation of Sex Commerce*, Cambridge:

Cambridge University Press, 2004.

226. Atkinson A. ,*The Europeans in Australia*：*A History*（Volume 2：Democracy）, Melbourne：Oxford University Press, 2004.

227. Finlay H. ,*To Have But Not To Hold*：*A History of Attitudes to Marriage and Divorce in Australia* 1858–1975, Sydney：The Federation Press, 2005.

228. Sawer M. ,*Making Women Count*：*A History of the Women's Electoral Lobby*, Sydney：UNSW Press, 2008.

229. Byrnes A. , Charlesworth H. , Mkinnon G. ,*Bills of Rights in Australia*：*History*, *Politics and Law*, Sydney：University of New South Wales Press Ltd, 2009.

230. Hill D. ,*The Gold Rush*：*The Fever That Forever Changed Australia*, Sydney：Random House Australia Pty Ltd, 2011.

231. Parkinson P. ,*Family Law and the Indissolubility of Parenthood*, New York：Cambridge University, 2011.

232. Harland A. , Cooper D. , Rathus Z. , et al. ,*Family Law Principles*, Sydney：Thomson Reuters（Professional）Australia Limited, 2011.

233. Bottomley S. and Bronitt S. ,*Law in Context*（Fourth Edition）, Sydney：Federation Press, 2012.

234. Parkes A. , *Children and International Human Rights Law*：*The Right of the Child to Be Heard*, London：Routledge, 2013.

235. Alexander, Renata, Campbell, Jacqueline, Dee, Genevieve, et al. ,*Australian Master Family Law Guide*（Sixth Edition）, Sydney：CCH Australia Limited, 2013.

236. Atkinson A. ,*The Europeans in Australia*（Volume 3：Nation）, Sydney：University of New South Wales Press Ltd, 2014.

237. Dickey A. ,*Family Law*（Sixth Edition）, Sydney：Thomson Reuters（Professional）Australia Limited, 2014.

238. King M. , Freiberg, A. , Batagol B. , et al. ,*Non-adversarial Justice* (Second Edition), Sydney: The Federation Press, 2014.

239. Fehlberg B. , Kaspiew R. , Millbank J. , Kelly F. , et al. , *Australian Family Law: The Contemporary Context* (Second Edition), South Melbourne: Oxford University Press, 2015.

240. Murphy J. C. , Singer J. B. ,*Divorced from Reality: Rethinking Family Dispute Resolution*, New York: New York University Press, 2015.

241. Hinchy R. ,*The Australian Legal System: History Institutions and Method*, Sydney: Thomson Reuters (Professional) Australia Limited, 2015.

242. Mills E. and Ebejer M. ,*Family Law* (Sixth Edition), Chatswood: LexisNexis Butterworth, 2015.

243. Harland A. , Cooper D. , Rathus Z. , et al. , *Family Law Principles*, Sydney: Thomson Reuters (Professional) Australia Limited, 2015.

244. Young L. , Sifris A. , Carroll R. and Monahan G. , *Family Law in Australia* (Ninth Edition), Chatswood: LexisNexis Butterworths, 2016.

245. Johansson T. and Andreasson J. , *Fatherhood in Transition: Masculinity, Identity and Everyday Life*, London: Palgrave Macmillan, 2017.

246. Merkel-Holguin L. , Fluke J. D. and Krugman R. D. , eds. ,*National Systems of Child Protection: Understanding the International Variability and Context for Developing Policy and Practice*, Cham: Springer International Publishing AG, 2018.

247. Luetjens J. , Mintrom M. and Hart P. eds. , *Successful Public Policy: Lessons from Australia and New Zealand*, Canberra: ANU Press, 2019.

248. Pascoe Leahy C. and Bueskens P. eds. ,*Australian Mothering: Historical and Sociological Perspectives*, Cham: Palgrave Macmillan, 2019.

249. Parkinson P. ,*Australian Family Law in Context: Commentary and Materials* (Seventh Edition), Sydney: Thomson Reuters (Professional) Australia Limited, 2019.

250. Mortelmans D. , ed. , *Divorce in Europe: New Insights in Trends, Causes and Consequences of Relation Break-ups*, Cham: Springer, 2020.

(二)论文类

251. Burbury S. , "Some Extra-judicial Reflections upon Two Years' Judicial Experience of the Commonwealth Matrimonial Causes Act 1959," *The Australian Law Journal*, vol. 36, May 1962.

252. Morris J. H. C. , "The Australian Matrimonial Causes Act, 1959," *International and Comparative Law Quarterly*, vol. 11, no. 3, 1962.

253. Selby D. M. , "The Development of Divorce Law in Australia," *Modern Law Review*, vol. 29, no. 5, September 1966.

254. Butler C. M. , "A Sole Ground for Divorce: An Examination of Recent Divorce Reform in England in Anticipation of Reform in Australia," *The Australian Law Journal*, vol. 45, Jan 1971.

255. McDonald P. F. , "Age at first Marriage and Proportions Marrying in Australia, 1860-1971", a thesis presented for the degree of Doctor of Philosophy at the Australian National University, August 1974.

256. Pearce J. , "Family Law Act 1975 (Cth)," *Legal Service Bulletin*, vol. 1, no. 9, July 1975.

257. Gardner R. A. , "Social, Legal, and Therapeutic Changes That Should Lessen the Traumatic Effects of Divorce on Children," *Journal of the American Academy of Psychoanalysis*, vol. 6, no. 2, April 1978.

258. Mnookin R. H. and Kornhauser L. , "Robert H. Mnookin

and Lewis Kornhauser," *The Yale Law Journal*, vol. 88, no. 5, April 1979.

259. Brooklyn B., "Something Old, Something New: Divorce and Divorce Law in South Australia, 1859-1918." PhD thesis, University of Adelaide, 1988.

260. Wade J. H.,"Matrimonial Property Reform in Australia: An Overview," *Family Law Quarterly*, vol. 22, no. 1, Spring 1988.

261. Ingleby R., "Matrimonial Breakdown and the Legal Process: The Limitations of No-Fault Divorce," *Law & Policy*, vol. 11, no. 1, 1989.

262. Ellman I. M., "The Theory of Alimony," *California Law Review*, vol. 77, no. 1, January 1989.

263. Rayner M.,"Putting Asunder: the Restructuring of the Australian Family Court," *Children & Society*, vol. 3, no. 1, 1989.

264. Sumner J. C. L., "Property Rights and Institutional Change during Australia's Dold Rush," *Explorations in Economic History*, vol. 29, no. 2, 1992.

265. Stuart A., "Australia's New Child Support Scheme," *Journal of Divorce and Remarriage*, vol. 16, no. 1-2, 1992.

266. Parker S.,"Rights and Utility in Anglo: Australian Family Law," *Modern Law Review*, vol. 55, no. 3, May 1992.

267. Trainor B. T., "The State, Marriage and Divorce," *Journal of Applied Philosophy*, vol. 9, no. 2, October 1992.

268. Ganguly I., "Feminism in Australia and Women from non English Speaking Backgrounds," *Social Alternatives*, vol. 14, no. 1, Jan 1995.

269. Rhoades H., "Australia's Child Support Scheme: Is It Working," *Child and Family Law Quarterly*, vol. 7, no. 1, 1995.

270. Harrison M., "Grounds for divorce in Australia and Eng-

land,"*Family Matters*, no. 42, 1995.

271. Magarey S., "History, Cultural Studies, and Another Look at First: Wave Feminism in Australia," *Australian Historical Studies*, vol. 27, April 1996.

272. Chisholm R., "Assessing the Impact of the Family Law Reform Act 1995,"*Australian Journal of Family Law*, vol. 10, no. 3, December 1996.

273. Bailey – Harris R., "The Family Law Reform Act 1995 (Cth): A New Approach to the Parent/ Child Relationship,"*Adelaide Law Review*, vol. 18, no. 1, 1996.

274. Funder K., "Australian Family Law Reform Act 1995 and Public Attitudes to Parental Responsibility," *International Journal of Law, Policy, and the Family*, vol. 12, no. 1, April 1998.

275. Finlay H., "Lawmaking in the Shadow of the Empire: Divorce in Colonial Australia," *Journal of Family History*, vol. 24, no. 1, January 1999.

276. Nicholson A. and Harrison M., "Family law and the Family Court of Australia: experiences of the first 25 years," *Melbourne University Law Review*, vol. 24, no. 3, 2000.

277. Armstrong S. M., "'We Told You So...' Women's Legal Groups and the Family Law Reform Act 1995,"*Australian Journal of Family Law*, vol. 15, no. 2, 2001.

278. Rhoades H., Harrison M. and Graycar R., "The Family Law Reform Act 1995: the First Three Years," *Australian Family Lawyer*, vol. 15, no. 1, 2001.

279. Fehlberg B., Smyth B., "Binding Pre - Nuptial Agreements in Australia: The First Year,"*International Journal of Law, Policy and the Family*, vol. 16, no. 1, April 2002.

280. Brown T., "Magellan's Discoveries: An Evaluation of a Pro-

gram for Managing Family Court Parenting Disputes Involving Child Abuse Allegations," *Family Court Review*, vol. 40, no. 3, 2002.

281. Fehlberg B., Bruce S., "Binding Pre-Nuptial Agreements in Australia: The First Year," *International Journal of Law, Policy and the Family*, vol. 16, no. 1, April 2002.

282. Angus S., "Splitting Superannuation on Divorce or Separation," *Bulletin* (*Law Society of South Australia*), vol. 25, no. 2, March 2003.

283. Henn T. and Boujos J., "The Penthouse, the Porsche or the Pension Superannuation and Divorce," *Revenue Law Journal*, vol. 13, January 2003.

284. Belinda Fehlberg, "Spousal Maintenance in Australia," *International Journal of Law, Policy and the Family*, vol. 18, no. 1, April 2004.

285. Barnett C. and Wilson J. C., "Children's 'Wishes' in the Australian Family Court: Are they Wishful Thinking?" *Psychiatry, Psychology, and Law*, vol. 11, no. 1, 2004.

286. Hewitt B., Baxter J. and Western M., "Marriage Breakdown in Australia: The Social Correlates of Separation and Divorce," *Journal of Sociology*, vol. 41, no. 2, June 2005.

287. Kearney M., "Family Relationship Centres," *The Journal of the NSW Bar Association*, Summer 2005.

288. Jaya V. S., "Irretrievable Breakdown of Marriage As An Additional Ground for Divorce," *Journal of the Indian Law Institute*, vol. 48, no. 3, July 2006.

289. Caruana C., "'Shared Parental Responsibility' and the Reshaping of Family Law: Amendments to the Family Law Act 1975 Made Law," *Family Matters*, no. 74, 2006.

290. Halford W. K., O'Donnell, C., Lizzio A., et al. "Do

Couples at High Risk of Relationship Problems Attend Premarriage Education?" *Journal of Family Psychology*, vol. 20, no. 1, 2006.

291. Fogarty J., "Thirty Years of Change," *Australian Family Lawyer*, vol. 18, no. 4, 2006.

292. Parkinson P., "The Future of Child Support," *University of Western Australia Law Review*, vol. 33, no. 2, 2007.

293. Mckenzie H. and Cook K., "The Influence of Child Support and Welfare on Single Parent Families," *Just Policy*, no. 45, October 2007.

294. Cooper D. and Brandon M., "How Can Family Lawyers Effectively Represent Their Clients in Mediation and Conciliation Processes?" *Australian Journal of Family Law*, vol. 21, no. 3, November 2007.

295. De Jong M., "Divorce Mediation in Australia — Valuable Lessons for Family Law Reform in South Africa," *The Comparative and International Law Journal of Southern Africa*, vol. 40, no. 2, 2007.

296. Cooper D., "The Family Law Dispute Resolution Spectrum," *Australasian Dispute Resolution Journal*, vol. 18, no. 4, November 2007.

297. Chisholm R., "'Less Adversarial' Proceedings in Children's Cases," *Family Matters*, vol. 77, 2007.

298. Astor H., "Making a 'Genuine Effort' in Family Dispute Resolution: What Does It Mean?" *Australian Journal of Family Law*, vol. 22, no. 2, August 2008.

299. Sheehan G., Chrzanowski A. and Dewar J., "Superannuation and Divorce in Australia: An Evaluation of Post-reform Practice and Settlement Outcomes," *International Journal of Law, Policy and the Family*, vol. 22, no. 2, August 2008.

300. Jolowicz J. A., "Adversarial and Inquisitorial Models of Civil Procedure," *The International and Comparative Law Quarterly*, vol. 52, no. 2, 2008.

301. Fehlberg B. and Maclean M., "Child Support Policy in Australia and the United Kingdom: Changing Priorities but a Similar Tough Deal for Children?" *International Journal of Law, Policy and the Family*, vol. 23, no. 1, 2009.

302. Cooper D. and Brandon M., "Navigating the Complexities of the Family Law Dispute Resolution System in Parenting Cases," *Australian Journal of Family Law*, vol. 23, no. 1, April 2009.

303. Fehlberg B., Millward C. and Campo M., "Post-separation Parenting Arrangements, Child Support and Property Settlement: Exploring the Connections," *Australian Journal of Family Law*, vol. 24, no. 2, 2010.

304. Cooper D., O'Neill L., Bint K., Awyzio D. and Field S., "Dispute Resolution Advocacy in the Context of Conciliation Conferences in Financial Matters," *Australian Journal of Family Law*, vol. 24, no. 1, May 2010.

305. Summerfield T., Young L., Harman J. and Flatau P., "Child Support and Welfare to Work Reforms: The Economic Consequences for Single Parent Families," *Family Matters*, no. 84, 2010.

306. Rhoades H., "The 'Helping Court': Exploring the Therapeutic Justice Origins of the Family Court of Australia," *Family Law Review*, vol. 2, no. 1, 2011.

307. Watson R. S., "History of the Family Law Act and the Family Court of Australia," *Family Law Review*, vol. 2, no. 1, 2011.

308. Ross N., "Independent Children's Lawyers: Relational Approaches to Children's Representation," *Australian Journal of Family Law*, vol. 26, no. 3, 2012.

309. Taylora N., Fitzgeraldb R., Moragc T., et al., "International Models of Child Participation in Family Law Proceedings following Parental Separation / Divorce," *The International Journal of Children's*

Rights, vol. 20, no. 4, 2012.

310. Kim C., "Adversarial and Inquisitorial Procedures with Information Acquisition," *The Journal of Law, Economics, and Organization*, vol. 30, no. 4, 2013.

311. Sue Pidgeon, "From Policy to Implementation: How Family Relationship Centres Became a Reality," *Family Court Review*, vol. 51, no. 2, April 2013.

312. Moloney L., Qu L., Weston R., et al, "Evaluating the Work of Australia's Family Relationship Centres: Evidence from the First 5 Years," *Family Court Review*, vol. 51, no. 2, April 2013.

313. Schepard A. and Emery R. E., "The Australian Family Relationship Centres and the Future of Services for Separating and Divorcing Families," *Family Court Review*, vol. 51, no. 2, April 2013.

314. Shim H., Choi I. and Ocker B. L., "Divorce in South Korea: An Introduction to Demographic Trends, Culture, and Law," *Family Court Review*, vol. 51, no. 4, October 2013.

315. Kim C., "Adversarial and Inquisitorial Procedures with Information Acquisition," *The Journal of Law, Economics, and Organization*, vol. 30, no. 4, 2013.

316. Featherstone L., "'The One Single Primary Cause': Divorce, the Family, and Heterosexual Pleasure in Postwar Australia," *Journal of Australian Studies*, vol. 37, no. 3, September 2013.

317. Cook K. and Natalier K., "The Gendered Framing of Australia's Child Support Reforms," *International Journal of Law, Policy and the Family*, vol. 27, no. 1, 2013.

318. Pidgeon S., "From Policy to Implementation – How Family Relationship Centres Became a Reality," *Family Court Review*, vol. 51, no. 2, April 2013.

319. Brown T. and Campbell A., "Parents, Children and Family

Relationship Centres: What's Working?" *Children Australia*, vol. 38, no. 4, 2013.

320. Parkinson P., "The Idea of Family Centres in Australia," *Family Court Review*, vol. 51, no. 2, April 2014.

321. Rhoades H., "Children, Families and the Law: A View of the Past with an Eye to the Future," in Hayes A. and Higgins D., eds., *Families, Policy and the Law: Selected Essays on Contemporary Issues for Australia*, Melbourne: Australian Institute of Family Studies, 2014.

322. Carson R., Kaspiew R., Moore S., et al., "The Role and Efficacy of Independent Children's Lawyers: Findings from the AIFS Independent Children's Lawyer Study," *Family Matters*, no. 94, 2014.

323. Cooper D., "Inconsistencies in and the Inadequacies of the Family Counselling and FDR Confidentiality and Admissibility Provisions: The Need for Reform," *Family Law Review*, vol. 4, no. 4, 2014.

324. Lauroba E., "The Effects of Divorce on Children," *International Journal of Legal Information*, vol. 42, no. 1, March 2014.

325. Fernando M., "Family Law Proceedings and the Child's Right to be Heard in Australia, the United Kingdom, New Zealand, and Canada," *Family Court Review*, vol. 52, no. 1, 2014.

326. Sifris A. and Parker A., "Family Violence and Family Law: Where to Now?" *Family Law Review*, vol. 4, 2014.

327. De Vaus D., Gray M., Qu L. and Stanton D., "The Economic Consequences of Divorce in Australia," *International Journal of Law, Policy, and the Family*, vol. 28, no. 1, April 2014.

328. Parkinson P., "Forty Years of Family Law: A Retrospective," *Victoria University of Wellington Law Review*, vol. 46, no. 3, 2015.

329. Potter A., Newton K. and McLaughlin H., "'It's Good to Talk': Judicial Allocation Decision Making and the Family Court,"

Journal of Social Welfare and Family Law, vol. 37, no. 2, 2015.

330. Smyth B., Rodgers B., Son V., et al., "The Australian Child Support Reforms: A Critical Evaluation," *The Australian Journal of Social Issues*, vol. 50, no. 3, 2015.

331. Alexander R., "Family Violence in Parenting Cases in Australia under the Family Law Act 1975 (Cth): The Journey So Far – Where Are We Now and Are We There Yet," *International Journal of Law, Policy and the Family*, vol. 29, no. 3, December 2015.

332. Bell F., "Barriers to Empowering Children in Private Family Law Proceedings," *International Journal of Law, Policy, and the Family*, vol. 30, no. 3, 2016.

333. Cook K. and Natalier K., "Gender and Evidence in Family Law Reform: A Case Study of Quantification and Anecdote in Framing and Legitimising the 'Problems' with Child Support in Australia," *Feminist Legal Studies*, vol. 24, no. 2, 2016.

334. Stock J. T., "How Joyce Steele and Jessie Cooper Became South Australia's First Women MPs," *Journal of the Historical Society of South Australia*, no. 44, 2016.

335. Skinner C., Cook K. and Sinclair S., "The Potential of Child Support to Reduce Lone Mother Poverty: Comparing Population Survey Data in Australia and the UK," *Journal of Poverty and Social Justice*, vol. 25, no. 1, 2017.

336. Young L., "The Problem with Child Support Reform in Australia: Departure Applications: A Case in Point," *International Survey of Family Law*, vol. 2017, 2017.

337. Goldblatt B., "Claiming Women's Social and Economic Rights in Australia," *Australian Journal of Human Rights*, vol. 23, no. 2, 2017.

338. De Vaus D., Gray M., Qu L., et al., "The Economic Con-

sequences of Divorce in Six OECD Countries," *The Australian Journal of Social Issues*, vol. 52, no. 2, 2017.

339. Parkinson P., "Tricked into Marriage," *Melbourne University Law Review*, vol. 42, no. 1, 2018.

340. Parkinson P., "Family Property Division and the Principle of Judicial Restraint," *University of New South Wales Law Journal*, vol. 41, no. 2, 2018.

341. McCarthy T. and Sendziuk P., "Deserted Women and the Law in Colonial South Australia," *Journal of Australian Colonial History*, vol. 20, 2018.

342. Parkinson P. and Cashmore J., "Relocation and the Indissolubility of Parenthood," *Journal of Child Custody*, vol. 15, no. 1, 2018.

343. Edwards M., "The Child Support Scheme: What Innovative Collaboration Can Achieve," in Luetjens J., Mintrom M. and Hart P. eds., *Successful Public Policy: Lessons from Australia and New Zealand*, Canberra: ANU Press, 2019.

344. Cook K. and Skinner C., "Technical Fixes as Challenges to State Legitimacy: Australian Separated Fathers' Suggestions for Child Support Policy Reform," *Social Politics*, 2019.

345. Vnuk M., "Keeping Mum: Characteristics and Family Dynamics of Mothers Who are Liable to Pay Child Support in Australia," *Australian and New Zealand Journal of Family Therapy*, vol. 40, no. 1, 2019.

346. Smyth B. M., Moloney L. J., Brady J. M., et al., "COVID-19 in Australia: Impacts on Separated Families, Family Law Professionals, and Family Courts," *Family Court Review*, vol. 58, no. 4, October 2020.

347. Akin Ojelabi L. and Gutman J., "Family Dispute Resolution

and Access to Justice in Australia," *International Journal of Law in Context*, vol. 16, no. 2, 2020.

(三)法律法规类

348. The Commonwealth of Australia Constitution Act (Cth).

349. Family Law Act 1975 (Cth).

350. Matrimonial Cause Act 1959 (Cth).

351. Child Support (Registration and Collection) Act 1988 (Cth).

352. Child Support (Assessment) Act 1989 (Cth).

353. Family Law Amendment Act 2000 (Cth).

354. Family Law Legislation Amendment (Superannuation) Act 2001 (Cth).

355. Family Law Reform Act 1995 (Cth).

356. Family Law Rules 2004 (Cth).

357. Federal Magistrates Court Rules 2001 (Cth).

358. Federal Circuit Court Rules 2001 (Cth).

359. Family Law Regulations 1984 (Cth).

360. Family Law (Family Dispute Resolution Practitioners) Regulations 2008 (Cth).

361. Federal Magistrates Court Rules 2001 (Cth).

362. Matrimonial Causes Act 1858 (SA).

363. Matrimonial Causes Act 1860 (TAS).

364. Divorce and Matrimonial Causes Act 1861 (VIC).

365. Administration of Justice (Divorce and Matrimonial Causes) Ordinance 1863 (WA).

366. Matrimonial Causes Jurisdiction Act of 1864 (QLD).

367. Matrimonial Causes Act 1873 (NSW).

368. Marriage and Matrimonial Cause Act 1864 (VIC).

369. Marriage Act 1902 (VIC).

370. Marriage Act 1915 (VIC).

371. Marriage Act 1923 (VIC).

372. Marriage Act 1928 (VIC).

373. Marriage Act 1958 (VIC).

374. Divorce Amendment and Extension Act of 1892 (NSW).

375. Matrimonial Cause (Amendment) Act 1958 (NSW).

376. Matrimonial Causes Amendment Act 1919 (TAS).

377. Matrimonial Causes Act 1959 (TAS).

378. Maintenance Act 1843 (SA).

379. Succession Act 1981 (QLD).

380. Succession Act 2006 (NSW).

381. Wills Act 1997 (VIC).

382. Wills Act 1936 (SA).

383. Wills Act 1968 (ACT).

384. Wills Act 2000 (NT).

385. Wills Act 1970 (WA).

386. Wills Act 2008 (TAS).

387. Administration and Probate Act 1958 (VIC).

388. Administration and Probate Act 1919 (SW).

389. Administration and Probate Act 1929 (ACT).

390. Administration and Probate Act 1969 (NT).

391. Administration Act 1903 (WA).

392. Intestacy Act 2010 (TAS).

393. Matrimonial Causes Act 1857 (UK).

394. Matrimonial Cause Act 1973 (UK).

395. Uniform Marriage and Divorce Act (Amended in 1973) (US).

396. Family Proceedings Act 1980 (NZ).

397. Divorce Act (CA).

（四）判例类

398. *In the Marriage of Todd*（No. 2）［1976］FLC 90–008.

399. *In the Marriage of Pavey*［1976］FLC 90–051.

400. *In the Marriage of Tye*（No. 2）［1976］2 Fam LR 11，205.

401. *In the Marriage of Soblusky*［1976］FLC 90–124.

402. *In the Marriage of Nuell and Nuell*［1976］FLC 90–031.

403. *In the Marriage of Birch*［1976］26 FLR 378.

404. *In Marriage of Keyssner*［1976］FLC 90–075.

405. *In Marriage of Thompson*（1977）27 FLR 288.

406. *In the Marriage of Falk*［1977］FLC 90–247.

407. *In the Marriage of Hope*［1977］FLC 90–294.

408. *In the Marriage of Corner*［1978］FLC 90–438.

409. *In the Marriage of Lutzke*［1979］FLC 90–714.

410. *In Marriage of Malyszko*［1979］FLC 90–650.

411. *In the Marriage of F*［1982］8 Fam LR 29.

412. *In the Marriage of Beck*（No. 2）［1983］FLC 91 318

413. *In the Marriage of W T and J F BECK*（No. 2）［1983］8 Fam LR 1017.

414. *In the Marriage of C P and T L Lee Steere*［1985］10 Fam LR 431.

415. *In Marriage of Hayson*［1987］FLC 91–819.

416. *Wilson and Wilson*［1989］FamCA 34.

417. *Whiteley and Whiteley*［1990］FamCA 176.

418. *In Marriage of Evans*［1990］FLC 92–150.

419. *Harris v Caladine*［1991］HCA 9.

420. *In the marriage of Nixon*［1992］FLC 92–308.

421. *In the marriage of Molen and Molen*［1993］FLC 92–344.

422. *Best and Best*［1993］FamCA 107.

423. *In the Marriage of Bevan*［1995］FLC 92–600.

424. *In the Marriage of Clauson* [1995] 18 Fam LR 693.
425. *Clauson and Clauson* [1995] FamCA 10.
426. *Clauson and Clauson* [1995] FamCA 10.
427. *Kennon and Kennon* [1997] FamCA 27.
428. *Maunder & Maunder* [1999] FamCA 1430.
429. *Stein & Stein* [2000] FamCA 102.
430. *Farmer and Bramley* [2000] FamCA 1615.
431. *Stein & Stein* [2000] FamCA 102.
432. *Martin and Harding* [2007] FamCA 1040.
433. *Mazorski v Albright*[2007] 37 Fam LR 518.
434. *Richardson & Richardson*[2008] FamCAFC 107.
435. *Hogan and Hogan* [2008] FamCA 41.
436. *Oates and Crest* [2008] FLC 93-365.
437. *Price and Underwood* [2008] FamCAFC 46.
438. *Guthrie & Rushton* [2009] FamCA 1144.
439. *Holman-Lloyd & Lloyd* [2010] FamCA 840.
440. *Brianna and Brianna* [2010] FamCAFC 97.
441. *Harridge and Harridge* [2010] FamCA 445.
442. *Holman-Lloyd & Lloyd* [2010]FamCA 840.
443. *Keach & Keach and Ors* [2011] FamCA 192.
444. *Stanford v Stanford* [2012] HCA 52.
445. *Linder & Linder* [2013] FamCA 988.
446. *Meddow & Estate of the late Ms Meddow* [2015] FamCA 1182.
447. *Fields v Smith* [2015] FamCAFC 57.
448. *Fields v Smith* [2015] 53 Fam LR 1.
449. *Braddon & Braddon* [2018] FCCA 1845.
450. *Jabour & Jabour* [2019] FamCAFC 78.
451. *Loncar & Cody* [2020] FamCA 977.

(五)报告类

452. Australian Law Reform Commission (ALRC), Report No. 39, *Matrimonial Property*, Canberra, 1989.

453. Family Law Council, *Patterns of Parenting After Separation: Discussion Paper*, 1991.

454. Behrens J. and Smyth B., *Spousal Support in Australia: A Study of Incidence and Attitudes*, Working Paper No. 16, Australian Institute of Family Studies, February 1999.

455. Dewar J., Sheehan G. and Hughes J., *Superannuation and Divorce in Australia*, Working Paper No. 18, Australian Institute of Family Studies, Melbourne, May 1999.

456. Parliament of Australia, House of Representatives, *Family Law Amendment (Shared Parental Responsibility) Bill* 2005 (Cth), Explanatory Memorandum.

457. Ministerial Taskforce on Child Support, *In the Best Interests of Children—Reforming the Child Support Scheme*, Commonwealth of Australia, Attorney-General's Department, Canberra, 2005.

458. Kaspiew R., Gray M., Weston R., et al., *Evaluation of the* 2006 *Family Law Reforms*, Melbourne: Australian Institute of Family Studies, 2009.

459. O'Donnell D., *The Right of Children to be Heard: Children's Right to Have Their Views Taken into Account and to Participate in Legal and Administrative Proceedings*, Innocenti Working Paper No. 2009-04, Florence: UNICEF Innocenti Research Centre, 2009.

460. Maio J. D., Kaspiew R., Smart D., et al., *Survey of Recently Separated Parents: A Study of Parents Who Separated Prior to the Implementation of the Family Law Amendment (Family Violence and Other Measures) Act* 2011 (*Cth*), Australian Government, Australian Institute of Family Studies, 2012.

461. Family Court of Australia, *Annual Report* 2013-2014.

462. Clare Ross, *Superannuation Account Balances by Age and Gender*, The Association of Superannuation Funds of Australia Limited (ASFA), Sydney, October 2017.

463. Federal Circuit Court of Australia, *Federal Circuit Court of Australia Annual Report* 2018-19.

464. Family Court of Australia, *Family Court of Australia Annual Report* 2018-19.

465. Family Court of Australia, *Annual Report* 2019-2020.

466. *Australian Government Services Australia Annual Report* 2019-20.

(六)其他类

467. O'Brien C. and Rich K., "Evaluation of the Men and Family Relationships Initiative," Commonwealth Department of Family and Community Services Final Report and Supplementary Report (November 2002), available at https://www.dss.gov.au/sites/default/files/documents/emfrp-final-report.pdf, accessed 3 April 2020.

468. James C., "A History of Cruelty in Australian Divorce," ANZLH E-Journal, Australian and New Zealand Law and History Society Conference, Waikato. Refereed paper no. 7., 11 January 2006, available at https://ssrn.com/abstract = 2548315, accessed 4 May 2020.

469. Hewitt B., "Marriage Breakdown in Australia: Social Correlates, Gender and Initiator Status," FaHCSIA Social Policy Research Paper No. 35 (June 1, 2008), available at https://melbourneinstitute.unimelb.edu.au/assets/documents/hilda-bibliography/working-discussion-research-papers/2008/Hewitt_Marriage_Breakdown.pdf., accessed 4 April 2020.

470. Australia Government Department of Social Services, "Announcement of Commonwealth Contribution to the Fourth Action Plan,"

available at https://www. dss. gov. au/women-programs-services-reducing-violence/announcement-of-commonwealth-contribution-to-the-fourth-action-plan, accessed 6 April 2020.

471. Family Court of Australia, "Appeal Procedures-Full Court," available at http://www. familycourt. gov. au/wps/wcm/connect/fcoaweb/reports-and-publications/publications/appeals/appeal-procedures-full-court, accessed 2 September 2020.

472. Federal Circuit Court of Australia: "About the Federal Circuit Court," available at http://www. federalcircuitcourt. gov. au/wps/wcm/connect/fccweb/about/about-fcc. , 13 September 2020.

473. Family Court of Australia, "About the Court," available at http://www. familycourt. gov. au/wps/wcm/connect/fcoaweb/about/, accessed 13 September 2020.

474. Family Court of Australia, "Court Fees (Family Law)," available at http://www. familycourt. gov. au/wps/wcm/connect/fcoaweb/forms-and-fees/fees-and-costs/fees, accessed 4 May 2020.

475. Federal Circuit Court of Australia, "How do I serve a divorce?" available at http://www. federalcircuitcourt. gov. au/wps/wcm/connect/fccweb/how-do-i/divorce/serve-divorce/, accessed 14 September 2020.

476. Federal Circuit Court of Australia, "How do I apply for a divorce," available at http://www. federalcircuitcourt. gov. au//wps/wcm/connect/fccweb/how-do-i/divorce/apply-for-a-divorce/apply-for-divorce, accessed 15 September 2020.

477. Federal Circuit Court of Australia, "How do I prove I am divorced," available at http://www. federalcircuitcourt. gov. au/wps/wcm/connect/fccweb/how-do-i/divorce/proof-of-divorce/, accessed 15 September 2020.

478. Family Relationship Centres, "How Can a Family Relation-

ship Centre Help?" available at https://www. familyrelationships. gov. au/talk-someone/centres, accessed 6 August 2020.

479. Family Law Council, "Collaborative Practice in Family Law," December 2006, available at https://www. ag. gov. au/sites/default/files/2020 - 03/Collaborative% 20Practice% 20in% 20Family% 20Law. pdf, accessed 3 September 2020.

480. Family Court of Australia, "Independent Children's Lawyer," available at http://www. familycourt. gov. au/wps/wcm/connect/fcoaweb/family-law-matters/parenting/independent-childrens-lawyer/. , accessed 3 September 2020.

481. Family Court of Australia, "Less Adversarial Trials," available at http://www. familycourt. gov. au/wps/wcm/connect/fcoaweb/reports-and-publications/publications/court-events/less-adversarial-trials, 28 September 2020.

482. *Review of Efficiency of the Operation of the Federal Courts*, Final Report, April 2018, available at https://www. ag. gov. au/sites/default/files/2020-03/pwc-report. pdf, accessed 4 September 2020.

483. Family Court of Australia, "If you agree about property and finance," available at http://www. familycourt. gov. au/wps/wcm/connect/fcoaweb/family-law-matters/property-and-finance/if-you-agree-about-property-and-money/, accessed 18 September 2020.

484. Victorian Law Reform Commission, "History of adoption law in Victoria," available at https://www. lawreform. vic. gov. au/content/2-history-adoption-law-victoria#toc-human-rights-and-the-rights-of-the-child-TxSF5OnT, accessed 28 September 2020.

485. Australian Government Services Australia, "Compare Your Child Support Collection Options," available at https://www. servicesaustralia. gov. au/individuals/services/child-support/child-support-assessment/how-manage-your-assessment/compare-your-child-sup-

port-collection-options, accessed 29 November 2020.

486. Kidspot, "Kidspot asked single parents about their unpaid child support," available at https://www.kidspot.com.au/parenting/parenthood/divorce-and-separation/kidspot-asked-single-parents-about-their-unpaid-child-support/news-story/1402c7dbc0dd5c589c6877a5ab2db7ec, accessed 3 May 2020.

487. Australian Government Services Australia, "Changing your assessment in special circumstances," available at https://www.servicesaustralia.gov.au/individuals/services/child-support/child-support-assessment/how-manage-your-assessment/changing-your-assessment-special-circumstances, accessed 30 November 2020.

488. Child Support Australia, "Child Support Calculator/Estimator," available at https://childsupportaustralia.com/calculator-estimator/, accessed 11 December 2020.

后 记

本著作是在我的博士学位论文基础上稍做修改补充而成的。求学二十余载，值博士学位论文完稿之际，回首过往，历历在目，却不忍细数。渴望早日走出校园去开启新的旅程，又留恋学生时代的纯良与率真。三年的博士生学习生涯是我二十余年的求学之路中较为难忘的时光，让我受益匪浅、心怀感恩。

首先要感谢我的恩师陈苇教授。我自硕士阶段即求学于恩师门下，六年来聆听教诲、耳濡目染。恩师对工作的热情、对科研的执着以及精益求精的精神深深地影响着我。小论文的写作，经恩师的辛勤指导和反复修改，最终得以录用。博士学位论文的选题、提纲的设计、初稿的撰写、答辩后的修改，恩师都尽心尽责，提出了宝贵的修改建议。恩师是我人生的引路人，想到毕业将会离别，便难掩心中的眷恋和不舍。在此，向恩师致以崇高的敬意和深深的感谢。

感谢国外导师 Patrick Parkinson 教授。在昆士兰大学一年的访学期间，导师定期安排见面，就我在学习澳大利亚家庭法中存在的问题给予耐心的解答。赠予我有关澳大利亚离婚制度和家庭法方面的书籍。为了方便我学习，为我安排了办公室。在学习之外，导师也给了一些平衡工作与生活的宝贵建议，使我对人生也多了一些新的感悟。

感谢民商法学院的赵万一教授、张力教授、谭启平教授、徐洁教授、黄忠教授、张建文教授、王洪教授、孙鹏教授、石慧荣教授、曹兴权教授、黄汇教授、汪世虎教授、李燕教授、侯东德教授、李俊副教授、杜江涌副教授的授业解惑。感谢在我开题、预答辩和正式答辩中对博士学位论文提出宝贵建议的张力教授、徐洁教授、石慧荣教授、黄忠教授、黄家镇教授、范雪飞教授、周清林教授、徐银波教授、李洪祥教授、宋豫教授。感谢你们的教导和点拨。

感谢我的同门李艳、白玉、贺海燕、刘宇娇，师弟师妹洪海浪、张娜、吴姜飞，博士同学李政刚、高凡、Unaloto Lolohea Aneta Sili、许赢彪，好友王成、罗跃、Haile Andargie Wondalem、余春、曲玉红等在我博士生学习期间给予的支持和鼓励，感谢 Quinton Jose，中国矿业大学的李德行、张争光、谢彪，昆士兰大学的李显龙、李辉，格里菲斯大学的 Muyesaier Tidi，东南大学的孙相国，华东师范大学的李根在我留学期间给予的帮助和照顾。

感谢我的父母及弟弟妹妹对我博士学习及出国留学的支持和鼓励。感谢我的父母给予我和弟弟妹妹一个温馨完整的家，让我们在充满爱与鼓励的环境中健康成长。

郭庆敏

2022 年 1 月于西南石油大学成都校区

附 录

西南政法大学外国家庭法及妇女理论研究中心简介（中英文对照）

学术顾问（以姓氏笔画为序）：万相兰、王中伟、王建华、李春茹、陈 苇、谢晓曦

主　　任：张 力

常务副主任：朱 凡

秘 书 长：石 婷

2003年12月至2004年12月，西南政法大学民商法学院博士生导师陈苇教授受国家留学基金资助，由教育部公派出国留学，作为访问学者到澳大利亚悉尼大学法学院进修家庭法1年。她回国后于2005年1月向学校提出了建立“西南政法大学外国家庭法及妇女理论研究中心”的书面申请。2005年4月1日，西南政法大学校长办公会议批准同意该研究中心成立。

本“研究中心”的工作宗旨是：通过整合本校婚姻家庭法及妇女理论方面的科研与教学资源，联合校内外其他单位与部门的相关人员，以西南政法大学为依托，开展中外学术交流，着力研究现阶段中外婚姻家庭继承法及妇女领域的重大理论和实践课题，为我国婚姻家庭继承法的完善及妇女理论的发展提供有益的借鉴经验，为我国立法机关提出相关建议，为司法部门提供法律咨询服务，争取多出科研成果，特别是精品科研成果，为创建国内一流、国际知名的西南政法大学而努力。

本“研究中心”的主要任务包括：1. 开展中外学术交流；2. 提供专业咨询服务；3. 进行学术前沿理论和司法实务问题研究；4. 培养婚姻家庭继承法及妇女理论的学术人才；5. 组织开展

学术讲座等，以期造就一批在本学科领域有一定影响力的学术骨干和后备学术带头人。

本“研究中心”的学术研究平台：为促进学术研究和学术交流，研究中心主任陈苇教授自2005年起先后创办、主编出版《家事法研究》学术论文集刊和《家事法研究学术文库》丛书，到2021年年底为止的17年期间，已出版《家事法研究》（2005年卷至2010年卷）学术论文集刊6卷和《家事法研究学术文库》丛书著作29部。这些论文集和著作，着力研究婚姻家庭继承法领域的前沿理论和司法实务的热点难点问题，在我国学术界和实务界已产生了良好的社会影响。需要说明的是，为进一步扩大《家事法研究》的学术影响，在2009年中国婚姻家庭法学研究会常务理事会上，经陈苇教授提出申请，研究会常务理事一致同意，夏吟兰会长宣布自2010年起《家事法研究》改由学会主办。但由于2010年学会将出版“2009年中国婚姻家庭法学研究会年会论文集”，故夏会长委托陈苇教授继续主编出版《家事法研究》（2010年卷），即从2011年起《家事法研究》改由中国婚姻家庭法学研究会主办，它成为该学会的会刊。为继续推进婚姻家庭继承法领域前沿理论和司法实务问题的研究，本“研究中心”决定打造新的学术研究和交流的平台。自2012年起，陈苇教授担任主编，负责遴选出版《家事法研究学术文库》丛书，每年计划出版1-3本，由国家级出版社出版。同时，本“研究中心”继续与杨晓林律师组建的家事法律师团队合作，在“西南政法大学外国家庭法及妇女理论研究中心”网页——学习园地之“学术前沿”栏，通过登载婚姻家庭法律资讯简报，发表婚姻家庭继承法领域的前沿理论和司法实务热点难点问题的最新研究成果，以期实现学术研究与立法、司法的良性互动，促进中外学术研究和学术交流。

本“研究中心”的团队成员：以西南政法大学民商法学院婚姻家庭继承法和妇女理论研究所的人员为主，并聘请校内外的专家、学者担任学术顾问和特邀研究员。

Appendix:

Introduction of the Research Center on Foreign Family Law and Women's Theory of Southwest University of Political Science and Law, China

Academic Consultants: WAN Xianglan, WANG Zhongwei, WANG Jianhua, LI Chunru, CHEN Wei, XIE Xiaoxi

Director: ZHANG Li

Deputy Director: ZHU Fan

Academic Secretary: SHI Ting

Introduction

Professor CHEN Wei, the doctor tutor of the Civil and Business Law School of Southwest University of Political Science and Law, China [hereinafter refers to SWUPL], studied family law in the Law School of Sydney University, Australia from Dec. 2003 to Dec. 2004 with the sustentation of "STATE SCHOLARSHIP FUND AWARD". In Jan. 2005, some days after came back to China, she presented the application for establishing "Research Center on Foreign Family Law and Women's Theory of SWUPL, China". On Apr. 1st 2005, the President's Working Office of SWUPL approved her application.

The aim of the Research Center is to develop academic exchange between China and foreign countries, put emphasis on grand important theory and practice problems of family law and women's theory by associating the researching and teaching resources of SWUPL with relevant personnel of other units and departments. All of that we have done and will do have some important meaning: first of all, we may provide the valuable experiences for the perfection of the laws of family and succession in China and the development of women's theory; the second, we may provide relevant suggestions to Chinese legislature, and may provide legal advices to judicial practice departments. We hope that SWUPL will be top ranking internally and famous internationally with our efforts.

The assignments of the Research Center including: (1) developing academic exchange between China and foreign countries in relevant fields; (2) providing professional consultation service; (3) strengthen academic research; (4) training some academic adepts of family law and women's theory; (5) giving academic lectures. We hope that some adepts and reserve academic leaders with certain influence in family law field would be brought up.

The academic research platforms of the Research Center: In order to promote the academic research and exchanges, Professor CHEN Wei, director of the Research Center, has founded and edited the publication of the Periodical of Research on Family Law and the Works of Researches on Family Law early or late since 2005. By the end of 2021, 6 volumes of the Periodical of Research on Family Law (Volumes 2005 to 2010) and 29 Works of Researches on Family Law have been published during the seventeen years. These papers and books, focusing on the frontier theory research on Marriage, Family and Inheritance Law and the judicial practice issues, have had good social affluence in the academic circle and practice circle of China. It is noteworthy that, in order to further expand the academic influence of the Periodical, in the Executive Council of Society of Marriage and Family Law of China (SMFLC) in 2009, upon Professor CHEN Wei's proposal, the Executive Council agreed and President XIA Yinlan announced that the Periodical of Research on Family Law was edited by SMFLC after 2010. As SMFLC would publish the papers submitted to the Annual Meeting of SMFLC in 2009, President XIA Yinlan authorized Professor CHEN Wei to edit the publication of the Periodical of Research on Family Law (Volume 2010) in 2010. The Periodical was edited by SMFLC and became its Society Journal from 2011. In order to continue to advance the theoretical research and judicial practice in the field of Marriage, Family and Inheritance Law, the "Research Center" decided to build a new platform for academic research. 1 – 3 of the Works of Researches on Family Law which will be selected and edited by Professor CHEN Wei for publication each year by the national publishing press since 2012. At the same time, the "Research Center" continues to cooperate with the Family Law Lawyer Team built by Lawyer YANG Xiaolin. On the webpage of "Foreign Family Law and Women's Theory Research Center of SWUPL"——"Academic Frontier" of Study Column, by published the Information Briefing of Marriage and Family Law, the latest research achievements on the frontier theory of Marriage, Family and Inheritance Law and judicial practice issues are published to realize the benign interaction between academic research, legislation and justice and promote the academic research and exchanges between China and foreign countries.

The personnel of the Research Center is mainly composed of scholars from the Marriage, Family and Succession Law and Women's Theory Research Institute of the Civil and Business Law School of SWUPL, China. We also invite some famous experts and scholars around the whole country to be the consultants and special research fellows. They are the members of the Research Center too.

西南政法大学外国家庭法及妇女理论研究中心
2006-2012年已出版书目

《外国婚姻家庭法比较研究》(2006年出版)

《中国大陆与港、澳、台继承法比较研究》(2007年出版)

《当代中国民众继承习惯调查实证研究》(2008年出版)

《改革开放三十年(1978~2008)中国婚姻家庭继承法研究之回顾与展望》(2010年出版)

《中国婚姻家庭法立法研究(第二版)》(2010年出版)

《外国继承法比较与中国民法典继承编制定研究》(2011年出版)

《当代中国内地与港、澳、台婚姻家庭法比较研究》(2012年出版)

《加拿大家庭法汇编》(2006年出版)

《澳大利亚家庭法(2008年修正)》(2009年出版)

《美国家庭法精要(第五版)》(2010年出版)

《澳大利亚法律的传统与发展(第三版)》(2011年出版)

《家事法研究》2005年卷(2006年出版)

《家事法研究》2006年卷(2007年出版)

《家事法研究》2007年卷(2008年出版)

《家事法研究》2008年卷(2009年出版)

《家事法研究》2009年卷(2010年出版)

《家事法研究》2010年卷(2011年出版)

西南政法大学家事法研究学术文库
2012-2014 年已出版书目

《婚姻家庭法之女性主义分析》

《基于性别的家庭暴力之民法规制——中国法与美国法之比较》

《亲属法的伦理性及其限度研究》

《人文主义视阈下的离婚法律制度研究》

《遗产债务法律制度研究》

《防治家庭暴力立法与实践研究》

《私法自治视域下的老年人监护制度研究》

《离婚扶养制度研究》

《中国继承法修改热点难点问题研究》

《我国防治家庭暴力情况实证调查研究——以我国六省市被抽样调查地区防治家庭暴力情况为对象》

《家事调解制度研究》

图书在版编目（CIP）数据

澳大利亚离婚制度研究／郭庆敏著．--北京：中国人民公安大学出版社，2022.3

（家事法研究学术文库）

ISBN 978-7-5653-3858-8

Ⅰ.①澳…　Ⅱ.①郭…　Ⅲ.①离婚法—研究—澳大利亚　Ⅳ.①D961.139

中国版本图书馆 CIP 数据核字（2022）第 005453 号

澳大利亚离婚制度研究

郭庆敏　著

出版发行：中国人民公安大学出版社
地　　址：北京市西城区木樨地南里
邮政编码：100038
经　　销：新华书店
印　　刷：北京市泰锐印刷有限责任公司

版　　次：2022 年 3 月第 1 版
印　　次：2022 年 3 月第 1 次
印　　张：11.5
开　　本：880 毫米×1230 毫米　1/32
字　　数：299 千字

书　　号：ISBN 978-7-5653-3858-8
定　　价：50.00 元

网　　址：www.cppsup.com.cn　www.porclub.com.cn
电子邮箱：zbs@cppsup.com　zbs@cppsu.edu.cn

营销中心电话：010-83903991
读者服务部电话（门市）：010-83903257
警官读者俱乐部电话（网购、邮购）：010-83901775
法律分社电话：010-83905745